유라시아 초원의 정복자 동양유목민에 대한 유럽인들의 기록

유럽과 만난 동양유목민

증산도상생문화연구총서14
유럽과 만난 동양유목민

발행일	2020년 5월 14일 초판 1쇄
발행처	상생출판
발행인	안경전
지은이	김현일
주소	대전시 중구 선화서로 29번길 36(선화동)
전화	070-8644-3156
팩스	0303-0799-1735
홈페이지	www.sangsaengbooks.co.kr
출판등록	2005년 3월 11일(175호)

ISBN 979-11-90133-36-4
    978-89-94295-05-3(세트)

이 도서의 국립중앙도서관 출판예정도서목록(CIP)은 서지정보유통지원시스템 홈페이지
(http://seoji.nl.go.kr)와 국가자료종합목록 구축시스템(http://kolis-net.nl.go.kr)에서
이용하실 수 있습니다. (CIP제어번호 : CIP2020013193)

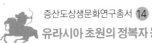

증산도상생문화연구총서 14

유라시아 초원의 정복자 동양유목민에 대한 유럽인들의 기록

유럽과 만난 동양유목민

김현일 지음

상생출판

목차 ──

머리말

　유라시아 대륙에는 몽골 고원으로부터 서쪽 헝가리 평원에 이르기까지 스텝 지대가 길게 이어져 있다. 그 직선 길이만 7,000킬로미터에 달한다. 이 초원지대에서 양과 염소, 말, 소, 낙타 등의 가축을 키우며 살아온 유목민들은 때때로 강력한 국가를 건설하여 세계사의 흐름을 뒤바꾸어 놓았다. 보통 때는 초원에서 흩어져 평화로운 삶을 영위하다가 일정한 여건이 주어지면 여러 부족이 하나의 강력한 연합을 이루어 주변의 족속들과 나라들을 복속시켰다. 이때 바야흐로 '유목제국'이 등장하는 것이다.

　역사에 나타난 대부분의 유목제국들은 아시아 초원지대에서 태동하였지만 초원을 따라 서진하여 서양에도 나타났다. 유럽사에 명함을 내민 대표적인 유목민들을 들어보면 다음과 같다.

1) 고대 그리스인들의 기록에 등장하는 스키타이.
2) 로마 제국 말기의 기록에 빈번하게 등장하는 훈족.
3) 중세 초 비잔틴 제국과 프랑크 제국의 기록에 등장하는 아바르.
4) 11세기부터 수 세기 동안 아랍 제국과 비잔틴 제국의 기록에 등장하는 투르크족.
5) 13세기부터 러시아와 페르시아 및 중앙아시아, 중국, 고려 등 유라시아 여러 나라들을 정복하여 이 나라들의 사서에 등장하는 몽골족.

스키타이인들은 흑해 북안으로부터 알타이 산맥에 걸친 광대한 영역을 지배하였는데 전성기의 페르시아 제국도 그들과 싸워 이기지 못했다. 물론 이 스키타이인들은 그리스인들과는 활발히 교역을 하는 등 대체로 평화스런 관계를 유지하였다. 역사가 헤로도토스는 여러 스키타이 부족에 대한 비교적 상세한 기록을 그의 사서에 남겨 놓았다. 황당한 이야기도 없지 않지만 그의 책은 스키타이인들에 관한 매우 중요한 기록으로 남아 있다.

스키타이 이전에 킴메르족이 있었다. 흑해 북안에 살던 킴메르인들은 헤로도토스의 역사서에도 등장하지만 기원전 7세기 아시리아의 점토판 문서에도 등장한다. 심지어는 구약성서에도 얼굴을 내밀고 있다. 구약성서의 예언서 가운데 하나인 〈에스겔서〉에는 신의 도구로 사용되는 무서운 북방민족으로 나타난다.

여러 학자들에 의해 흉노의 후예로 여겨지는 훈족은 376년 고트족의 대규모 난민사태를 초래한 장본인이다. 당시 다뉴브 강 북쪽과 흑해 북안에 살던 고트족이 훈족에 쫓겨서 로마 제국 내로 몰려들게 되었다. 이 난민사태로부터 소위 '게르만족의 이동'이 시작되어 로마 제국은 혼란과 멸망의 길로 접어들게 된다. 서진하던 훈족은 곧 흑해 북안 지역 뿐 아니라 서쪽의 판노니아(헝가리 지역)와 게르마니아(독일 지역)를 모두 정복하였다. 그곳에 살던 이란계 유목민 알란족과 게르만족들이 훈족의 지배하에 들어갔다. 로마 제국 북방에서 로마 제국과 맞먹는 또 하나의 대제국이 들어선 것이다. 4세기 말 난민사태의 여파로 로마 제국도 동서로 나뉘게 되었는데 훈족은 동서 로마를 동시에 상대하였다. 동맹관계를 맺고 우호적인 관계를 유지하기도 하였지만 때로는 동서 로마 제국을 모두 침공하기도 하였다.

훈 제국은 453년 아틸라 왕의 급사 이후 내분으로 무너졌는데 서로마 제국도 그로부터 20여년 뒤에 무너졌다. 이는 역설적이지만 훈 제국이 서로마 제국의 유지에 상당한 역할을 했음을 시사해주는 것이다. 훈 제국의 붕괴 후 훈족은 흑해 북안과 러시아 초원지대로 물러났는데 이들은 일부 역사가들의 주장과는 달리 완전히 사라지지 않았다. 단지 여러 소집단으로 나뉘었다가 일부 집단은 주변의 유목민들을 조직하여 역사 속에 다시 등장하게 된다. 7세기 볼가 강과 다뉴브 강 일대에 불가리아를 세운 불가르족이 그들이다.

아바르족 역시 훈족처럼 아시아 초원지대로부터 서진하여 동유럽으로 진출한 동양유목민 집단이다. 훈족이 과연 한나라와 오랫동안 싸웠던 북방의 흉노匈奴로부터 나온 집단인지를 놓고 학자들 사이에 논쟁이 있는 것처럼 아바르족이 북방 초원지대를 한동안 지배하였던 유연柔然족인지에 대해서도 논쟁이 있다. 6세기 중엽 돌궐족에 의해 몽골 초원에서 밀려나 서쪽으로 도망쳐온 유연이 곧 아바르라는 주장도 있지만 유럽으로 진출한 아바르인은 실제로는 유연에게 패한 투르크계인 오구즈족, 심지어는 돌궐과 페르시아 제국의 협공으로 멸망한 에프탈 훈족이었다는 주장도 있다.

아바르족은 이전의 훈족이 게르만족을 지배하였듯이 비잔틴 제국 국경 너머 북방의 슬라브족들을 지배하였다. 7세기 이후 슬라브족이 발칸반도와 그리스로 대거 남진함에 따라 비잔틴 제국은 다시 이 슬라브족이라는 오랑캐(barbaroi) 문제로 골머리를 앓아야 하였다. 슬라브족의 이동과 침략의 배후에 아바르족이 있었다. 아바르족은 슬라브족을 앞세워 비잔틴 제국을 빈번하게 공격하였지만 서쪽으로도 원정을 하였다. 당시 아바르족의 서쪽에는 프랑크 제국이 있었다. 아바르 제국이 9세기 초에 멸망하는 것도 바로 이 서쪽의 프랑크 제국에 의해서였다. 그래서 아바르족에 대한 기록은 비잔틴 사서뿐 아니라 서유럽 역사서에도 등장한다.

투르크족의 일파인 괵투르크는 6세기 중반 몽골 초원에서 돌궐제국을 세웠는데 한 세대 만에 그 지배영역이 중앙아시아를 거쳐 흑해 북안까지 미치게 되었다. 그로 인하여 6세기 말에는 비잔틴 제국과의 접촉이 시작되었다. 양 제국은 일시적으로 손을 잡고 사산조 페르시아를 협공하기도 하였다. 그러나 돌궐제국이 7세기에 들어 붕괴되면서 그 지배하에 있던 다양한 투르크계 부족들간의 상쟁이 벌어져 일부 투르크족이 혼란을 피하여 서진하였다. 그 가운데 한 부족이 오구즈 투르크로서 바로 이 집단에서 셀주크 투르크와 오스만 투르크가 나왔다. 셀주크 투르크인들은 이슬람을 받아들인 후 회교 전사로 자처하면서 기독교 국가인 비잔틴 제국을 공격하였다. 11세기 이후 많은 투르크인들이 소규모 집단으로 소아시아로 이주하였다. 내분에 몰두해 있던 비잔틴 제국은 이들을 통제하지 못했다. 이때부터 소아시아를 본거지로 하여 바다 건너 발칸반도로 진출한 투르크인들은 15세기 중엽 비잔틴 제국을 정복하였다.

비잔틴 제국을 무너뜨리고 발칸으로 진출한 오스만 투르크는 수세기 동안 발칸반도의 기독교도들에게는 악몽과 같은 존재였다. 오스만 제국은 16세기와 17세기에 걸쳐 서유럽으로 진출하는 길목에 위치한 비엔나를 여러 차례 공격하였다. 비엔나는 함락되지 않았지만 그 동쪽의 헝가리는 오랫동안 회교국가인 오스만 제국의 지배를 받아야 하였다. 종교와 풍속이 완전히 다른 오스만 제국의 유럽으로의 진격과 그에 대한 저항은 서양 근대사의 중요한 테마 가운데 하나이다.

1070년대 셀주크 투르크인들은 이집트의 파티마 왕조로부터 팔레스타인의 성지를 빼앗았다. 셀주크 투르크인들로부터 소아시아를 침탈당한 비잔틴 제국은 로마 교황에게 원조를 요청하였다. 교황이 이에 응함으로써 서유럽인들의 십자군 원정이 시작되었다. 이 십자군 원정은 한 두 차례로 끝나지 않아 근 이백년간 유럽의 많은 자원과 인력이 원정에 투입되었다. 십자군 전쟁이 한창 전개되던 13세기 초 몽골은 키예프 러시아를 격파하고 페르시아와 이라크를 장악한 후 이집트 정복을 위해 유럽의 십자군 세력에 군사적 협력을 제안하였다. 이 제안은 실현되지는 못했지만 이를 통해 유럽과 몽골 제국 사이의 접촉이 시작되었다. 유럽인들은 몽골의 우호적인 태도를 믿고서 사절단과 선교사들을 여러 차례 몽골로 파송하였다. 이것이 가톨릭 동양 선교의 출발점이 되었다. 물론 이 선교사업은 성공하지 못했다.

몽골 제국은 칭기즈칸의 아들 대부터 여러 한국(khanate)들로 갈라졌다. 러시아를 지배하게 된 것은 장자인 주치의 울루스(나라)였다. 킵차크계 투르크족이 다수를 이루어 주치의 나라는 킵차크한국이라고도 불렸다. 킵차크한국은 주치 사후에 금장한국金帳汗國과 백장한국白帳汗國으로 갈라졌는데 백장한국은 카자흐스탄 지역, 금장한국은 러시아와 흑해 북안의 초원과 크림반도를 지배하였다. 러시아 역사와 밀접한 연관이 있는 것이 바로 이 금장한국이었다. 금장한국은 250년간 러시아를 지배하였다. 후일 러시아 제국으로 발전하게 되는 모스크바 공국은 처음에는 몽골 지배자들의 앞잡이 노릇을 하던 나라였다. 그러나 바로 이 모스크바 공국이 15세기 말부터 몽골의 지배를 타도하는 데 앞장서게 되었다. 모스크바 공국은 16세기에는 금장한국의 계승국들인 카잔한국, 아스트라한국 그리고 시베리아의 시비르한국을 차례로 정복하였다. 16세기 말 시비르한국의 정복으로 러시아는 광대한 시베리아로 진출할 수 있었다.

러시아는 또 18세기 초 우랄강 남쪽의 카자흐족을 정복하였다. 카자흐스탄 정복은 중앙아시아로 진출하는 길을 열었다. 그러나 금장한국의 또 다른 후계국인 크림한국은 오스만 제국의 제후국이 되어 러시아와 대립하였는데 러시아는 이 나라를 18세기 말 예카테리나 여제 때에야 합병할 수 있었다. 크림한국의 합병으로 금장한국의 후계국들이 모두 사라졌다.

압도적인 전투력을 자랑하는 기마군단을 이용하여 주변의 정착 농경사회를 압도하여 역사의 흐름을 뒤바꾸어 놓았던 유목민 제국의 역사는 러시아가 금장한국의 후계국들을 하나씩 정복함으로써 막을 내렸다. 시베리아를 지나 동쪽으로 팽창하던 러시아는 17세기 말 드디어 청나라와 국경을 접하게 되었다. 중국 역시 이 청나라 때 몽골족을 비롯하여 골칫거리였던 북방의 유목민들을 모두 제압하였다. 유라시아 초원 지대에 살던 대다수 유목민들은 대부분 이 시기에 두 나라의 지배하에 들어갔다. 그리고 지금까지 그 소수민족으로 살아오고 있다. 유목민의 역사적 중요성은 바로 이 시기에 끝이 난 것이다. 대포와 총이 기마유목민 군단을 제압하는 데 큰 역할을 하였다. 프랑스 역사가 페르낭 브로델의 말에 따르면 이제 유목민들은 다시금 가난한 사람들의 모습으로 돌아갔다.*

유럽사에서 동양 유목민의 역할은 대부분 부정적인 시각에서 파악되었다. 느닷없이 들이닥쳐 재물을 약탈해가고 포로를 잡아가는 외부의 낯선 야만적 약탈자로 보았던 것이다. 그러나 동양에서 유럽으로 밀어닥친 유목민들은 주변의 정착민들을 빈번하게 공격하고 약탈한 것은 사실이지만 이들을 결코 야만적 약탈자로만 단정해서는 안 된다. 가축에 대한 깊은 지식, 뛰어난 기마술과 궁술, 효율적인 군사조직과 전략은 말할 것도 없고 이들이 국가를 조직하는 방식도 상당히 효율적인 면이 있었다. 유럽에 진출한 유목민들의 국가조직 방식은 중세 유럽의 봉건제 성립에 큰 기여를 하였다는 주장도 있다.** 그리고 간과해서는 안 되는 것이 유목민들이 정착농경민들과의

---

* 페르낭 브로델, 주경철 역, 《물질문명과 자본주의 I-1》, 까치, 1995. p.126.
** Hyun Jin Kim, *The Huns, Rome and the Birth of Europe,* Cambridge University Press, 2013. p.143.

교역을 대단히 중요시하고 교역을 적극 촉진하였다는 점이다. 유라시아 초원지대와 실크로드를 모두 통일하였던 몽골 제국 시대에 동서양 사이의 교역과 문화교류가 극히 활발하게 이루어졌다는 사실이 그것을 잘 입증해준다.

대표적인 마르크스주의 역사가의 한 사람인 페리 앤더슨은 동유럽이 서유럽에 비해 발전이 뒤진 중요한 원인 가운데 하나로 동유럽이 빈번하게 동양 유목민의 침략을 받았던 점을 들고 있다.* 유목민의 침입과 약탈로 사회가 혼란에 빠지게 되고 축적된 부가 빠져나가 경제발전이 좌절되었다는 주장이다. 아마 이런 면이 분명히 있을 것이다. 그러나 역사는 단선적으로만 발전하지 않는다. 유목민의 도전으로 강력한 국가의 필요성은 더 절실해져 모스크바 제국 같은 강력한 정치체가 출현할 수 있었다고도 볼 수 있기 때문이다.

본서에서는 이러한 동양유목민의 역할에 대한 아카데믹한 역사적 논쟁을 본격적으로 다루지는 않는다.** 필자는 소비에트 학계에서 이루어진 그러한 이론적인 논의에 대해서는 잘 알지 못할 뿐 아니라 본서에서 다루어야 할 이유도 찾지 못했다. 본서에서는 단지 동양유목민들과 직면하였던 유럽인들의 기록을 최대한 객관적으로 소개하고 싶었기 때문이다. 원래 이 책의 의도가 그러하였다.

* 페리 앤더슨, 유재건·한정숙 역, 《고대에서 봉건제로의 이행》, 현실문화, 2014. pp.362-365.
** 유목민사에 대한 이론적인 접근으로는 하자노프 교수의 《유목사회의 구조 : 역사인류학적인 접근》(김호동 역, 지식산업사, 1990)을 들 수 있다.

필자는 애초에 유목민사에 대해서는 문외한이나 마찬가지였다. 그런데 수년 전에 《환단고기》 역주본 해제를 준비하면서 유목민사를 공부하게 되었다. 처음에는 낯선 내용이라 어려운 점도 많았지만 시간이 가면서 유목민사의 주요한 내용들을 차츰 파악하게 되었다. 물론 본서에서 다루는 내용은 유목민사 전반에 관한 것은 아니고 앞에서 언급했듯이 유럽사와 관련된 유목민들에 한정된다. 동양사까지 포함한 유목민사 전반을 서술하는 것은 필자 능력 밖의 일이다.*

이 책에 실린 글은 2016년 3월부터 2019년 4월까지 근 3년에 걸쳐 '유목민 이야기'라는 이름으로 상생문화연구소 홈페이지에 60회에 걸쳐 연재한 글이다. 어느 부분은 급하게 쓰느라 내용이 부실한 곳도 없지 않았다. 연재가 끝난 후 출간을 위해 그 글들을 다시 검토하여 틀린 부분은 바로잡고 미진한 부분은 보충하였다.

본서가 나오게 된 데에는 무엇보다도 상생문화연구소의 안경전 이사장님의 도움이 컸다. 일찍이 유목민사의 중요성을 지적하고 필자로 하여금 그 방면의 연구를 하도록 만드셨을 뿐 아니라 연구에 필요한 도서들도 제한 없이 구입하여 이용할 수 있게 하셨다. 상생문화연구소 홈페이지 관리를 맡았던 노종상 박사님은 필자의 글을 연구소 홈페이지에 게재하도록 주선하고 자주 원고를 독촉하였다. 그의 격려와 독촉이 없었더라면 아마 이 책이 지금 나오기 힘들었을

---

* 우리나라 동양사학계는 서양사학계와는 달리 유목민사에 관심이 많았다. 중국사는 북방유목민의 역할을 빼놓으면 설명이 되지 않을 뿐 아니라 유목민들의 중요한 활동 무대였던 중앙아시아가 동양사의 영역에 포함되어 있기 때문이리라.

것이다. 연구소 총무 김동영 부장도 도서구입의 실무적인 일에 많은 도움을 주었다. 상생출판의 강경업 팀장은 뛰어난 편집 솜씨로 보기 좋은 책을 만들어 주었다. 이분들에게 이 자리를 빌려 깊은 감사의 마음을 표하는 바이다.

애초에 연구소 홈페이지에 연재한 원고에는 각주가 달려 있지 않고 관계된 참고문헌만을 소개하였다. 그러나 본서에서는 유목민사 연구에 관심 있는 분들이 참조할 수 있도록 정확한 각주를 붙이기로 하였다. 독자들은 본서에서 미흡한 점을 많이 발견할 것이다. 필자도 더 연구를 했으면 하는 문제들이 적지 않았지만 일단 여기까지 연구한 것을 책으로 출간하는 것이 좋다는 생각이 들었다. 본서가 역사에 관심 있는 독자들에게 약간의 도움이라도 된다면 필자에게는 큰 기쁨이 될 것이다.

2020년 3월

상생문화연구소 김 현 일

1
헤로도토스의 《역사》에 나타난 킴메르

헤로도토스의 《역사》는 서양 역사학의 원조로 꼽히는 책이다.* 페르시아인들(현대 이란인들의 조상)과 그리스인들 사이에서 일어난 전쟁의 원인과 과정 그리고 그 결과를 다룬 이 책은 단순히 페르시아 전쟁사로 끝나지 않는다. 그랬더라면 그 책은 사서로서는 그렇게 큰 명성을 누리지 못했을 것이다. 헤로도토스는 페르시아와의 전쟁에서 조금이라도 관련이 있는 민족들에 대한 상당히 상세한 서술을 남겨놓았다. 그의 《역사》는 그래서 역사서일 뿐 아니라 인류학적 정보가 잔뜩 담긴 '민족지民族誌: ethnography'라고 할 수 있다. 스키타이인들과 그 주변

---

* 헤로도토스(천병희 역), 《역사》, 도서출판 숲, 2009. 헤로도토스(c.485-c.425 BCE)는 서양 역사학의 아버지로 알려진 인물이다. 오늘날 터키에 해당하는 소아시아 지방의 할리카르낫소스 출신으로 당시 그리스 세계의 정치중심이자 문화중심지였던 아테네에서 주로 활동하였다. 그는 그곳에서 정치가 페리클레스 및 시인 소포클레스와도 친했던 것으로 알려져 있다. 그의 《역사》는 그리스 국가들과 페르시아 사이의 전쟁이 끝난 20여년 후인 BCE 424년경에 간행된 것으로 추정된다. 《역사》의 서언에서 헤로도토스의 이 '탐사보고서'(히스토리에스 아포덱시스)가 "헬라스인들과 비헬라스인들의 위대하고도 놀라운 업적들이 사라지는 것을 막고 무엇보다도 헬라스인들과 페르시아인들이 서로 전쟁을 하게 된 원인을 밝히는 데 있다"고 하였다. 헤로도토스는 자신의 책을 청중들 앞에서 낭독하여 큰돈을 벌었다고 한다. 그의 책은 그리스인들 사이에서 널리 알려졌다. 《역사》는 9권으로 나뉘어져 있는데 이는 헤로도토스 자신의 구분은 아니고 후대의 한 문헌학자에게서 비롯된 관행이라 한다.(역자 서문 참조.) 천병희 교수는 1939년 경상도 고성 출신으로서 서울대학교 독문학과를 졸업하고 독일에서 헬라어와 라틴어를 공부하였다. 그리스·로마 고전작품들을 다수 번역한 우리나라 최고의 고전번역가이다.

족속들에 대한 정보가 잔뜩 들어 있는 제4권이 그런 부분이다.

헤로도토스가 살던 시기에 흑해 북부 지역은 스키타이인들의 땅이었다. 이들 중 일부는 농사를 짓고 사는 사람들이기는 했지만 대다수는 유목민이었다. 호기심 많은 헤로도토스는 스키타이인들의 생활방식과 독특한, 심지어는 괴이한 풍습들을 자세히 소개한다. 그리고 스키타이인들이 자신들의 영토를 침략한 페르시아 군대를 물리친 이야기를 하고 있다. 반세기 전에 페르시아의 침략을 맞아 사생결단의 싸움을 벌였던 그리스인들처럼 스키타이인들도 페르시아로부터 침략을 받았다는 면에서 헤로도토스는 이들에게 동정심을 느꼈던 것일까?

헤로도토스가 살던 시기에 동서양을 통틀어 가장 큰 나라는 페르시아였다. 중동 일대가 몽땅 페르시아의 지배하에 있었던 것인데 이 페르시아 군대가 다리우스 1세 때 보스포로스 해협을 건너 흑해 북부의 유럽 땅을 침략하였던 것이다. 기원전 513년의 일이었다. 스키타이인들은 페르시아 군대와의 직접적인 전투를 피하고 계속해서 후퇴하여 페르시아 군대로 하여금 지치게 만드는 전술을 썼다. 낯선 땅 깊숙이 끌려들어간 페르시아 군대는 두려움에 휩싸여 제대로 싸워보지도 못한 채 스키티아에서 퇴각해야했다. 당시 보스포로스 해협을 건너기 위해 다리우스 대왕은 배를 연결하고 그 위에 판자를 덮어 다리를 만들었다. 이 선교를 지키는 역할을 맡았던 것이 이오니아의 그리스인들이었다. 이오니아의 그리스인들은 페르시아의 지배에 대해 불만이 많았기 때문에 페르시아인들은 그들을 전적으로 신뢰할 수 없었다. 그래서 페르시아 군대는 퇴각로가 끊길까봐 허겁지겁 퇴각을 결정한 것이다.

보스포로스 해협이라고 불리는 이 해협은 지금은 터키의 영토에 속

하지만 고대에는 그리스인들의 세계에 속했다. 해협에 면한 이스탄불
이라는 도시는 원래 비잔티온이라는 그리스 도시가 있던 곳이다. '보
스포로스'라는 이름부터가 그리스 말에서 왔다. 황소(보스)가 건넌 곳
(포로스)이라는 뜻인데 황소로 변한 여인 이오 신화와 연관되어 있다.
그런데 보스포로스라는 이름의 장소가 또 하나 있었다. 흑해에 면한
아조프 해 입구에 있는 해협을 지금은 케르치 해협이라고 부르지만
고대 그리스인들은 이곳을 '킴메르 보스포로스'라 불렀다. 킴메르인
들Kimmerioi의 보스포로스 해협이라는 뜻으로 이 지역이 킴메르인들의
땅이었음을 시사해주고 있다. 참고로 말하자면 보스포로스 해협 안쪽
에 있는 바다는 '아조프 해'라고 불리기는 하지만 고대에는 '마에오티

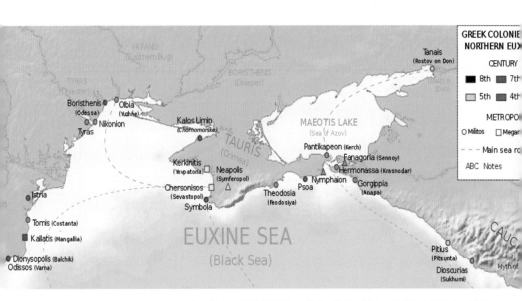

킴메르 보스포로스 : 고대 그리스인들은 흑해를 '친절한 바다'라는 뜻으로 '에우크시네'라고 불렀다. 크림반
도는 '타우리케'라고 하였으며 그 오른쪽에 있는 바다가 아조프 해인데 고대인들은 바다라기보다는 개펄이
있는 호수로 보았다. 그리스 이름은 '마에오티스'이다. 마에오티스 호로부터 흑해로 나오는 길목에 위치한
해협이 킴메르 보스포로스였다.

스 호'라고 불렸다. 바다라고 하지 않고 호수라고 한 것이다. 염도도 낮을 뿐 아니라 세계에서 가장 얕은 바다라 불릴 정도로 수심도 낮았기 때문일 것이다. 전해지는 바에 의하면 후대의 훈족이 이 케르치 해협을 건너왔다는 말이 있을 정도이다. 수심이 낮은 곳은 1미터가 채 되지 않는다고 한다.

헤로도토스의 《역사》는 스키타이인들의 기원에 대해 서술하면서 킴메르인들에 관해서도 짧은 정보를 제공해주고 있다. 그러나 킴메르 땅에 직접 가서 현지인들의 이야기를 듣고 쓴 헤로도토스의 정보는 너무나 소략하다. 그것은 무엇보다 당시에 킴메르인들이 더 이상 그곳에 살지 않았으며 이제는 주민이 스키타이인으로 바뀌었기 때문일 것이다. 우리의 역사가가 전하는 이야기는 다음과 같다. 첫째, 킴메르인들은 스키타이인들의 침략을 받아 그 땅에서 밀려났다. 둘째, 지금도 스키타이아에는 '킴메르족의 성벽', '킴메르족의 나루터', '킴메르족의 보스포로스'라는 곳이 남아 있다. 셋째, 킴메르족은 스키타이를 피해 소아시아로 들어가 흑해 북안의 시노페 지역에 정착하였다. 넷째, 스키타이는 킴메르족을 추격하여 카프카즈 산맥을 넘어 아시아로 들어갔는데 방향을 잘못 잡아 반대쪽으로 가는 바람에 예기치 않게 메디아 땅으로 들어가게 되었다. 여기서 아시아는 아나톨리아 지방 즉 '소아시아'를 의미한다. 다섯째, 킴메르인들은 아시아로 들어가 여러 곳을 약탈하였다. 킴메르인들은 리디아 왕국의 수도인 사르디스도 함락시켰으며 소아시아의 서쪽 해안지역인 이오니아 지방까지 진출하였다. 그러나 리디아 왕 알리아테스에 의해 결국 소아시아에서 쫓겨났다.

이상이 헤로도토스가 전하는 내용이다. 카프카즈 산맥 너머로부터 소아시아로 밀려들어온 킴메르인은 기마유목민으로서의 뛰어난 전투능력을 발휘하여 여러 지역을 약탈하였다. 그런데 헤로도토스가 전하는 이야기가 백퍼센트 정확한 것은 아니다. 소아시아에서의 킴메르인들에 관한 좀더 정확한 정보는 뜻밖에도 아시리아의 문헌에 나타난다.

2
아시리아 기록에 나타난 킴메르

아시리아를 비롯한 고대 오리엔트 지역에서는 점토판에 예리한 갈대로 문자를 기록하고 그것을 말려서 문서로 보관하였다. 19세기 중반 니느웨의 왕궁 유적지에서 그러한 점토판 문서들이 다량으로 발견되었다. 아수르바니팔 왕(재위 BCE 669-c.627)은 문헌수집에 열정적인 인물로서 궁정 도서관에 많은 점토판 문서들을 수집하여 소장하였다. 현재 그 도서관에서 나온 점토판들만 3만 점 이상 영국의 대영박물관에 보관되어 있다. 이 문서들 중에 아수르바니팔 왕이 자기 나라 사람들은 들어본 적도 없는 리디아라는 나라의 왕 기게스('구구'라는 이름으로 기록되어 있다)의 간절한 요청에 응하여 킴메르인들('기미라야')을 물리쳤다는 자신의 치적을 자랑하는 기록이 담긴 점토판이 발견되었다. 이 선전용 문서는 판본이 여섯 개나 된다고 하니 아수르바니팔 왕이 킴메르족과 싸워 그들을 격퇴한 것을 얼마나 자랑스럽게 생각했는지 알수 있다.* 첫 판본이 기록된 시기가 BCE 665년경으로서 킴메르족과의 싸움은 그 직전에 있었던 것으로 보인다. 그러나 킴메르인들은 아시리아의 도움을 받은 기게스 왕에 의해 패배를 당하기는 했지만 소아시아에서 물러난 것은 아니다. 기게스 왕을 계승한 그 아들 아르디

---

* Robert Drew, *Early Riders : The Beginnings of mounted warfare in Asia and Europe*, Routledge, 2004. p.93.

스가 왕위에 올라 다시 아수르바니팔 왕에게 군대를 보내 도와달라고 요청하였을 뿐 아니라 기게스 왕의 분묘를 킴메르인들이 약탈하였다는 기록이 나오기 때문이다. 헤로도토스의 책에 나오는 리디아 왕국의 수도 사르디스 함락도 기게스 왕의 아들 아르디스 시기에 있었던 일로 보인다. 그리스인들의 단편적 기록에서도 나오는 에페수스 외곽의 아르테미스 신전이 파괴된 것이나 또 그곳에서 멀지 않은 마그네시아가 파괴된 것도 모두 킴메르인들이 자행한 일이었다.

기원전 7세기에 아나톨리아 반도를 공포의 도가니로 몰아넣었던 킴메르인들의 공격은 실은 8세기 말부터 시작되었다. 아시리아의 사르곤 왕(재위 BCE 721-705)에게 보낸 태자 산헤드립이 보낸 편지가 남아있는데 이 편지에서는 킴메르인들이 아라르투 왕과 싸워 이겼다는 사실이 언급되어 있다. 관리들이 보낸 또 다른 편지들에서 킴메르인들의 동향이 보고되었던 것으로 보아 킴메르인들은 아시리아 왕국에게도 커다란 경계와 두려움의 대상이 되었던 것이 분명하다. 그들은 갑자기 먼 곳으로부터 나타나 습격과 약탈을 자행한 후 전리품을 갖고 사라졌다. 말 위에서 활을 자유자재로 쏘아대는 이러한 북방 기마전사의 무리는 아시리아 같은 강력한 오리엔트 제국에게도 두려움의 대상이었던 것이다. 실제로 사르곤 왕 자신이 킴메르인들과의 싸움에서 전사하였던 것으로 추정된다.

구약성서의 〈에스겔서〉에도 이러한 북방 기마전사들의 모습이 그려져 있다. 갑옷을 입고 투구를 쓰고 검과 활로 무장한 이들은 어느 날 구름 같이 나타나 마을들을 습격하여 여인들을 겁탈하고 금과 은, 가축을 빼앗아 간다. 이들은 북쪽 끝에 있는 지방에서 말을 타고 내려온다. 기원전 6세기 중반 바빌론 왕국에 포로로 끌려가 있던 이스라엘의 예언자 에스겔이 본 북방민족에 대한 이러한 환상은 순전한 환상만은 아니었다. 그것은 이전 세기에 소아시아와 메디아 일대를 휘젓고 다녔던 킴메르족 이야기가 반영된 것이다.

에스겔은 야훼 신이 배은망덕한 이스라엘에 대한 심판의 도구로 사용할 이 기마유목민의 땅이 로스와 메섹과 두발이라고 하였는데 (에스겔서 38:2) 로스는 남러시아 땅, 그리고 메섹과 두발은 소아시아에 있는 지역들로 추정된다. 에스겔은 킴메르를 '고멜'이라고 불렀다. 그리고 이 북방민족의 왕의 이름은 곡, 그 나라 이름은 마곡이라고 하였다. 후일 기독교인들은 에스겔의 이러한 예언을 받아들여 말세의 환란기에 일어날 큰 전쟁에서 곡과 마곡이 성도들을 대항해서 싸울 악마의 세력으로 믿었다. 북방기마민족은 기독교도들에게는 악마의 세력이 된 것이다.

마지막으로 하나 덧붙일 것은 흑해 북안에서 살던 이 킴메르인들은 어디서부터 온 사람들이었을까라는 문제이다. 이 문제는 그 동안 해결되지 않고 어둠속에 묻혀 있었다. 사료가 부족하기 때문이다. 그런데 최근 러시아와 스웨덴 등 유럽 여러 나라의 학자들로 이루어진 연구팀이 그 해결의 실마리를 제시하였다. 17명이나 되는 고고학자와 역사학자, 그리고 생물학자들이 대거 참여한 이 연구팀은 흑해 북안 스텝지역에서 발견된 킴메르인 유해의 유전자 분석을 통해 그들이 아시아 계통의 사람이었음을 밝혀내었다. 그 동안 역사학과 고고학에서 풀지 못한 과제를 첨단 자연과학이 해결해준 통쾌한 사례라 할 것이다.*

* *Science Advances,* Vol. 4, no.10, Oct. 2018, 'Ancient genomes suggest the eastern Pontic-Caspian steppe as the source of western Iron Age nomads'.

3
그리스인들이 만난 스키타이

스키타이인들은 BCE 2세기경에 사르마트족에 의해 흑해 북안과 남러시아 일대에서 밀려나기 전까지 동유럽의 상당 지역을 지배하였다. 물론 스키타이는 문자로 된 기록을 남겨놓지 않아 그 기원을 정확하게 파악하기는 쉽지 않다. BCE 5세기에 살았던 헤로도토스는 스키타이의 기원에 대한 서로 다른 이야기들을 몇 가지 소개하였다. 그 가운데서 스스로 가장 그럴듯하게 여긴 이야기는 스키타이가 원래는 아시아에서 살던 유목민이었는데 맛사게타이인들과의 싸움에서 패배하여 아락세스 강을 건너 킴메르인들이 살던 흑해 북안으로 이주하였다는 것이다.* 그러나 헤로도토스는 스키타이의 원향이 구체적으로 아시아 어느 곳이었던 지에 대해서는 입을 다물고 있다.

인도유럽어족에 속하는 스키타이는 헤로도토스의 말에 따르면 페르시아에서는 '사카(사카족)'라고 불렸다. 사카는 페르시아 전쟁에서 페르시아 용병으로 참여하였는데 많은 부족들 중에서 페르시아인들과 더불어 가장 용감하게 싸운 사람들이었다고 한다. 헤로도토스는 페르시아 전쟁에 참여하였던 사카족을 '아뮈르기온' 출신 스키타이족이라고 하였는데 아뮈르기온 평원은 옥수스 강(아무다리야 강) 동쪽의 초원지역으로 생각된다.

* 《역사》 4:11.

사카족도 단일한 집단은 아니고 여러 부족으로 나뉜다. 고대 페르시아의 비문에 등장하는 사카 부족들로는 '사카 티그라카우다'(고깔모자 사카), '사카 파라드라야'(흑해 너머의 사카), '사카 하오마바르가'(하오마를 마시는 사카) 등이 있는데 두 번째 사카족은 헤로도토스가 그의 역사책에서 언급하고 있는 스키타이다. 사카 티그라카우다는 다리우스 1세 때(BCE 510년경) 페르시아에 반기를 들었던 페르시아에 예속된 족속이었다. 세 번째 사카 하오마바르가, 헤로도토스가 그의 《역사》에서 '아뮈르기온 출신 스키타이족'이라고 한 사람들로 보인다.* 하오마는 환각성이 있는 식물로 대마와 같은 식물이다. 하오마 풀을 음료로 만들어 마시는 관습이 있어서 그런 이름이 붙은 것 같다.

사카족은 카스피 해 동쪽의 중앙아시아와 남부 시베리아 일대에 살았다. 심지어 파미르 고원 너머 알타이 산지에도 이들의 자취가 보인다. 예를 들어 1929년부터 발굴된 파지리크 고분의 주인공들이 사카족으로 여겨진다. 이 고분들에서는 스키타이 형식의 많은 동물문양 금속조형물들이 출토되었을 뿐 아니라 문신을 한 미라, 심지어는 카펫까지도 온전한 모습으로 출토되어 사람들을 놀라게 하였다. 물이 고분에 침투한 후 얼어서 여름에도 녹지 않는 상태로 2천 년 이상 내려온 때문이다. 고분이 냉동고 속에 보관되어 있던 것과 마찬가지였다. 파지리크 5호분에서는 모전 직물이 출토되었는데 말을 탄 스키타이 기사의 늠름한 모습이 생생하게 나타나 있다. 이 직물이 알타이 지역에서 제작된 것인지 외부에서 수입된 것인지는 확실하지 않다. 그러나 스키타이 문화가 알타이 지역까지 널리 퍼져 있었던 것은 틀림

* 《역사》 7:64.

없으며 사카족이 이 지역에 살았을 가능성도 높다.

그리스인들과 긴밀한 접촉을 가졌던 흑해 북안 스키타이인들의 일부는 유목생활을 버리고 정착농업에 종사하였다. 헤로도토스의 말에 따르면 '농경 스키타이족'은 자신들이 먹기 위해서가 아니라 시장에 내다 팔기 위해 농사를 지었는데 특히 스키타이인들이 생산한 밀은 평야 지역이 부족한 그리스 세계로 대거 수출되었다. 그리스인들에게 밀 외에도 꿀, 가죽, 말린 생선, 황금 등을 수출하고 반대로 포도주, 올리브 유, 금속제품, 장신구, 갑옷과 투구 등을 수입하였다. 스키타이인들은 그리스인들 뿐 아니라 주변 족속들과 활발한 교역을 하였다.

현재 스키타이인들이 남긴 유물들 가운데 황금으로 만든 장식품들이 적지 않다. 우리나라에도 2012년 〈스키타이 황금유물전〉이라는 이름의 전시회가 서울에 있는 예술의 전당에서 열린 적이 있다. 그 공예품들의 미적 가치에 대해서는 누구도 이의를 제기하기 힘들 것이다. 그런데 전시장을 둘러보며 필자는 스키타이인들이 보유했던 그 많은 황금은 도대체 어디서 나왔을까라는 의문이 들었다. 킴메르인들처럼 스키타이인들도 주변 족속들을 약탈해서 금을 획득했을 가능성이 없지 않지만 알타이 지역과의 교역을 통해 금을 축적했을 가능성도 높다. 스키타이에 의해 전파되었다는 그리핀 전설이 이를 간접적으로 뒷받침하고 있다.

중국과 러시아, 카자흐스탄, 몽골 등 세 나라가 만나는 접경 지역에 위치한 알타이 산맥은 원래 금이 많이 나는 지역이었다. 알타이라는 말도 금에서 나온 것이다. 2세기 그리스의 유명한 여행작가 파우사니아스에 의하면 그 금은 지표면이나 지표면에서 가까운 곳에서 얻었다. 즉 알타이의 금은 바위에서 떨어져 나와 계곡으로 씻겨 내려간 사금의 형태로 채굴되었던 것이다. 그리스인들이 스키타이인들로부터 들은 이야기는 그리핀이라는 상상의 새가 알타이의 금을 지킨다는 것이었다. 그리스인들이 남긴 조각이나 그림에서 그리핀은 네 발을 가진 새의 모습을 하고 있다. 미국의 과학사가 아드리엔 메이어 여사에 의하면 그리핀은 '프로토케라톱스'라는 공룡의 화석을 보고 알타이 유목민들이 만들어낸 상상의 산물이라고 한다.* 프로토케라톱스의 화석과 알은 알타이 지역의 건조한 기후 때문에 많이 발견된다. 프로토케라톱스는 중생대에 살았던 공룡의 일종이라서 신생대에 출현한 인간이 만난다는 것은 있을 수 없는 일이지만 알타이인들은 그 화석을 보고 그리핀이라는 새를 상상해 내었다는 것이다. 그리핀의 이야기는 중앙아시아에 살던 스키타이 유목민에 의해 서쪽으로 전파되

▲ 스키타이 전사들을 묘사한 황금 빗 장식.
◀ 파지리크 고분에서 출토된 기사상.

* Adrienne Mayor, *The First Fossil Hunters: Dinosaurs, Mammoths, and Myth in Greek and Roman Times*, Princeton University Press, 2000. ch.1.

어 그리스인들의 예술과 신화에 등장하게 되었다.

그리스인들은 스키타이인들과 접촉하던 아시아의 여러 족속들에
대한 이야기도 들었다. 망자의 고기를 제물의 고기와 함께 먹는다는
잇세도네스인들, 그리고 그 북쪽에 산다는 외눈박이 아리마스포이,
땅의 최북단에 사는 휘페르보레오이 등이 그러한 족속들이었다. 그리
스인들 가운데에는 호기심 때문이었던지 스키타이인들의 땅을 지나
잇세도네스인들이 사는 곳까지 간 사람도 있었다. 헤로도토스의《역
사》에 나오는 '아리스테아스'라는 시인이 그런 사람인데 그는 잇세도
네스인들에게 가서 그들로부터 아리마스포이인들에 관한 이야기를
듣고《아리마스페이아》라는 서사시를 지었다고 한다.* 세 권으로 되
었다는 이 시는 지금은 전해지지 않는데 전해졌더라면 BCE 7세기경
의 그리스인들이 북방민족에 대해 어떠한 관념을 갖고 있었던가를 생
생하게 보여주었을 것이다.

▲ 왼쪽의 흉배를 확대한 사진. 두 마리의
　그리핀이 말을 공격하고 있다.
◀ 크림에서 출토된 스키타이 황금 흉배

* 천병희 교수는 아리마스페이아를 '아리마스포이족 이야기'로 번역하였다.《역사》
4:14.

아리마스포이족은 황금을 지키는 그리핀과 싸웠다고 그리스인들은 들었다. 이는 알타이 지역에서 난 금을 획득하기가 쉽지 않았던 사실을 암시해주는 것은 아닐까? 험난하고 위험으로 들끓는 먼 길을 통과해야만 이익을 얻을 수 있는 실크로드 교역은 그렇게 금을 얻는 지난한 방편의 하나였을 것이다.

4
스키타이 왕국의 흥망성쇠

아시아 초원지대에 살던 스키타이의 일부가 7세기에 카프카즈 산맥 북안과 흑해 북안의 초원 지대에 도달하였다. 이들은 곧 BCE 670년대에 카프카즈 산맥 남쪽으로 진출하였다. 이들은 훌륭한 초원이 있는 아제르바이잔 지역을 근거지로 하여 왕국을 세웠는데 하자노프 교수는 이 나라가 스키타이 최초의 나라였다고 한다.* 헤로도토스는 그의 《역사》에서 스키타이가 상부 아시아를 28년 동안 지배하였다고 여러 곳에서 언급하였는데 이는 스키타이가 아제르바이잔 지역으로부터 남쪽으로 그 세력을 크게 확대하였음을 시사해주는 것이다. 헤로도토스의 기록에 따르면 스키타이는 메디아인들과 싸워 메디아 왕국을 해체시켜 버렸다.** 스키타이가 아시아 전체를 지배하였다는 그의 말이 맞는 것인지 모르지만 스키타이의 지배 영역은 소아시아로부터 시리아까지 걸쳐있었던 것으로 보인다. BCE 630년경에는 아시리아의 동맹국이었던 이집트를 정벌하러 갔으나 이집트 왕 프삼메티코스가 선물을 바치며 애원하여 스키타이가 회군하였다고 한다.

그러나 스키타이는 회군하는 길에 시리아의 팔레스타인 지역을 약

---

* Anatoly Khazanov, "The Scythians and their Neighbors" in R. Amitai and M. Biran (ed), *Nomads as Agents of Cultural Change*, University of Hawaii Press, 2015.
** 헤로도토스, 《역사》 1:104.

탈하였다. 블레셋인들의 도시 아스칼론 시에 있던 아프로디테 우라니아 여신의 신전이 약탈되었다고 하는데 아프로디테 우라노스는 이 지역에서 널리 숭배되던 아스타르테 여신을 말하는 것이다. 스키타이인들 가운데서 일부 사람들은 팔레스타인 지역에 아주 눌러앉았다. 팔레스타인의 갈릴리 호수 남쪽에 있던 로마 시대의 스키토폴리스라는 도시는 '스키타이의 도시'라는 뜻이다. 이 지역에 정착한 스키타이인들에서 유래한 이름이다.

헤로도토스의 말에 의하면 중동의 지배자가 된 스키타이는 모든 사람에게 세금을 부과하였을 뿐 아니라 말을 타고다니며 마음대로 사람들의 재산을 약탈해갔다고 한다.* 이 때문에 견디다 못한 메디아인들이 봉기하여 스키타이의 우두머리들을 죽이고 스키타이를 내쫓아 버렸다. 614년 메디아의 키악사레스 왕에 패한 스키타이는 다시 카프카즈 산맥 너머의 북쪽 초원으로 돌아갔다. 현재 카프카즈 북부의 쿠반 강 주변에 남아 있는 여러 쿠르간(봉분 형태의 고분)들에서 매우 화려한 부장품들이 많이 발굴되었는데 그 가운데에는 중동 지역에서 생산된 유물들이 많았다. 아마 아시아에서 퇴각할 때 가져간 물건들이 적지 않았을 것이다.

카프카즈 북쪽 초원지대로 돌아온 스키타이는 흑해 북안의 드네프르 강 중류 지역을 중심으로 새로운 왕국을 세웠다. 하자노프 교수에 의하면 기원전 6세기는 이 스키타이의 전성기였다고 하는데 이들은 오늘날의 슬로바키아, 폴란드 등 중부 유럽 지역까지 진출하였다. 물론 땅을 정복하기 위한 것은 아니고 재물을 빼앗기 위한 유목민들의

---

* 헤로도토스, 《역사》 1:106.

전형적인 약탈원정이었다.

514년에는 페르시아의 다리우스 대왕이 무려 70만의 병력을 동원하여 스키타이를 침공하였다. 헤로도토스의 말처럼 인구가 늘고 세수가 증대하자 힘이 강해진 페르시아가 메디아의 복수를 하기 위해 스키타이를 공격한 것인지는 모르겠다. 좌우간 다리우스 대왕이 동원한 페르시아 군은 소아시아에서 보스포로스 해협을 건너 유럽으로 들어갔다. 헤로도토스가 세계에서 제일 큰 강이라고 한 이스트로스 강(다뉴브 강)을 건너 스키타이로 쳐들어갔으나 스키타이 군과는 제대로 싸워보지도 못했다. 스키타이의 기마부대는 정면대결을 피하고 적을 초원 깊숙이 끌어들였다. 도시와 인가가 없는 광활한 초원지대에서 식량과 식수를 확보하는 것이 큰 문제였다. 보급선과 퇴각로에 대한 걱정으로 다리우스는 철수하기로 하였다. 페르시아는 엄청난 군대를 이끌고 갔지만 헛발질만 한 셈이었다.

흑해 북안에 정착한 스키타이인들은 흑해 연안의 그리스 도시들과 활발한 교역을 벌였다. 높은 문화수준을 가진 그리스인들과의 접촉을 통해서 스키타이 사회는 큰 영향을 받았다. 스키타이 귀족들의 생활은 엄청나게 사치스러워졌다. 암포라(항아리)를 비롯하여 그리스에서 생산된 값비싼 공예품들이 수입되었을 뿐 아니라 그리스에서 나는 포도주와 올리브 기름도 많이 수입되었다. 특히 그리스 포도주는 스키타이 귀족들에게 아주 인기가 높았다. 당시 왕족과 귀족들 무덤의 부장품 가운데 절반은 그리스에서 온 물품이었다. 그리스인들의 영향으로 귀족들은 그리스식으로 집을 짓고 살았던 것으로 보인다. 그리스인들이 필요로 하는 곡물을 재배하기 위해 정착농업을 영위하는 사람들도 늘어났다. 정주화와 도시화로 요약되는 스키타이 사회의 변화는 장기적으로 스키타이의 세력을 약화시키는 역할을 하였던 것으로 보인다.

BCE 4세기에는 스키타이가 발칸반도로 진출하였다. 당시 그리스 북부에서는 마케도니아 왕국이 급속히 흥기하고 있었다. 로마의 유스티누스(영어로는 'Justin')라는 역사가가 쓴 책이 있다. 이 사람이 언제 때 사람이고 어디에 살았던 사람인지는 전혀 알려져 있지 않다. 기원후 2세기에서 4세기 사이의 사람으로 추정되는데 라틴어로 씌어진 《필립포스의 역사》를 남겼다.* 원래는 폼페이우스 트로구스라는 사람이 로마인들을 위하여 쓴 그리스 역사를 요약한 것이라 한다. 필립포스는 알렉산더 대왕의 부친인 마케도니아 왕국의 필립포스 대왕(BCE 382-336)을 말한다. 그러나 유스티누스의 책을 보면 필립포스 왕과 그 아들 알렉산더에 대한 이야기 뿐 아니라 아시리아 제국과 페르시아 제국, 알렉산더 이후의 헬레니즘 왕국들, 보스포로스 왕국, 파르티아와 로마에 관한 장들도 있어 결코 마케도니아 왕가의 역사에 그치지 않는 넓은 의미의 세계사 책임을 알 수 있다. 이 책은 이 때문에 중세기에 널리 읽혔다.

유스티누스에 의하면 필립포스 대왕은 그리스와 전쟁을 하려고 하였는데 전쟁을 위한 자금이 필요하였다. 그래서 그리스의 부유한 도시인 비잔티온을 공격하였는데 쉽게 함락되지 않았다. 필립포스는 주변의 도시들과 지나가는 상선들도 약탈하였다. 심지어는 북쪽의 스키타이로도 약탈원정을 하였다. 당시 스키타이는 아테아스라는 이름의

* Marcus Junianus Justinus, tr. by John Selby Watson, *Epitome of the Philippic History of Pompeius Trogus*, Henry G. Bohn, 1853.

젊은 왕이 다스리고 있었는데 그 역시 주변의 히스트리아인들과 전쟁을 하고 있었다. 아테아스 왕은 마케도니아 왕국의 지원을 청해야 할 만큼 다급하였다. 그래서 심지어는 전쟁에서 이기면 필립포스 왕을 자신의 후계자로 삼겠다는 약속도 하였다. 그런데 히스트리아와의 전쟁이 예상과 달리 그 왕이 죽으면서 쉽게 끝나버리자 스키타이 왕은 약속을 어기고 필립포스를 후계자로 삼겠다는 약속은 말할 것도 없고 필립포스가 요청한 군자금 지원도 스키타이가 가난하다는 것을 구실로 내세워 거절하였다. 이 때문에 스키타이와 마케도니아 사이에서 전쟁이 벌어졌다. 유스티누스의 말에 따르면 스키타이인들은 수도 많고 더 용맹하였지만 필립포스의 교묘한 전략을 이길 수 없었다고 한다.* 전쟁에서 진 스키타이는 2만 명에 달하는 여자와 청년, 많은 소, 그리고 2만 마리에 달하는 암말을 마케도니아에 전리품으로 보내야 했다. 마케도니아의 근위기병대는 그 이후 마케도니아 군의 중요한 핵심전력이 되었는데 필자는 이것이 스키타이로부터 받은 말과 연관이 있지 않을까라고 생각한다.

마케도니아와의 전쟁에서 지기는 하였지만 스키타이가 완전히 망한 것은 아니다. BCE 331년 마케도니아의 폰투스 총독 조피리온이 3만 명의 병력을 모아 스키타이를 공격하였다가 스키타이에 참패하였다는 기록도 있다.** 전문가들에 의하면 스키타이의 쇠퇴는 그 다음 세기인 기원전 3세기에 시작되었다고 한다.*** 서쪽으로부터는 켈트족과

---

* Justinus, *Epitome of the Philippic History of Pompeius Trogus*, 9:2.
** *ibid.* 12:2.
*** A. I. Melyukova, "The Scythians and Sarmatians" in D. Sinor(ed), *The Cambridge History of Early Inner Asia*, Cambridge University Press, 1990.

게르만족 계통인 게타이족, 동쪽으로부터는 이란계 유목민인 사르마트인들의 공격으로 스키타이의 입지는 점점 좁아지게 되었다. 하자노프 교수에 의하면 이 시기부터 흑해 북안의 스키타이인들의 고분, 즉 쿠르간이 급속히 사라지게 되는데 이는 스키타이가 흑해 초원지대를 버리고 다른 지역으로 대거 이주하였음을 시사해준다. 스키타이는 다뉴브 강으로부터 돈 강에 걸친 초원지대를 버리고 좁은 지역으로 근거지를 옮겨갔다. 이들에 의해 두 개의 소규모 국가가 세워졌는데 하나는 다뉴브 하구의 도브루자 지역, 다른 하나는 크림반도를 중심으로 하였다. 현재의 심페르폴 근처의 네아폴리스는 바로 후자의 수도였다. 크림반도에 정착한 스키타이는 후일 게르만족 이동기에 고트족의 공격으로 소규모 집단으로 분해되어 고트족에 동화되어 갔다. 유목민족으로서 스키타이의 문화적 특성도 차츰 사라져간 것은 물론이다.

5
지리학자 스트라본이 본 스키타이

스트라본(BCE 64-CE 24)은 고대 서양의 유명한 지리학자이자 역사가로서 17권으로 된 지리서 《게오그라피아》를 남겼다.* 그는 지중해 주변의 지역들을 답사하고 또 많은 역사서와 지리서들을 읽고 그것을 바탕으로 책을 썼다. 그의 책은 유럽과 아프리카, 서아시아, 인도 등 당시 알려진 세계의 대부분을 다루는바 고대 세계에 대한 엄청나게 귀중한 정보를 담고 있다. 이 《게오그라피아》 제7권 중에 스키타이에 관한 기록이 들어 있다.

스트라본의 시대에 스키타이인들의 영역은 헤로도토스 시대에 비해 크게 줄었다. 스키타이인들은 남러시아 평원과 우크라이나 일대 ― 스트라본의 말에 따르면 돈 강에서 드네프르 강 사이의 지역 ― 에서 밀려나 크림반도로 들어와 정착하였다. 그들의 자리를 차지한 것은 사우로마타이(사르마트인)였다. 그 가운데서도 특히 중요한 족속이 '록솔란족'(록솔라노이)이라고 불린 사람들이었다. 록솔란족은 후일 훈족 시대(CE 4, 5세기)에 등장하는 알란족과 연관되어 있다. 어원으로 볼 때 '록솔란'은 '로스'와 '알란'이 합쳐진 것으로 보인다.

주민의 교체가 있기는 했지만 스키타이 지역은 여전히 예전처럼 유

---

* Strabo, tr. by H. Hamilton et W. Falconer, *Geography,* Bohn's Classical Library, 1854.

목민들과 일부 정착 농경민들(게오르고이)로 이루어져 있었다. 스트라본은 스키타이 유목민들에 대해 우호적인 서술을 하고 있다. '말젖을 먹고 수레 위의 집에서 사는' 유목민들이 부의 축적에 오염되지 않고 소박한 생활을 영위하지만 타민족의 지배하에 노예처럼 사는 것을 거부하는 의로운 사람들이라고 칭찬한다. 스키타이 유목민들의 의로움은 정착 농민들에게 받는 적당한 액수의 공납에서도 드러난다. 물론 공납을 거부할 때에는 응징을 각오해야 했지만 말이다. 스트라본이 본 스키타이 유목민들은 우리가 앞에서 본 BCE 7세기의 킴메르족이나 스키타이 조상들과는 달리 약탈보다는 공납수취로 살아가는 족속이었다. 자신들의 땅을 경작하기 원하는 사람들에게 경작을 허용하고 그 대가로 공납을 받는 것이다. 스트라본은 오히려 약탈 같은 불의한 행동은 정착 농경민들이 저지른다고 말하고 있다. 농경민들은 유목민들에 비해 문명화되어 있고 유순하다고 일컬어지지만 대신에 금전적 이익에 탐닉한다. 그래서 기회가 되면 바다로 나가 해적질과 노략질을 마다하지 않는다는 것이다.

다뉴브 강에서부터 돈 강에 걸친 광대한 지역을 다스렸던 스키타이 제국은 BCE 3세기 초부터 동서 양쪽으로부터 공격을 받기 시작하였다. 동쪽에서는 앞에서 말한 록살란족을 포함한 사우로마타이(사르마트), 서쪽에서는 트라키아인들과 게르만족, 켈트족의 침략이 있었다. 스키타이인들이 크림반도로 내려온 것은 이러한 침략자들 특히 아시아쪽에서 이주해온 사우로마타이에 밀려났기 때문이다.

스트라본은 크림반도에 스키타이 왕국을 세운 것이 스킬루로스 왕이었다고 한다. 스키타이인들이 차지한 크림반도 일대와 지협 너머 드네프르 하구의 영역을 합쳐서 '소스키티아'라고 부른다고 스트라본은 적고 있다. 스키타이인들이 크림반도로 들어갔을 때 그곳은 무주공산이 아니었다. 케르손네소스(현재의 세바스토폴) 같은 그리스인들이 세운 도시들과 마에오티스 호수(아조프 해) 입구 양안에 자리 잡은 보스포로스 왕국 같은 세력이 엄연히 존재하고 있었던 것이다. 그러나 그리스 도시들과 보스포로스 왕국에 대한 스키타이인들의 압박은 갈수록 커져갔다. 스트라본은 그들이 요구하는 공납이 점점 더 무거워졌다고 한다. 그래서 크림반도의 그리스인들이 의지하게 된 것이 바다 건너 폰투스 왕국의 미트리다테스 왕이었다. 로마사 책을 좀 읽어본 사람은 이 미트리다테스라는 이름을 기억할 것이다.

그리스 세력은 이미 쇠퇴해 있었고 로마는 내부 문제로 싸우느라 이곳에는 신경을 쓸 틈이 없었다. 그 틈을 타고 '미트리다테스 유파토르' 즉 미트리다테스 6세는 소아시아 전역과 아르메니아 일대를 정복한 후 흑해 북안 초원지역으로 세력을 확장하려고 하였다. 한마디로 말해서 흑해를 둘러싼 대제국을 건설하려고 한 것이다. 그들의 자유를 앗아갈지도 모를 외국 군주에게 도움을 요청하지 않을 수 없었던 것이 크림반도 그리스 도시들의 갑갑한 처지였다. 그리스인들은 스키타이인들의 지배를 받는 것보다는 차라리 그리스문화 애호가로 알려져 있는 미트리다테스의 지배하에 들어가는 것이 낫다고 생각하였다.

미트리다테스는 그리스인들의 원조요청을 구실로 크림반도로 진출하여 스키타이 왕국을 정복하였다. 그리하여 스킬루로스가 세운 소스키타이 왕국은 그의 아들 대에 무너지고 말았다. 미트리다테스 왕은 그리스인들을 끌어들였을 뿐 아니라 다른 한편으로는 옛 페르시아 제국의 부활을 내세우며 이란계 족속들을 끌어들여 로마와 대결하였다. 그는 사우로마타이인들은 말할 것도 없고 자신에게 패했던 스키타이인들까지 반로마 진영에 끌어들이는 데 성공하였다. 그러나 미트리다테스는 로마와의 세 번째 전쟁에서 패하자 크림반도로 달아났다. 그는 여기서 재기를 모색하였으나 그리스인들의 배반으로 그 시도는 실패로 돌아갔다. 일세를 풍미하였던 미트리다테스 왕은 자결로 생을 마감하였다. 로마가 스키타이 지역의 전략적 중요성을 깨달은 것은 바로 이 미트리다테스 전쟁 때문이라고 한다.

  마지막으로 하나 덧붙이자면 소스키타이 왕국의 수도가 네아폴리스인데 그리스말로 신도시라는 뜻이다. 그곳에서 발굴된 유적지와 유물들을 보건대 스키타이인들은 이곳에서 그리스식 생활을 즐겼던 것으로 보인다. 현재의 심페르폴 교외에 위치한 네아폴리스 유적지에는 석조건물 형식의 영묘가 하나 서 있다. 스킬루로스 왕의 영묘로 추정되는 유적이다.

크림반도의 심페르폴 근처에 있는 스키타이 영묘. 스킬루로스 왕의 것으로 추정된다.

6
로마 제국의 기병대로 이용된 야지그족

사르마타이족 가운데 가장 서쪽에 살았던 것이 야지그인들laziges이다. 이들은 BCE 1세기 미트리다테스 전쟁 때 미트리다테스 왕 편에 가담하여 싸웠던 족속으로 로마 기록에 등장한다. 그러나 이들이 로마의 주목을 받게 된 것은 로마가 다뉴브 강을 국경으로 확정한 후였다. 야지그인들은 무슨 이유에서인지 1세기 초에 다뉴브 강을 넘어 로마의 영토 내로 들어오려는 시도를 했는데 로마는 이들의 침략을 손쉽게 격퇴하였다. 그러나 다음 세기에 야지그인들은 훨씬 조직된 세력으로 로마와 만나게 된다.

트라야누스 황제(재위 98-117)가 다뉴브 강 너머 다키아 왕국으로 쳐들어갔을 때 야지그 기병대가 다키아 왕을 도와 로마와 싸운 기록이 있다. 다키아는 다뉴브 강 이북에 있는 땅으로 오늘날의 루마니아에 속한다. 트라야누스 황제는 다키아를 정복하여 로마의 속주로 편입시킨 그의 공적을 자랑하는 원주를 세웠는데 로마의 포로 로마노에 서 있는 이 다키아 전승기념탑에 야지그 기병대의 모습이 등장한다. 야지그 기병대는 말과 병사가 모두 미늘갑옷으로 전신을 덮고 있는 모습이다. 일반적으로 갑옷은 가죽을 옷에다 덧댄 것인데 미늘갑옷은 옷에다가 금속판을 물고기 비늘처럼 빽빽하게 매단 것이다. 야지그 기병대의 미늘갑옷을 '카타프락트'라고 하는데 이는 '완전히 덮었다'는 뜻의 그리스 말이다. 야지그인들은 트라야누스 황제의 전승탑에 중무장한 기병대의 모습으로 등장한 것이다.

　야지그인들은 다키아 전쟁으로부터 60여년 후인 마르쿠스 아우렐리우스 황제(재위 161-180) 때에도 다시 한 번 모습을 드러낸다. 당시 마르콤마니족, 콰디족 등 게르만족들이 로마의 영토를 침략했는데 그들과 함께 야지그인들도 로마 영토 내로 침략을 감행한 것이다. 침략자들은 이탈리아 북동부의 율리안 알프스를 넘어 이탈리아로 쇄도하여 아드리아 해 북안에 위치한 아퀼레이아를 약탈하였다. 콰디족이 6만명의 로마인을 포로로 잡아갔고 야지그인들은 그보다 더 많은 10만명을 잡아갔다. 철학자 마르쿠스 아우렐리우스 황제 때의 만족 침략이 어느 정도로 심각했던지 짐작하게 해준다. 마르쿠스 아우렐리우스와 공동황제 베루스가 출동하여 이들과 싸웠는데 먼저 콰디족과 강화하여 로마인 포로를 송환토록 하였다. 아마 로마측은 돈을 주고 콰디족을 매수하여 여타의 만족들과 싸우게 만들었던 것 같다. 마르쿠

▲ 트라야누스 원주에 새겨져 있는 야지그 기병대의 모습. 미늘갑옷을 입었다.

◀ 트라야누스 황제 전승기념비. 로마의 포로 로마노 안에 있다. 높이는 30m에 달하며 다키아 전쟁에서의 승리를 기념하는 부조상이 나선형으로 새겨져 있다.

스 아우렐리우스 황제는 나머지 두 적들을 모두 제압하는 데 성공하였다. 그는 마르콤마니족이 살던 보헤미아 지역을 마르콤마니아, 야지그족이 살던 다뉴브와 다키아 사이의 땅을 사르마티아 속주로 각각 만들려고 하였다. 이러한 그의 계획은 직후 시리아에서 일어난 반란으로 실현되지 못했다. 그러나 만족들을 로마 제국의 신민으로 포섭함으로써 변경 지역의 평화를 확보하려는 그의 뜻은 일부나마 실현되었다. 마르콤마니족과 야지그인들과 협정을 맺어 이들을 로마의 동맹부족(페데라티foederati)으로 삼고 용병처럼 이용하는 것이었다. 유목민족인 야지그인들은 기병 8천명을 로마에 제공하였다. 그리고 침략을 방지하기 위해 만족들은 다뉴브 국경선에서 10마일을 무인지대로 삼고 거기서 철수해야 했다. 이러한 무인지대 협정은 후일 아틸라 시대에도 등장하는데 이때는 훈족이 아니라 로마가 다뉴브 강 남쪽 일대로부터 '5일 여정' 거리까지 무인지대로 만들기로 약정하였다. 5일 여정은 하루 여정을 20킬로미터로 잡으면 무려 100킬로미터에 달하는 거리이다. 이러한 넓은 완충지대를 로마 영토 내에 설치하도록 요구할 수 있었던 것은 훈족이 로마 제국에 비해 압도적 힘의 우위에 있었기 때문에 가능하였다. 로마는 또 마르콤마니와 콰디족의 땅에 로마 수비군을 2만 명 주둔시키기로 하였다.

마르쿠스 아우렐리우스 황제가 거둔 만족과의 전쟁에서 거둔 승리를 기념하기 위해 그의 사후 승전기념탑이 세워졌다. 예전의 트라야누스 황제의 원주와 같은 모양으로서 전쟁의 장면들을 묘사한 부조를 나선형으로 원주에 새긴 것이다. 마르쿠스 황제의 원주는 포로 로마노에서 수백 미터 떨어져 있는 콜로나 광장에 서 있다. 콜로나 광장 (Piazza Colonna)이라는 이름 자체가 원주(라틴어로 '콜룸나columna')에서 온 것이다.

20세기 초 영국의 저명한 역사가 존 베리는 이 마르콤마니 전쟁에서부터 로마가 둔전병 제도(military colonatus)를 시행하게 되었다고 한다.* 만족들에게 제국 내의 정착지를 제공하고 대신에 그들을 병사로 이용하는 제도로서 동양에서의 둔전제屯田制와 유사한 것이다. 둔전병이 된 만족 병사는 자유로운 존재이기는 했지만 받은 땅을 이탈할 수 없었다. 토지에 긴박되어 있는 만족 병사들의 이러한 처지는 중세 농노제의 원형이 되었다.

로마 영토 내로 수용된 8천 명의 야지그족 기병 가운데 5천 500명이 제국의 최북방인 브리타니아 섬으로 보내져 스코틀랜드와의 국경 지역에 있는 하드리아누스 장벽을 지키는 역할을 하였다고 한다. 일부 야지그 병사들은 그 가족과 함께 랭카셔 지방에 있는 브레메테나쿰 요새에 정착하였다.

한 가지 흥미로운 점은 야지그족 병사들이 용모양의 군기를 갖고 있었다는 점이다. 바람에 날리면 용처럼 길게 펼쳐지는 용기龍旗는 앞에서 말한 트라야누스 황제의 전승기념 원주에서도 나타나고 영국에서 발견된 야지그족 묘지석에서도 그 모습이 보인다. 일반적으로 용은 중국에서 기원하였다고 일컬어진다. 그런데 유럽의 야지그족은 용이 전쟁의 신이라도 되는 것처럼 그 깃발을 들고 싸움에 임했다. 이는 로마인들에게 아주 인상적이었을 것이다. 그래서 그 모습이 이처럼 돌에 새겨지게 되었다. 용에 대한 관념은 야지그인들이 동북아와

* J. Bury, *A History of the Roman Empire from its Foundation to the Death of Marcus Aurelius*, 1893. p.549.

의 접촉을 통해 받아들인 것으로 추정된다. 앞에서 본 그리핀처럼 용의 관념도 유목민들에 의해 동양에서 서양으로 전파된 것으로서 문화 전파에서 유라시아 초원지대의 유목민들이 얼마나 중요한 역할을 하였던지 보여주는 또 다른 예라 할 것이다.

트라야누스 원주에 새겨져 있는 야지그 병사들의 용기龍旗.

7
유럽인이 된 동양유목민 알란족

4세기 후반 로마의 국경인 다뉴브 강 너머 만족의 땅에는 다양한 족속들이 살고 있었다. 그 가운데 가장 넓은 지역을 차지한 것은 알란족이었다. 그들은 주변의 족속들을 하나씩 정복하였다. 4세기 그리스 출신의 로마 퇴역군인이자 역사가인 암미아누스 마르켈리누스가 남긴 역사서는 네르바 황제의 등극(96)에서부터 발렌스 황제의 아드리아노플 전투(378)까지 기록한 책이다.* 모두 31권으로 되어 있었다고 하지만 현재 남아 있는 것은 16권부터 31권까지이다. 갈루스 황제 시대인 353년부터 25년간의 역사가 상세히 기록되어 있어 후기 로마 제국사 연구에 중요한 사료가 되고 있다. 무엇보다 우리에게 중요한 것은 훈족에 대한 최초의 기록을 담고 있다는 점이다. 그 마지막 31권에 훈족에 대한 기록이 나온다.

흑해 북안의 초원에서 서진하던 훈족의 첫 공격 대상이 되었던 것이 바로 알란족이었다. 암미아누스에 의하면 알란족은 초가집도 없고 쟁기도 사용하지 않으며 오로지 고기와 많은 젖을 먹고 살아간다. 그들의 집은 수레 위에 설치한 이동식 주택이다. 목초지를 찾아 떠돌다가 적당한 곳을 찾으면 수레들을 원형으로 배치한다. 암미아누스의 표현에 따르자면 알란족은 수레에 그들의 도시를 싣고 다녔던 것이

* Ammianus Marcellinus, tr. by C. D. Yonge, *The Roman History*, 1894.

다. 알란족은 가축 가운데 말을 가장 소중히 여겼다. 어릴 때부터 말 타는 것에 익숙하였던 터라 말 밑에서 걷는 것은 알란족 체면을 구기는 것으로 생각하였다. 알란족의 외모에 대한 언급도 있는데 대부분은 키가 크고 잘 생겼다고 한다. 또 모발은 노란색이었으며 시선은 무서울 정도로 맹렬하다. 이는 눈이 움푹 들어간 모양을 말하는 것일 터이다. 이들은 가벼운 갑옷을 입어 행동이 민첩하였다. "음식과 생활방식이 좀더 세련된 것을 제외하면" 알란족은 훈족과 거의 모든 면에서 유사하였다. 전쟁과 위험을 무릅쓰기를 좋아하여 전쟁에서 생명을 잃는 자는 행복하다고 여겼다. 사람을 죽이는 일보다 더 자랑스럽게 여기는 것이 없었다. 죽인 적의 두피를 벗겨 장식품으로 말에 자랑스럽게 매달고 다녔다. 전쟁을 좋아했기 때문인지 이들은 칼을 숭배하였는데 칼을 땅에 꽂는 장엄한 의식을 행했다. 암미아누스에 따르면 이들에게는 신전이나 사당은 없었다. 미래에 일어날 일을 점칠 때에는 버드나무 가지를 갖고서 주문을 외우며 점을 쳤다고 한다.

알란족이 사는 땅은 하천이 많아서 토질이 좋았다. 가축을 위한 초지도 풍부하고 과실수도 있어서 식량 부족 걱정은 없었다. 알란족에게는 그리스, 로마인들에게는 당연한 존재였던 노예에 대한 관념이 없었다고 한다. 그들은 모두 고귀한 가문 출신이라 노예란 있을 수 없다는 것이었다.

376년 고트족이 로마 영토 내로 쇄도하는 사태가 벌어졌다. 이것이 서로마 제국을 혼돈으로 몰아넣은 '만족 이동'의 첫걸음이었다는 것은 잘 알려진 사실이다. 당시 고트족으로 하여금 자신들의 땅을 버리고 허겁지겁 로마 제국과의 국경선인 다뉴브 강변으로 몰려들게 만든 것은 알란족을 앞세워 진격한 훈족이었다. 물론 그 전에 알란족은 훈족에게 패하여 훈족 연합군의 일환으로 편입되었던 것이다. 알란족은 30년 뒤인 406년 12월 31일 반달족, 수에비족 같은 게르만족들과 함께 다시 훈족에 쫓겨서 이번에는 얼어붙은 라인 강을 넘어 갈리아 지방으로 쇄도하였다. 서유럽 땅으로 들어온 알란족은 수년 동안 갈리아 지방을 노략한 뒤 다시 피레네 산맥을 넘어 스페인 땅으로 넘어갔다.* 그런데 프랑스인들 가운데 흔히 찾아볼 수 있는 '알랭'이라는 이름은 라틴어 '알라노스'에서 온 것인데 알란족이라는 뜻이다. 스페인으로 갔다던 알란족은 어떻게 해서 다시 갈리아에 나타났을까?

로마 제국 말기의 만족들을 연구한 영국의 고故 톰슨 교수는 442년 로마의 실권자 아에티우스 장군이 당시 갈리아와 에스파냐 땅을 휩쓸던 '바가우데 반도叛徒'를 견제하기 위해 알란족을 불러와 이들을 반란 진압에 이용하였다고 한다. 당시 알란족은 개별적인 용병으로 오지 않았다. 그들에게는 '고아르'라는 이름의 왕이 있었다고 하며 이로 보건대 조직적인 집단으로 움직였던 것이 분명하다. 이들은 아에티우스 장군으로부터 반란지역인 아르모리크 지역(오늘날의 프랑스 브르타뉴 지방)을 감시하는 대가로 오를레앙 근처에 정착하였다.** 아시아 초원지

---

* 반달족, 수에비족과 함께 알란족은 갈리아를 약탈한 후 409년 피렌네 산맥을 넘어 스페인 땅으로 갔다. 스페인 갈리시아 지방의 주교이자 연대기 작가였던 휘다티우스의 연대기에는 이들 세 족속들이 제비뽑기로 스페인 땅을 나눠가졌다고 한다. 실링 가문 영도 하의 반달족은 남부 스페인의 바에티카 주, 하스딩 가문 영도 하의 반달족과 수에비족은 스페인의 서북부에 해당하는 갈리시아 주, 알란족은 루시타니아와 카르타기넨시스 주를 차지하였다. 루시타니아 속주는 오늘날의 포르투갈, 카르타기넨시스 속주는 스페인 동부 지역에 해당한다. Peter Heather, *The Fall of Roman Empire : A New History of Rome and the Barbarians,* Oxford University, 2006. p.208. (이순호 역, 《로마 제국 최후의 100년》, 뿌리와이파리, 2008).
** E. A. Thompson, *The Huns,* Blackwell, 1996. p.139.

대로부터 들어와 흑해 북안 지역을 지배하였던 알란족이 훈족에게 쫓겨 서유럽으로 들어와 유럽인을 형성하는 데에도 한몫을 한 것이다.*

* 중국역사가 장진퀘이에 의하면 2세기 중반 천산지역에 살던 북흉노는 선비족과 유연족이 흥기함에 따라 서쪽으로 밀려났다고 한다. 패잔병에 불과하였던 북흉노는 중앙아시아 지역으로 들어가 그곳에서 백년간 힘을 비축한 후 그 서쪽에 있던 알란족을 공격하였다. 알란족은 중국사서에서는 '엄채奄蔡'로 알려져 있는데 후일 '아란요국阿蘭聊國'으로 이름이 바뀌었다고 한다. 알란족은 북흉노의 압박으로 강거 지역(아랄해 동쪽)을 떠나 흑해 북안으로 들어갔다. 장진퀘이(남은숙 역),《흉노제국 이야기》, 아이필드, 2010. p.325.

8
요르다네스의 《게티카》와
프리스쿠스의 《비잔틴사》

   서양 역사에서 큰 역사적 변화를 초래한 유목민 집단을 꼽으라면 훈족(로마인들은 'Hunni', 비잔틴인들은 'Chounoi'라고 표기하였다)과 몽골족, 오스만 투르크족을 꼽을 수 있다. 그 가운데 훈족은 서로마 제국 말기에 갑자기 동유럽에 나타나 '게르만족의 이동'을 촉발하였다. 게르만족의 이동은 처음에는 대규모 난민사태로부터 시작했다가 로마 당국이 이를 제대로 처리하지 못하자 게르만 여러 족속들이 제국의 영토 내로 침략하여 들어와 마음대로 땅을 차지하게 되었다. 그 과정에서 서로마 제국이 멸망한 것이다. 그러므로 훈족은 서로마 제국을 멸망시킨 주역 가운데 하나가 된다.

   당시 게르만족은 로마 제국 국경인 라인 강과 다뉴브 강 너머에 살고 있었는데 가장 동쪽에 살던 게르만족이 고트족(Goths)이다. 고트족도 하나의 집단으로 통일되어 있었던 것은 아니고 '그로이퉁족'Greut-hungi과 '테르빙족'Thervingi으로 나뉘어 있었다. 서양 역사가들은 흔히 흑해 북안에 살던 그로이퉁족을 '동고트족'(Ostrogoths)으로, 테르빙족을 '서고트족'(Visigoths)으로 파악해 왔으나 이는 정확한 것은 아니라고 한다.* 피터 히더 교수에 의하면 훈족의 공격으로 인해 그로이퉁

---

* 대표적인 학자가 옥스퍼드 대학의 Peter Heather 교수이다. *The Goths* (Blackwell,

족과 테르빙족은 여러 집단들로 분열되어 훈족의 지배하에 들어갔다. 훈족의 지배를 받던 고트족은 아틸라가 죽은 453년 이후 훈족의 지배로부터 벗어나 서유럽 쪽으로 이동하기 시작하였다. 테오도릭을 우두머리로 한 고트족 집단은 480년대에 이탈리아로 들어가 북부 이탈리아를 점령하였다. 테오도릭은 당시 이탈리아를 지배하던 게르만 용병들의 대장인 오도아케르를 죽이고 동고트 왕국을 세웠다. 테오도릭이 세운 동고트 왕국의 주력이 그로이퉁족이었을 따름이다.

또 테르빙족을 주력으로 한 고트족 집단은 훈족을 피해 도주하였는데 이들은 알라릭을 우두머리로 하여 410년 이탈리아를 침공하여 로마를 약탈하였다. 이 무리는 이탈리아 남단으로 내려가 배를 타고 북아프리카로 건너가려고 하였다. 그러나 그 시도는 폭풍으로 배들이 부숴지는 바람에 실패하여 고트족은 방향을 돌려 알프스를 넘어 갈리아로 갔다. 그곳에 정착하여 세운 나라가 오늘날의 프랑스 서남부 지역에 자리잡은 서고트 왕국이었다. 즉 그로이퉁족과 테르빙족은 훈족이 동유럽에 모습을 드러냈던 370년 전후 고트족의 두 정치적 집단이었는데 후일 동고트 왕국과 서고트 왕국을 세운 주력 집단이었다고 할 수 있다. 370년 경에는 아직 동고트, 서고트라는 이름도 없었다. 로마 제국 영토 안에 정착한 후 그런 이름으로 불리게 된 것이다.

1998)에서 이러한 주장을 세밀한 연구를 통해 뒷받침하였다. 히더는 로마 제국의 멸망에서 만족의 이동과 침략의 중요성을 강조하는 입장인데 그래서 그의 후속 연구는 만족들에 맞추어져 있다. 한국어로도 번역된 두 권이 있다. 이순호역, 《로마 제국 최후의 100년》 뿌리와이파리, 2008 (*The Fall of the Roman Empire : A New History of Rome and the Barbarians*, Oxford University Press, 2006); 이순호 역, 《로마 제국과 유럽의 탄생》, 다른세상, 2011 (*Empire and Barbarians : The Fall of Rome and the Birth of Europe*, Oxford University Press, 2010).

이 시기 고트족의 역사를 기록한 책이 요르다네스의 《게티카》이다.*
원제목은 '고트족의 기원과 업적'이지만 일반적으로 '게티카'라고 약
칭으로 불린다. 이 책은 고트족의 초기 역사를 알려주는 유일한 사서
이다. 551년경에 씌어진 이 책은 독창적인 책은 아니고 카시오도로스
의 12권으로 된 《고트족사》를 요약한 것이다. 요르다네스에 의하면
고트족은 먼 옛날 '스칸자'라는 섬에서 온 것으로 되어 있다. 스칸자
는 스칸디나비아 반도를 말하는 것인데 당시에는 섬으로 생각되었다.
《게티카》는 고트족의 후손인 요르다네스가 자신의 자랑스런 선조들
의 역사를 기록한 책이지만 훈족에 대한 정보를 많이 담고 있다. 앞에
서 언급한 암미아누스 마르켈리누스의 로마사 책이 훈족에 쫓겨서 다
뉴브 강을 건너온 고트족에 의한 난동사태와 그 사태를 촉발한 훈족
에 대한 소문으로 끝나는 것에 비해 그보다 60여년 뒤에 찬술된 요르
다네스의 책은 훈족이 세운 제국의 흥망을 기록하고 있기 때문에 훈
족 연구에서는 일급사료가 된다.

요르다네스의 책과 더불어 훈 제국의 역사를 기록한 또 하나의 사
서는 프리스쿠스의 《비잔틴사》이다.** 이 책은 현존하지는 않는다.
470년 이전에 씌어진 것으로 보이는 이 책의 단편이 우리에게 전해지
는 것은 10세기 비잔틴 제국의 콘스탄티노스 7세 황제 덕택이다.*** 어

---

* Jordanes, tr. by C. Mierow, *The Gothic History of Jordanes,* Princeton University Press, 1915.
** R. C. Blockley, *The Fragmentary Classicising Historians of the Later Roman Empire, Eunapius, Olympiodorus, Priscus and Malchus.* II. Text, Translation and Historiographical Notes, Francis Cairns, 1983.
*** 그는 흔히 '콘스탄티노스 포르퓌로게네토스'라는 별명으로도 불린다. 황제의 권위
를 상징하는 자주색(포르퓌르) 장식으로 뒤덮인 궁전의 침실에서 태어났기 때문이다.

려서 황제의 자리에 올랐지만 장인이 섭정을 하는 바람에 별다른 할일이 없어 학문에 몰두하게 되었던 콘스탄티노스 황제는 동서 로마의 역사를 통틀어 찾아보기 드문 학자 황제이다. 그는 로마 제국의 통치에 도움이 될 법령들과 외교교섭, 조약 등을 정리하여 여러 권의 책으로 남겨놓았는데 그 가운데 하나가 프리스쿠스의 역사서 일부분이 실려 있는 《외교사절 초록》이다.* 프리스쿠스의 기록은 단편이라고는 하지만 그 분량이 상당하다. 도합 70여 쪽에 달하는데 무엇보다도 프리스쿠스의 기록은 프리스쿠스 자신이 아틸라의 본영을 직접 방문하고 목도한 내용을 적은 것이라는 데서 큰 의미가 있다. 프리스쿠스는 449년경 동로마 황제 테오도시우스 2세가 보낸 사절단 공식 수행원의 한 사람으로 아틸라 궁까지 따라갔던 것이다.

449년 당시 훈 제국의 세력은 절정에 달했다. 동로마 제국은 훈족에게 조공을 바치고 또 아틸라의 까다로운 요구들로 골머리를 썩고 있었다. 동로마 황제는 군사력으로는 어찌하지 못하는 훈족의 아틸라 왕을 암살하기로 작정하였다. 그래서 황금으로 그 측근을 매수하였는데 그만 그것이 실패로 돌아가고 말았다. 프리스쿠스는 사행에서 돌아온 후 그 내막을 알게 되어 자신의 비잔틴사 책에 아틸라 살해 음모의 전개과정을 낱낱이 기록하였다. 콘스탄티노스 황제는 아틸라 왕과의 외교적 교섭을 후대의 통치를 위해서도 기록으로 남겨둘 필요성을 느꼈다. 프리스쿠스의 훈족 관련 기록이 외교교섭사를 정리한 책에 들어간 것은 그 때문이다. 프리스쿠스는 또 판노니아(오늘날의 헝가리

---

* 본문은 그리스어로 되어 있지만 후대의 학자들에 의해 'Excerpta de Legationibus'라는 라틴어 제목이 붙었다.

지역)에 위치한 훈족 본영으로 가는 여정에 대해서도 상세한 기록을 남기고 있을 뿐 아니라 아틸라가 사절단을 위해 베푼 연회에 참석하여 아틸라와 그의 측근에 대한 생생한 기록도 남기고 있다. 로마인들의 공포의 대상이었던 훈족의 왕 아틸라와 그의 본영에 그만큼 가까이 접근하여 기록을 남겨놓은 사람은 없다.

9
고트족의 쇄도

암미아누스 마르켈리누스의 역사서 마지막 장인 제31장은 다음과 같은 음울한 말로 시작된다. "역경과 번영을 끊임없이 갈마들게 하는 운명의 여신이 모는 빠른 수레바퀴는 그 사이에 전쟁의 여신으로 하여금 복수의 여신들을 동맹군으로 삼아 전쟁준비를 하게 만들었다. 많은 전조와 불길한 조짐들이 이제 재앙이 제국의 동부에서 일어나게 될 것임을 분명히 보여주었다." 암미아누스는 378년 아드리아노플에서 벌어진 비극을 이야기하기 위해 이러한 음울한 말로써 책의 마지막 장을 시작한 것이다.

로마 역사의 중요한 전환점이 된 아드리아노플 전투는 다뉴브 강을 넘어 로마 제국 내로 들어온 고트족 난민들이 자신들을 받아준 로마 당국에 대해 반란을 일으키고 로마군과 싸워 로마군을 궤멸시킨 싸움이다. 이 싸움에 동로마 제국의 발렌스 황제도 직접 참전하였는데 그도 그곳에서 전사하고 말았다. 세 대륙에 걸친 거대한 로마 제국이 제국 안으로 몰려든 야만족들의 난민사태 하나 제대로 해결하지 못해 많은 병사들과 그 최고지휘관인 황제도 전사한 것이다.

아드리아노플은 오늘날 불가리아에서 터키 국경을 넘자마자 만나게 되는 터키 도시 에르디네에 해당한다. 아드리아노플 전투는 그곳에서 북쪽으로 약 10킬로미터 떨어진 곳에서 378년 8월 9일 일어났다. 로마의 핵심 군사력 1만 5천 명이 죽고 국경 근처의 여러 무기제

작창이 파괴되어 로마 제국의 군사력은 큰 타격을 입었다. 물론 고트족이 이 전투 후 곧바로 로마 제국을 멸망시킨 것은 아니다. 발렌스 황제의 뒤를 이어 유능한 테오도시우스 장군이 한가한 생활을 즐기고 있던 스페인으로부터 급히 불려와 제국을 위기로부터 건져내는 소방수 역할을 맡음으로써 사태는 진정되었다.

그러나 테오도시우스가 고트족을 군사적으로 완전히 진압한 것은 아니다. 382년 그는 고트족과 동맹조약을 체결하고 그들을 동맹으로 삼았다. 이 조약은 향후 로마사에 있어서 매우 중요한 의미를 갖는다. 로마가 군사력으로 제압하지 못한 만족을 정착할 땅이나 돈을 주고 동맹으로 삼아 로마에 군사적 도움을 주도록 하였던 것이다. 이는 로마가 만족을 힘으로 압도하지 못하고 돈으로 평화를 샀음을 뜻한다. 로마 제국의 힘이 절정을 지나 쇠퇴기에 접어들었음을 명백히 드러내주는 것이었다. 후일 로마는 고트족보다 훨씬 강력한 훈족과도 이러한 성격의 조약을 체결하였다.

로마의 동맹이 된 고트족은 그후에 일어난 로마의 내전에도 끼어들었다. 테오도시우스 황제 편에 서서 그의 적들을 무찌른 것이다. 고트족의 목소리가 높아지지 않을 수 없었다. 그 우두머리인 알라릭 왕은 고트족의 희생에도 불구하고 로마 제국이 자신들에게 충분한 보상을 해주지 않는다고 생각하여 로마 제국에 반기를 들었다. 알라릭의 고트족 무리는 로마의 동맹에서 적으로 돌변하였다. 그리스로 내려간 알라릭의 고트족 무리는 그리스 전역을 약탈하고 다니다가 결국 로마 황제로부터 그가 원하던 것 하나를 얻었다. 로마 제국의 방위에서 중요한 역할을 하는 일리리아 속주를 방어하는 '일리리아 속주 대장군' 자리를 얻은 것이다. 그러나 고트족은 이로써 만족하지 않았다.

요르다네스의 말에 따르면 고트족은 "다른 사람들의 지배 하에서 평온한 노예같은 삶을 살기보다는 자신들의 손으로 새로운 왕국을 세우기를" 원했기 때문이다. 알라릭 휘하의 고트족은 그래서 제국의 중심부인 이탈리아로 들어가 로마 시를 세 번이나 약탈하였다. 5세기 초의 일이었다. 알라릭은 물자가 풍부한 북아프리카로 건너가기 위해 이탈리아 남쪽으로 내려갔지만 바다를 건너지 못했다. 폭풍우로 배들이 난파하고 많은 부하들이 희생되었기 때문이다. 그도 곧 병사하였는데 남은 고트족 무리는 아프리카행을 포기하고 방향을 돌려 알프스를 넘어 갈리아로 들어가 나라를 세웠다. 앞에서도 말한 바로 갈리아 서남부의 서고트 왕국이었다.

고트족으로부터 시작된 '게르만족의 이동'은 그 근본원인이 훈족이 가한 압박에 있었다. 흑해 북안의 초원지대에서 훈족이 알란족을 공격하자 알란족은 다시 서쪽의 고트족에게 압박을 가해 마치 당구공이 연쇄적으로 다른 당구공에 힘을 전달하듯 고트족 난민사태를 불러일으킨 것이다. 376년 20만 명이 넘는 고트족 무리가 로마와의 국경인 다뉴브 강 북안으로 몰려와 로마 당국에게 입국허가를 간청하였다. 오늘날 유럽에서 벌어지고 있는 것과 유사한 난민사태가 당시에도 벌어진 것이다. 현재의 유럽 국가들은 대체로 인도적으로 난민을 대접하지만 당시의 로마 장군들은 이들 고트족 난민을 무척 비인간적으로 대접하였다고 한다. 고트족이 봉기를 일으켜 이것이 아드리아노플 전투로 이어진 것은 이 때문이었다.

아드리아노플 전투의 주역은 고트족이기는 하였지만 그 배후에는 아시아 초원에서 온 훈족이라는 새로운 세력이 있었음을 다시금 환기시키고 싶다. 당시 교회의 주요 지도자 가운데 한 사람인 암브로시우스 주교는 다음과 같이 사태의 본질을 꿰뚫는 의미심장한 서술을 남겼다. "훈족이 알란족을 엄습하고 알란족은 고트족을 엄습하였다. 고트족은 다시 타이팔족과 사르마타이족을 엄습하였다. 그러나 사태는 이로써 끝나지 않았다."*

* P. Heather, *The Goths*, p.104.

10
판노니아의 훈족

아드리아노플 전투가 있었던 378년 동고트족과 알란족 그리고 훈족 세 족속으로 이루어진 만족 무리가 판노니아 지방을 침략하였다. 당시 판노니아는 판노니아 프리마, 판노니아 세쿤다, 판노니아 발레리아, 판노니아 사비아 등 여러 속주로 나뉘어져 있었는데 이들 만족 집단이 동부에 위치한 발레리아를 침략한 것이다. 당시 서로마는 그라티아누스 황제가 맡고 있었는데 그라티아누스 황제는 동로마의 테오도시우스 황제가 서고트족 집단을 제대로 제압하지 못하고 그들과 동맹조약을 체결했던 것처럼 판노니아로 침입해 온 만족 집단과 동맹조약을 체결하였다. 이들에게 구체적으로 어떤 지역을 정착지로 할당했던지에 대해서는 역사가들 사이에 의견이 일치하지 않고 있다. 또 이 세 족속들이 서로 간에 어떤 관계를 맺고 있었던지도 분명하지 않다. 중요한 점은 동고트족 및 알란족과 더불어 판노니아로 들어온 이 훈족 집단이 로마 제국의 영토 내로 들어온 첫 훈족 집단이었다는 점이다. 아직도 훈족의 주력은 다뉴브 하류의 로마 국경 너머에 있었다.

로마 제국은 이 판노니아 훈족을 여러 번에 걸쳐 동맹으로 이용하였다. 384년 알레만족의 일파인 유퉁족(Juthungi)이 오늘날의 남부 독일과 스위스에 해당하는 라에티아 속주를 침략하자 로마는 훈족과 알란족 기마군단을 투입하여 이들을 격퇴하였다. 또 몇 년 뒤인 388년에는 훈족이 테오도시우스 황제를 도와서 찬탈자 막시무스(갈리아와

브리타니아를 지배하였던 인물)를 무찔렀다. 394년 테오도시우스 황제가 또 다른 찬탈자 에우게니우스와 벌인 싸움도 판노니아 지역에서 일어났는데 고트족 외에 훈족도 참여했을 것이라는 추측도 제기되고 있다. 이후 약 20년간 판노니아 훈족에 대한 언급은 사료에서 거의 나타나지 않는다.

405년부터 408년 사이에 다시 한 번 만족들의 대이동이 있었다. 그 배후에도 훈족의 압박이 있었을 것으로 추정된다. 당시 중부 다뉴브 지방에는 여러 만족들이 정착해 있었다. 라다가이수스라는 인물을 우두머리로 한 고트족은 405, 406년에 판노니아를 거쳐 이탈리아로 침략하였다. 당시 서로마 제국의 실권자 스틸리코 장군은 로마 군대만으로는 라다가이수스의 침략군을 격퇴할 수 없다고 생각하여 훈족에게 지원을 요청하였다. 당시 훈족의 왕은 울딘이라는 이름의 왕이었는데 울딘의 훈족은 침략군을 이탈리아 북부에서 격퇴하였다. 이 기록은 5세기에 살았던 소조멘의 교회사에 나온다.* 울딘 왕은 수년 전인 400년경 다뉴브 강을 건너 도망쳐온 동로마 제국의 장군 가이나스와 그의 고트족 집단을 공격하여 가이나스의 머리를 콘스탄티노플로 보낸 적이 있다. 울딘은 독자적인 군사력을 가진 고트족 집단이 자신의 영역 내에 들어와 정착하는 것을 원하지 않았던 것이다. 울딘은 408년 동로마 군대가 페르시아 제국과의 전쟁을 위해 페르시아 국경

---

* *The Ecclesiastical History of Sozomen*, tr. by E. Walford, 1855. 소조멘은 울딘의 이름을 '울디스'라고 표기하는데 비슷한 시기 오로시우스의 사서에서는 '울딘'으로 표기되어 있다. 멘첸-헬펜은 울딘이 맞는 표기라고 한다. Otto J. Maenchen-Helfen, *The World of the Huns : Studies in Their History and Culture*, University of California Press, 1973. p.380.

으로 이동하였다는 것을 알고 다뉴브 강을 건너 트라키아 지방과 발칸반도를 침략하였다. 그는 다키아 리펜시스 속주의 주요한 요새인 카스트라 마르티스를 점령하였다. 다급해진 동로마 측은 그에게 강화를 요청하였다. 그러자 그는 동로마 장군에게 하늘의 해를 가리키며 자신이 이 해가 비치는 모든 땅을 점령하는 것은 원하기만 한다면 쉬운 일이라고 떠벌렸다. 그는 전쟁을 중단하는 대가로 많은 공납을 요구하였다. 그러나 로마의 외교적 술책이 있었던지 그의 부하 장교들이 동요하였다. 로마의 통치형태와 로마 황제의 인도적인 면모 그리고 로마 황제가 뛰어난 병사들에게는 기꺼이 많은 보상을 한다는 점 등을 토론한 후 많은 장교들이 병사들을 데리고 로마 측으로 넘어가 버렸다고 한다. 병력의 상당 부분이 이탈하였기 때문에 울딘 왕은 로마군에게 패한 것으로 보인다. 그는 간신히 강을 건너 자기 땅으로 돌아갔다. 그후 이 훈족의 왕이 어떻게 되었던가는 알려져 있지 않다.

소조멘의 기록에 따르면 그는 "다뉴브 강 근처에 사는 몇몇 부족들의 우두머리"였다.* 훈족에 관한 깊은 연구서를 남긴 고 멘첸-헬펜 교수는 울딘이 훈족 전체를 지배하는 왕이 아니라 카르파티아 산맥 동서 지역을 다스리는 왕으로 보았다.** 카르파티아 산맥 서쪽은 오늘날의 헝가리 지역 즉 판노니아 지방에 속한다. 소조멘이나 멘첸-헬펜 교수의 지적을 고려해보면 당시 훈족은 여러 왕이 영역을 동서로 둘 혹은 셋으로 분할하여 통치하였던 것 같다. 또 하나 주목할 점은 당시 울딘의 군대가 훈족으로만 이루어진 것은 아니었다는 점이다. 소조멘

* *The Ecclesiastical History of Sozomen*, 9:5.
** Maenchen-Helfen, *The World of the Huns : Studies in Their History and Culture*, p.61.

은 《교회사》의 같은 장에서 스키리Sciri족이 울딘의 병력 가운데서 큰 수를 차지하고 있었다고 하였다. 여러 게르만 부족들이 훈족의 병력을 구성하고 있었는데 스키리족 역시 그 중요한 일부였던 것이다. 그 수가 아주 많았던 스키리족은 울딘과 함께 도주하다가 학살되거나 붙잡혀 콘스탄티노플로 끌려갔다. 이들은 싼 값으로 대거 노예로 팔려갔다. 이들의 가격이 낮았다는 것은 붙잡혀온 스키리족의 수가 대단히 많았음을 말해준다. 판노니아의 훈족은 자신들의 수보다 훨씬 많은 수의 게르만 부족들을 벌써 지배하에 두고 있었던 것이다.

11
훈족의 아시아 대원정

훈족의 일부가 아드리아노플 전투를 계기로 판노니아로 진출한 이후 십여년 간 훈족의 큰 위협은 없었다. 그러다가 395년 훈족이 대거 아시아 지역을 침탈하였다. 이들이 다뉴브 지역에서 출발했는지 아니면 돈 강 근처 흑해 북안에서 출발했는지는 확실하지 않다. 분명한 것은 이들이 카프카즈 산맥을 넘어 아르메니아와 메소포타미아 그리고 서쪽으로는 캅파도키아, 남쪽으로는 시리아까지 진출하였다는 점이다. 아시아 원정대는 두 개의 부대로 나뉘었던 것으로 보인다. 한쪽은 소아시아로 다른 한쪽은 시리아로 갔다. 페르시아 제국도 공격의 대상이 되었는데 시리아로 향하던 부대가 먼저 페르시아를 공격했던 것인지 아니면 시리아로 간 부대와는 독립적인 부대가 동쪽으로 티그리스 강을 건너 페르시아 영토를 침략하였던지는 알 수 없다.

이들이 갑자기 험난한 카프카즈 산맥을 넘어 먼 아시아 땅을 공격한 이유 역시 분명하지 않다. 많은 사람들이 초원지대에 기근이 들어 훈족이 아시아를 공격했다고 보지만 멘첸-헬펜 교수는 이 원정이 필요한 노동력을 확보하기 위한 '대규모 노예사냥'이었다고 본다.* 5세기 시리아 출신의 역사가 테오도레트는 훈족이 시리아 청년들을 많이 끌고 가서 하인처럼 부렸다고 한다. 그러나 멘첸-헬펜의 지적처

* Maenchen-Helfen, *The World of the Huns*, p.52.

럼 당시 일부 사람들은 훈족에 끌려간 것이 아니라 '자발적으로' 훈족에 가담하여 훈족과 함께 싸웠다. 아마 로마 사회에서 핍박받고 살던 하층민들의 일부가 훈족에 가담하였을 것이다.

훈족이 아시아를 짓밟고 있던 당시 팔레스타인에는 성 히에로니무스(347-420)가 살고 있었다. 영어로는 제롬Jerome이라고 부르는 히에로니무스는 학자들의 성인으로 불릴 정도로 뛰어난 학식을 갖고 있던 인물이다. 바이블을 히브리어와 헬라어에서 라틴어로 번역하고 바이블에 대한 주석서 및 신학서들을 저술하였던 기독교계의 대학자였다. 그는 또 많은 편지들을 남겨놓았는데 그 가운데 친구인 헬리오도루스에게 보낸 편지에서는 아시아를 침략한 훈족에 대해 다음과 같은 기록을 남겨놓았다.

"보라. 지난해 아라비아가 아니라 북방에서 풀려난 늑대들이 카프카즈 산맥의 요새로부터 나와 우리를 덮쳤다. 그리고 얼마 지나지 않아 여러 지역들을 짓밟았다. 얼마나 많은 수도원들이 그들에게 약탈되었으며 또 얼마나 많은 냇물이 피로 물들었던가! 안티오크 뿐 아니라 할리스 강과 키드누스 강, 오론테스 강, 유프라테스 강변의 다른 도시들도 그들의 공격을 받았다. 많은 무리가 포로로 끌려갔다. 아라비아, 페니키아, 팔레스타인, 이집트가 그들에 대한 공포로 사로잡혔다."*

그로부터 몇 년 뒤에 쓴 편지에서는 기마유목민으로서 훈족이 얼마

* *Letters of St. Jerome* (www.newadvent.org) n.60.

나 빠른 무리인지를 다음과 같이 언급하였다.

"아, 급보를 전하는 전령들이 이리저리 내달렸다. 동방 전역이 두려움에 휩싸였다. 훈족의 무리가 차가운 타나이스 강과 거친 맛사게타이족 지역 사이에 있는 저 먼 마에오티스 호수로부터 쏟아져 나왔다는 소식이 전해졌기 때문이다. 알렉산더의 관문들은 그곳의 사나운 족속들이 카프카즈 산맥 너머로 들어오지 못하게 막는 역할을 한다. 훈족이 그들의 빠른 말을 타고 이곳에 번쩍 저곳에 번쩍 나타나 살육과 공포가 온 땅을 뒤덮게 되었다. 당시 로마 군대는 내전으로 인해 멀리 이탈리아에 묶여 있었다.... 훈족은 어디서나 예상보다 빨리 들이닥쳤다. 소문보다 그들의 속도가 더 빨랐던 것이다."*

이 편지에 나오는 '알렉산더의 관문'이라는 것은 알렉산더 대왕이 북방 스키타이족의 침략을 막기 위해 카프카즈 기슭에 세웠다는 전설상의 관문이다. 카스피 해와 카프카즈 산맥 사이의 협로에 위치한 데르벤드 지역이었을 것이다. 훈족은 이곳을 통과하여 페르시아와 시리아로 들어간 것이다.

테오도시우스 황제는 훈족이 아시아를 침공하기 몇 달 전인 395년 1월에 죽었다. 그는 죽기 직전 찬탈자 에우게니우스와 싸우느라 로마군 병력의 대부분을 이탈리아로 끌고 들어갔다. 아시아에 로마군이 없었기 때문에 훈족은 거의 저항을 받지 않고 진격하였다. 얼마 후 환관 유트로피우스가 약간의 고트족 부대를 동원하여 훈족을 격퇴하였

* *Letters of St. Jerome*, n.77.

다. 그리하여 398년 말 동방에 다시 평화가 찾아왔다. 유트로피우스가 다음 해에 콘술 직에 오를 수 있었던 것은 이 승리 때문이라 한다. 그와 같은 환관이 콘술이 된 것은 로마 역사 초유의 사건이었다.

훈족의 아시아 원정은 후세인들에게도 큰 인상을 남겼다. 로마인들은 당시 훈족을 이끌던 훈족의 두 우두머리 이름을 기록에 남겨놓았는데 바지크Basich와 쿠르시크Kursich라는 이름이었다. 프리스쿠스는 '스키타이 왕족의 남자'라고 이들을 지칭하고 있다. 여기서 스키타이는 우리가 앞에서 본 스키타이족을 가리키는 것은 아니고 옛스키타이 지역을 차지한 훈족을 일컫는다. 그런데 놀라운 것은 이들이 후일 로마에 와서 로마 제국과 동맹을 체결하였다는 사실이다. 프리스쿠스의 책에 나오는 기록인데 다른 로마 측 사료에서는 찾아볼 수 없는 기록이다.* 프리스쿠스가 449년 아틸라 왕의 본영을 방문했을 때 우연히 그곳에 사절로 왔던 서로마 사절로부터 들은 것이라 잘못된 정보는 아닐 것이다. 멘첸-헬펜은 테오도시우스 황제의 차남 호노리우스가 서로마 황제로 있던 404년 혹은 407년이었던 것으로 추정한다.** 그 후 훈족과 로마 특히 서로마 제국은 급속히 우호적인 관계로 들어가게 된다.

* R. C. Blockley, *The Fragmentary Classicising Historians of the Later Roman Empire, Eunapius, Olympiodorus, Priscus and Malchus.* II. p.279.
** Maenchen-Helfen, *The World of the Huns*, p.55.

12
'최후의 로마인' 아에티우스와 훈족

아드리아노플 전투 이후 로마 제국은 훈족을 동맹으로 삼아 게르만족의 침략을 막는 데 이용하였다. 울딘의 예에서도 보이듯이 훈족은 로마 제국에 군사력을 지원하고 그 대가로 공납을 받았다. 이러한 동맹관계는 서로마의 경우 아틸라 시기까지 이어졌다. 훈족과 서로마제국의 밀접한 관계를 잘 보여주는 사건이 425년에 일어났다. 후일 로마의 실권자가 되는 아에티우스(Flavius Aetius, 391-454)가 훈족에게 파견되어 훈족 부대를 이탈리아로 데리고 온 사건이다.

이 사건을 이해하기 위해서는 당시 로마 제국에서 일어난 권력투쟁의 양상을 살펴볼 필요가 있다. 423년 8월 15일 서로마 제국의 호노리우스 황제가 30세의 젊은 나이로 병사하였다. 그가 죽자 황제의 자리를 차지한 것은 요한네스(Iohannes, 영어로는 John)라는 비서관 출신의 관리였다. 그를 황제의 자리에 앉힌 인물은 서로마의 장군(magister militum) 카스티누스였다. 그러나 동로마에는 죽은 황제의 조카인 테오도시우스 2세가 멀쩡히 살아 있었다. 그는 요한네스를 서로마 황제로 인정할 의향이 전혀 없었다. 자기 가문의 남자가 있었기 때문이다. 즉 사촌인 발렌티니아누스 3세로서 아직 네 살밖에 되지 않은 발렌티니아누스는 그의 모친 갈라 플라키디아Galla Placidia와 함께 콘스탄티노플에 와 있었다. 정치적 야심과 의지가 있었던 갈라 플라키디아가 섭정을 맡는다면 얼마든지 어린 발렌티니아누스를 서로마 황제로 옹립할 수 있다고 보았던 것이다. 그래서 동로마 황제 테오도시우스 2세는 자신의 허락도 없이 서로마 황제가 된 요한네스를 찬탈자로 여겼다. 요한네스가 황제의 자리에서 스스로 물러나지 않는다면 무력으로라도 쫓아낼 것이다. 실제로 테오도시우스는 발렌티니아누스를 카이사르로 임명하고 찬탈자 요한네스를 정벌하기 위한 군대를 출정시켰다.

동로마 제국 군대는 아드리아 해 맞은편의 살로나를 점령하고 수륙 양면으로 이탈리아를 공격하려고 하였다. 요한네스의 부하 장수들 중에서 인사에 불만을 품은 자들이 동로마 군대와 내통하여 합세하자 순식간에 세력은 동로마로 기울었다. 절망적인 상황에 처한 찬탈자 요한네스는 외부 세력을 불러들이는 방법 밖에는 묘안이 없었다. 자신에게 남은 병력이 거의 없었던 것이다. 그래서 심복인 아에티우스를 훈족에 급파하였다. 당시 아에티우스는 '쿠라 팔라티'cura palatii라는 관직을 맡고 있었는데 황궁의 관리를 맡은 직책이었다.

아에티우스가 훈족에 파견된 이유는 단적으로 말해 그가 훈족의 지도자들과 친분이 있었기 때문이다. 그는 로마에서 파견된 '볼모'(obses)로서 수년간 훈족 가운데서 지낸 적이 있었다. 여기서 말하는 볼모는 국가들 사이에서 조약을 성실히 이행하겠다는 뜻으로 보내는 일종의 담보였다. 그러므로 비자발적인 인질이 아니라 일종의 자발적 인질인 셈인데 외교사절에 가까운 존재라고 해야 할 것이다. 조약과 관련이 있는 고위 인사의 자제들을 보내는 것이 일반적 관행이었다. 상대방 국가는 이 볼모들에게 신분에 어울리는 좋은 대우를 하였다. 훈족의 볼모 아에티우스는 훈족 왕자들과 함께 생활하였다. 그가 훈족에게 보내진 것은 408년과 410년 사이의 어느 때였다고 한다. 훈족에게 볼모로 가기 전에는 알라릭 휘하의 고트족에게 3년간 볼모로 가 있었다. 이렇게 여러 나라에 볼모로 갔던 것은 그의 부친 가우덴티우스가 서로마의 고위장교였기 때문에 가능하였다. 오늘날로 말하자면 외국유학과 크게 다르지 않다.

십대의 소년 아에티우스가 훈족에 볼모로 간 것은 서로마 제국과 훈족이 새로운 동맹조약을 체결했음을 말해준다. 아에티우스를 연구한 얀 휴즈는 그 조약은 알라릭이 이탈리아를 침략할 경우 훈족은 서로마를 침입하지 않는다는 보장조약이었다고 한다.* 당시 아에티우스가 훈족의 어떤 왕에게 보내졌던지는 확실하지 않다. 얀 휴즈는 울딘 왕이었을 것으로 추정한다. 앞에서도 보았듯이 울딘은 408년 트라키아 지방을 침략했다가 그 휘하의 병력이 동로마 측으로 넘어가는 바람에 소기의 목적을 달성하지 못하고 동로마로부터 철수하였던 아픈 기억이 있었다. 그는 이러한 체면손상을 만회하기 위해 서로마 제국과 조약을 체결하고 볼모를 교환하였던 것으로 보인다. 아에티우스는 호노리우스 황제가 병사한 423년까지 약 십여 년간 훈족과 함께 지냈다. 그는 말을 잘 타고 궁술도 뛰어났으며 통역 없이 훈족과 대화할 수 있을 정도였다고 하는데 이러한 실력은 훈족과 함께 상당 기간 지내야 가능한 것이다.**

벼랑에 몰린 찬탈자 요한네스는 이러한 친분관계를 고려해서 아에

---

* Ian Hughes, *Aetius, Attila's Nemesis,* Pen & Sword, 2012. p.56.
** 아에티우스는 훈족 왕자들과 함께 교육을 받으며 그들과 친분을 쌓았다. 도량이 넓고 활달한 그의 성격은 장래의 훈족 지도자들과 친분을 쌓는 데 적지 않은 도움이 되었을 것이다. 그의 외모와 성격에 대해서는 투르의 고레고리우스가 《프랑크족 역사》 2:8에서 언급하고 있다. Gregory of Tours, tr. by Lewis Thorpes, *The History of the Franks,* Penguin, 1974.

티우스를 훈족에 급파했던 것이다. 물론 빈손으로 간 것은 아니다. 많은 황금을 선물로 주어 보냈으며 훈족 역시 아에티우스를 친구로서 맞아주었다고 그레고리우스는 말한다.* 요한네스는 또 아에티우스에게 동로마 군대가 이탈리아에 진입하면 훈족의 부대를 이용하여 그 후위를 공격하라는 명령도 내렸다.

그런데 아에티우스가 훈족 부대를 이끌고 이탈리아에 도착한 것은 요한네스가 처형된 지 3일이 지나서였다. 요한네스의 부하들이 배반하여 요한네스를 갈라 플라키디아 측에 넘겨주었던 것이다. 자신의 상전 요한네스가 플라키디아 측에 의해 처형된 것도 모르고 이탈리아로 들어온 아에티우스는 동로마군을 공격하였다. 양측 모두 상당한 피해를 입은 후 아에티우스는 요한네스 황제와 자신의 부친 가우덴티우스가 죽임을 당했다는 소식을 듣게 되었다. 아에티우스는 곧 자신이 반란군의 수괴가 되어 있음을 깨달았다. 그러자 그는 대담한 도박을 하였다. 막강한 훈족 부대를 이용하여 갈라 플라키디아 측과 협상을 벌인 것이다. 토벌의 대상이었던 아에티우스는 협상을 통해 플라키디아 측으로부터 갈리아 군사령관 직을 얻어내었다. 물론 이탈리아로 데려온 훈족들을 돌려보내는 일은 자신이 처리해야 했다. 불만을 토로하는 훈족을 적지 않은 돈을 주어 무마하였다. 아에티우스와의 흥정이 끝나자 갈라 플라키디아는 여섯 살짜리 어린 아들 발렌티아누스 3세를 로마로 데려가 서로마 황제로 옹립하는 대관식을 치렀다.

425년 아에티우스의 손에 이끌려 이탈리아에 들어온 훈족 부대의 규모는 어느 정도였을까? 당시대를 살았던 역사가 필로스토르기우스

---

* Gregory of Tours, *The History of the Franks*, 2:8.

는 아에티우스가 데려온 훈족 용병들의 수가 무려 6만에 달했다고 한다. 훈족 용병들은 자신들의 출동에 대한 대가로 황금을 받은 후 "분노와 무기를 내려놓고 볼모와 선서를 교환한 뒤 자신들의 고향으로 귀환하였다."* 반란군의 수괴로 목숨을 잃을 뻔했던 '최후의 로마인' 아에티우스는 훈족의 도움으로 목숨을 건질 수 있었을 뿐 아니라 단번에 서로마 제국의 실권자로 부상하였던 것이다.

그로부터 8년 뒤인 432년 그는 다시 한 번 권력투쟁에 휘말리게 된다. 서로마 제국의 또 다른 실력자 보니파키우스 장군과의 권력투쟁에서 패한 후 목숨이 위태롭게 되었던 그가 달아났던 곳도 바로 판노니아에 있던 훈족 본영이었다. 훈족은 그를 두 번이나 구해주었던 것이다. 훈족은 아에티우스에게 없어서는 안 될 소중한 친구였다. 432년 이후 아에티우스는 갈라 플라키디아와 그 아들 발렌티니아누스 3세

갈라 플라키디아(388-450) : 테오도시우스 황제의 딸이자 발렌티아누스 3세의 모후였다.

로마 제국 말기의 수도였던 라벤나에 있는 갈라 플라키디아 영묘.

* *The Ecclesiastical History of Philostorgius,* tr. by E. Walford, 1855. 12:14.

황제의 보호자 역할을 하면서 서로마 제국을 위협하는 여러 적들과 싸워 서로마 제국을 지켜내었다. 이러한 아에티우스의 업적은 훈족 친구들의 도움 없이는 불가능한 것이었음은 이론의 여지가 없다.

13
훈족이 무찌른 서로마 제국의 적들

433년 아에티우스는 다시 한번 훈족 부대를 이끌고 이탈리아로 귀환하였다. 그러자 그의 새로운 경쟁자인 세바스티아누스는 콘스탄티노플로 달아났는데 이는 훈족 부대가 서로마 제국 내부의 권력 투쟁의 결과를 결정지을 정도로 중요한 변수가 되었음을 나타내준다. 아에티우스는 훈족의 군사력을 토대로 이탈리아의 중앙군 사령관(magister militum praesentalis)의 자리를 차지하였다. 그는 454년 죽기 전까지 서로마 제국을 움직이는 실세 역할을 하였다. 또 훈족 군대를 동원하여 서로마 제국을 위협하는 적들을 하나씩 무찔렀다. 이렇게 아에티우스가 동원한 훈족 동맹군이 무찌른 서로마 제국의 적들을 하나씩 살펴보자.

아에티우스 시대에 첫 번째로 훈족의 공격을 받은 것은 부르군트족이었다. 당시 부르군트족은 보름스를 수도로 라인 강 중류 지역에 자리잡고 있었는데 인구가 늘자 영토를 획득하기 위해 로마 제국의 상부 벨기카 주를 침략하였다.(435) 아에티우스의 지원 요청을 받은 훈족의 루아 왕은 부르군트족을 공격하여 이들을 거의 궤멸시켰다. 2만 명의 부르군트족이 죽었는데 그 가운데에는 부르군트족의 왕 군다하르가 끼어 있었다. 훈족에게 당한 이 패배로 보름스 인근의 부르군트 왕국은 무너졌다. 전쟁에서 살아남은 사람들이 로마 제국의 배려로 멀리 떨어진 알프스 산지의 사보이 지방에 정착하였다. 유명한 중세의 서사시 《니벨룽겐의 노래》는 바로 이 부르군트족과 훈족의 전쟁을 배경으로 한 것이다. '니벨룽겐'은 바로 이 부르군트의 왕가 이름이다. 《니벨룽겐의 노래》에서는 부르군트족의 공주 크림힐트와 훈족의 왕 에첼이 부부가 되었다. 이 부부가 베푸는 축제에 초대받아 부르군트족 왕자들과 그 휘하의 기사들 및 일반 병사들이 다뉴브 강을 건너 헝가리 땅에 있는 훈족의 수도로 갔다. 훈족을 방문한 그 부르군트인들의 수가 1만이 넘었다. 연회에서 일어난 우연한 싸움 때문에 훈족전사들에 의해 그들은 거의 모두 살해된다. 이러한 '니벨룽겐의 전설'은 훈족에 의해 나라가 없어진 부르군트족의 역사적 경험을 반영하는 것이다.

서로마의 동맹 훈족이 무찌른 또 하나의 적은 서고트족이다. 서고트족은 알라릭 왕의 사후 몇 년 지나지 않아 발리아 왕 때 서로마 제국의 호노리우스 황제와 평화협정을 맺게 되었다.(418) 이 협정에서 서로마 제국은 서고트족에게 정착지를 제공하였는데 바로 현재의 프랑스 서남부에 위치한 아퀴타니아 지방이었다. 서고트족은 알라릭이 납치해갔던 왕녀 갈라 플라키디아도 돌려보내주었다. 그녀는 알라릭의 후계자였던 아타울프와 강제로 결혼하였지만 낳은 아기도 죽고 남편도 죽는 바람에 자식도 남편도 없는 과부 신세가 되었다. 이용가치가 없어진 플라키디아를 서고트족은 주저 없이 돌려보냈다.

서고트족은 로마의 동맹이 되었지만 지배 영역을 확대하려고 하였다. 420년대 중반에 아를 시를 공격한 것이나 430년대 중반 부르군트족과 서로마의 싸움을 틈타 나르본을 공격한 것은 그러한 의도에서 일어난 것이다. 아에티우스는 나르본에 대한 서고트족의 공격을 역시 훈족의 도움을 받아 격퇴하였다.(437) 당시 서로마 측의 지휘관은 리토리우스 장군이었는데 그는 서고트족의 강화요구를 거절하고 훈족 군대를 이끌고 서고트족의 수도인 툴루즈를 공격하였다. 이 공격에서 그는 그만 서고트족의 포로로 잡혀 죽임을 당했는데 훈족의 피해도 컸다. 그러나 곧 아에티우스가 나서서 힘이 빠진 서고트족과 평화조약을 체결하여 서고트족의 발호를 잠재울 수 있었다.

　세 번째 서로마의 적은 '바가우데Bagaudae' 반도들이었다. '바가우데'는 켈트어로 무리를 뜻하는 '바가드'라는 말에서 온 것이라 하는데 이들은 갈리아 서북부 지역을 휩쓴 반도들로서 도망노예, 탈주병, 빈농 등으로 이루어진 무리였다. 갈리아 민중의 민중반란이자 반로마 독립투쟁이었지만 로마 제국의 입장 특히 제국의 지주계급 입장에서 보면 이들은 사회질서를 위협하는 비적떼에 지나지 않았다. 바가우데 반란은 3세기 말부터 시작되어 5세기 말까지 이어졌다. 이들이 단순한 강도떼였다면 그렇게 오랫동안 지속되지는 못했을 것이다. 바가우데의 마지막 두목인 유독시우스라는 인물은 의사 출신이었다는 사실에서 짐작할 수 있듯이 바가우데 반도는 로마인들이 보듯 단순히 약탈을 일삼는 비적떼는 아니었다. 로마 제국의 통치에 반대하는 갈리아 민중의 독립투쟁이라는 성격도 없지 않았던 것이다. 좌우간 서로마 제국의 실권자 아에티우스의 입장에서는 제국의 생명을 지키기 위해서는 반로마적 바가우데 반도들에 대한 소탕작전은 불가피한 것이었다. 여기에도 훈족을 투입하였다. 서고트족과의 전투를 지휘했던 리토리우스는 나브본 공방전에 투입되기 전에 훈족 군대를 이끌고 바가우데 반도들을 소탕하는 데 성공하였다. 그래서 '티바토'라는 이름의 대두목과 그 외 몇 명의 소두목들이 체포되어 대부분이 목이 달아났다.

그런데 하나 주목할 만한 사실은 이후 새로운 봉기의 지도자 역할을 하였던 유독시우스가 448년 봉기가 진압되자 훈족에게로 피신하였다는 사실이다.* 당시 훈족의 왕은 아틸라였는데 아틸라가 유독시우스를 받아들인 데에는 정치적인 고려가 깔려 있었다. 서로마 제국의 실력자 아에티우스와 훈족의 유일한 왕 아틸라 사이에 금이 가고 있었던 것이다. 아에티우스는 훈족의 왕인 아틸라에게 선물을 보내고 심지어는 아틸라에게 라틴어로 외교문서를 작성하는 일을 도와줄 비서도 두 번이나 보내주었지만 아틸라는 서로마의 단순한 동맹(페데라티)을 벗어나 그의 왕국을 로마 제국을 압도하는 세력으로 만들려는 야심이 있었다. 아틸라는 서로마 제국뿐 아니라 동로마 제국과도 상대하였는데 그는 전유럽적인 차원의 전략과 목표를 갖고 있었다. 훈족이 동로마 제국과 어떤 관계를 맺었던지 살펴보기 전에 사료에 등장하는 훈족 왕들에 대해 잠깐 살펴보자.

* E. A. Thompson, *The Huns*, p.139.

14
아틸라 이전 훈족 왕들

훈 제국은 아틸라 왕 시대(434-453)에 전성기를 구가하였다. 아틸라는 워낙 유명한 사람이었기 때문에 그에 대한 기록은 적지 않다. 심지어 앞에서도 언급한 프리스쿠스처럼 그를 직접 대면한 사람의 기록도 있다. 그런데 그 이전의 훈족 왕들에 대해서는 어떤 기록이 남아 있을까? 여기서는 사료에 나타난 아틸라 이전의 왕들을 살펴보기로 한다.

1) 발람베르Balamber : 요르다네스의 《게티카》에 나오는 왕으로 훈족이 370년대에 고트족을 공격하여 그 지배하에 넣었을 때의 왕이다. 동고트족의 비니타리우스Vinitharius가 훈족의 지배에 대해 반란을 일으키자 발람베르는 세 차례의 싸움 끝에 비니타리우스의 반란을 진압하고 그 손녀 바다메르카와 결혼하였다. 이 때부터 고트족 전체가 훈족의 지배하에 들어갔다고 요르다네스는 기록하고 있다.* 발람베르가 고트족 공주와 결혼하였다는 기록은 주목할 만하다. 후대의 아틸라 역시 일디코라는 게르만족 처녀와 결혼하였다. 훈족의 피가 게르만족 왕가의 피와 섞인 것이다. 《니벨룽겐 이야기》에도 훈족의 에첼 왕이 부르군트족 공주 크림힐트와 부부로 나온다. 당시 지배적인 훈족 왕가와 피지배 게르만족 왕가 사이에 통혼이 있었던 것은 분명하다.

* The Gothic History of Jordanes, p.121.

2) 바지크Basich와 쿠르시크Kursich : 프리스쿠스의 《비잔틴사》에 나오는 훈족의 지배자로 그리스 말로는 "아르콘타스"로 칭하고 있다. '통치자'라는 말이다. 두 사람은 395-396년 아시아 대원정 때 훈족을 지휘한 사람들이다. 이들은 훈족의 부왕이었던 것 같다.

3) 울딘Uldin : 5세기에 콘스탄티노플에서 법률가로서도 활동했던 소조멘의 《교회사》에 나온다. 소조멘은 법률가로는 별다른 명성을 얻지는 못했다고 한다.* 앞에서 지적한 것처럼 울딘은 훈족 전체의 왕은 아니고 다뉴브 강 이북에 자리 잡고 있었던 훈족의 왕이었다.

4) 카라톤Charaton : 5세기 전반 동로마의 역사가 올림피오도루스가 남긴 기록에 언급되어 있다. 올림피오도루스는 당대의 서로마 제국에 대한 기록을 22권의 책으로 남겼지만 현재는 그 후대 역사가들에 의해 단편만이 전한다.** 그는 문인으로서도 명성이 높아서 동서 로마 제국에서 외교사절로 파견되기도 하였다. 412년 훈족의 본영으로 가서 훈족의 왕을 만났는데 그가 카라톤이었다. 이 카라톤을 올림피오도루스는 "왕들 가운데 첫째 왕"(ὁ τῶν ρηγῶν πρῶτος)이라고 표현

---

* *The Ecclesiastical History of Sozomen*, 'Prefactory remarks by Valesius'.
** R. C. Blockley, *The Fragmentary Classicising Historians of the Later Roman Empire, Eunapius, Olympiodorus, Priscus and Malchus.* II. p.183. 올림피오도루스의 단편에는 도나투스라는 인물이 살해되었는데 그 때문에 카라톤 왕이 크게 화를 내었다는 것, 로마 사절단은 비싼 선물을 주어 카라톤 왕을 달랬다는 것 그리고 바다로 훈족 본영에 갈 때 큰 위험을 겪었다는 등의 몇 가지 사실이 적혀 있다. 톰슨은 도나투스가 훈족의 왕이며 그의 계승자가 카라톤이라고 하는데 멘첸-헬펜의 지적대로 이는 사료상의 근거가 없는 것이다. Thompson, *The Huns*, pp.39-40. Maenchen-Helfen, *The World of the Huns*, pp.73-74.

하였다. 이는 당시 훈족에 여러 왕들이 있었음을 나타낸다.

5) 옥타르Octar와 루아Rua : 이 두 사람에 와서야 우리는 아틸라의 가문을 만나게 된다. 어떤 역사가는 옥타르와 루아가 울딘의 아들이었다고 주장하는데 확실한 근거는 없다. 요르다네스의 《게티카》에는 아틸라의 계보에 대해 간략히 기록되어 있다.* 아틸라의 부친은 문주크, 아버지의 형제들은 옥타르와 루아였다. 어떤 이유인지는 모르지만 아틸라의 아버지 문주크는 왕의 자리에 오르지 못했다. 옥타르와 루아 두 형제가 훈 제국을 분할 통치하였는데 옥타르는 서방, 루아는 동방을 통치했던 것으로 보인다. 훈족과 부르군트족의 싸움을 서술한 교회사가 소크라테스의 기록에는 훈족의 왕을 '욥타로스'라고 기록하고 있다.** 욥타로스는 옥타르를 말한다. 당시 부르군트족은 라인 강 동쪽에 살고 있었다. 옥타르가 서쪽의 부르군트족을 상대한 것으로 보아 그를 서방 왕으로 볼 수 있을 것이다. 로마 제국 북쪽 국경 너머에 자리 잡고 있던 훈 제국은 서방의 왕이 서로마 제국을, 동방의 왕이 동로마 제국을 담당하였다. 이러한 동서 분할 통치 방식은 유목민 제국에서 빈번하게 나타나는 것이지만 훈족의 경우 그 연원이 오래된 것인지는 분명하지 않다. 그것이 멘첸-헬펜의 지적대로 우주론적, 종교적 이념에서 온 것일 수도 있지만 동서 로마 제국을 상대

---

* *The Gothic History of Jordanes,* pp. 101-102.
** Socrates Scholasticus, *Church History in From Nicene and Post-Nicene Fathers, Second Series,* Vol. 2. tr. by A. C. Zenos. ed. by Philip Schaff and Henry Wace, Christian Literature Publishing Co., 1890. 7:30.

하기 위해 동서 분할통치 체제를 만든 것일 수도 있기 때문이다.*
좌우간 옥타르-루아 체제는 옥타르 왕의 돌연사로 붕괴된다. 교회
사가 소크라테스가 이야기하는 것처럼 정말 과식해서 배가 터져
죽었는지는 모르지만 옥타르가 죽은 시기는 430년 전후이며 그의
사후 루아(소크라테스는 '루가스'로 적고 있다) 왕이 훈족 전체를 다스린 것
은 확실하다. 아에티우스가 판노니아로 가서 훈족 왕에게 도움을
청했던 432년 당시 그가 만난 훈족의 왕은 서방 왕인 옥타르가 아
니라 동방 왕이었던 루아였다. 루아는 훈족 전체의 왕이 되어 있었
던 것이다. 루아 왕은 소크라테스의 말에 의하면 로마 황제가 하느
님께 열심히 기도한 탓에 벼락을 맞아 죽었다고 한다.** 교회사가다
운 이야기지만 물론 그것을 사실대로 믿기는 어렵다.

6) 블레다Bleda : 루아 왕의 사후 그의 조카였던 블레다와 아틸라가 왕위
를 계승하였다. 다시 두 명의 왕에 의한 분할통치로 돌아간 것이다.
블레다와 아틸라는 문주크의 아들들인데 이들이 다른 사촌 왕자들
을 제치고 왕이 되었는지 아니면 그런 사촌들이 아예 없었는지의 여
부는 알려져 있지 않다. 요르다네스는 아틸라가 형인 블레다를 살해
하고 훈 제국 전체를 지배하게 되었다고 기록하고 있다.*** 그는 블레
다가 훈족의 대부분을 통치하였다고 하는데 이는 훈족의 왕제가 두
사람의 왕이 한 나라를 다스리는 '이중왕제'(double kingship)가 아니라
지역분할 통치체제였다는 것을 분명히 드러내주는 기록이다. 블레

* Maenchen-Helfen, *The World of the Huns,* p.86.
** Socrates Scholasticus, *Church History,* 7:43.
*** *The Gothic History of Jordanes,* p.102.

다는 434년 아틸라와 함께 왕이 되었다가 445년 살해되었다. 블레다는 아틸라와 함께 동로마 제국을 상대로 두 번이나 침략을 하였는데 그 전쟁은 동로마 제국과 훈족의 관계를 드러내준 중요한 전쟁이었기 때문에 따로 서술하기로 한다.

15
동로마 제국과 훈족

　루아 왕은 죽기 전에 콘스탄티노플에 사절을 보내 동로마 제국이 "아밀주르, 이타마르, 툰수르, 보이스크 등의 족속들"을 훈족에게로 송환해줄 것을 요구하였다. 고 톰슨 교수는 이들이 훈족에 속한 부족이었을 것으로 추정한다. 다른 사료에는 잘 나오지 않는 부족명이기 때문이다. 톰슨은 말하기를 이들은 루아 왕의 종주권을 인정하기를 거부한 훈 부족들이었을 것이라 한다.* 그런데 당시 동로마 제국은 서로마 제국이 반달족으로부터 아프리카 속주를 탈환하는 일을 돕느라 정신이 없었다. 상당한 병력이 아프리카로 파견되어 있었기 때문에 훈족과 전쟁을 할 형편도 되지 않았다. 그래서 동로마 제국으로 넘어간 자들을 돌려보내지 않으면 전쟁을 각오하라는 루아 왕을 달래고 협상을 진행하기 위한 사절을 파견하려고 하는데 그만 루아가 죽었다는 소식이 전해졌던 것이다. 동로마는 환희에 휩싸였다. 앞에서 언급했듯이 하느님이 훈족의 왕에게 벼락을 내려 로마를 구원해주셨다고 믿었다. 그러나 루아의 뒤를 이어 왕이 된 블레다 및 아틸라와 협상을 하는 일은 피할 수 없었다.

　협상은 상부 모에시아 주의 마르구스 시 성벽 밖에서 말을 탄 채 이루어졌다. 마상회담이라 할까 완전 유목민식 회담이었다. 로마측 대

* Thompson, *The Huns*, p.80.

표인 플린타와 에피게네스는 불편했지만 자존심 때문에 말에서 내려 차마 말 탄 상대를 올려다보며 협상할 수는 없었다. 역사에서 '마르구스 평화협정'(435)으로 불리는 이 조약에서 양측은 훈족이 요구한 대로 이미 국경을 넘어 동로마로 넘어온 도망자들을 훈족에게 즉각 송환하며 앞으로는 더 이상 어떠한 도망자도 받아들이지 않을 것을 약속하였다. 더 나아가 몸값을 지불하지 않고 도망쳐오는 로마인 포로도 송환하기로 약정하였다. 포로의 몸값은 솔리두스 금화 여덟 닢이었다.* 또 훈족과 전쟁을 하려고 하는 족속과는 로마가 어떠한 동맹도 체결해서는 안 된다고 규정하였다. 중요한 조항이 또 하나 있었는데 이는 훈족에게 로마인들과 동등하게 로마의 시장에서 안전하게 교역할 수 있는 권리를 부여한다는 것이었다. 유목민에게는 주변 족속들과 원활한 교역을 확보하는 일은 생사가 걸린 문제이다. 곡물 같은 생필품은 교역을 통해 얻을 수밖에 없기 때문이다. 이후 동로마는 평화조약이 지켜지는 대가로 훈족 왕에게 700리브라(파운드)의 황금을 매년 바쳐야 하였다. 이는 약자가 강자에게 바치는 조공(tribute)이었다.**

아틸라와 블레다는 이 조약을 체결한 후 스키타이 지역으로 방향을 돌려 훈족에게 복종하지 않는 족속들을 정벌하였다. 몇 년 동안 동로마 제국은 훈족의 침략 위협에서 벗어났다. 그러나 동로마 황제 테오도시우스 2세는 훈족의 왕들과 체결한 조약을 준수할 생각은 없었다.

---

* Thompson, *The Huns*, p.83.
** 마르구스 평화협정의 조항들에 대해서는 프리스쿠스의 《비잔틴사》에 상세히 전한다. Blockley, *The Fragmentary Classicising Historians of the Later Roman Empire, Eunapius, Olympiodorus, Priscus and Malchus.* II. p.227.

그는 약속한 공납을 계속 연체하였다. 훈족의 탈주자들도 계속해서 로마 영토 내에 거주하였다. 그러자 몇 년간 동로마 제국과 평화로운 관계를 유지하던 훈족이 441년 행동을 개시하였다. 훈족은 동로마가 상당수의 훈족 탈주자들을 숨기고 있다고 하면서 이들을 내어줄 것과 훈족 왕들의 묘지를 도굴한 마르구스 주교를 넘겨줄 것을 요구하였다. 프리스쿠스는 로마인들 가운데 사는 훈족 도망자들의 수가 많았다고 한다. 이러한 요구에 대한 로마측의 거부가 개전의 구실이 되었다.

훈족 부대는 다뉴브 강을 건너 많은 도시와 요새들을 함락하였다. 훈족에게 함락된 도시들 중에는 비미나키움Viminacium이 있었다. 현재의 베오그라드에서 동쪽으로 90킬로미터 정도 떨어진 다뉴브 강 남쪽의 도시로 당시에는 상부 모에시아 속주의 수도로 군사요충지였다. 비미나키움은 이때 훈족에 의해 완전히 파괴되어 한 세기 뒤인 유스티니아누스 황제 때에 와서야 재건되었다. 살아남은 주민들은 포로로 끌려갔다. 그로부터 남쪽 20여 킬로미터 정도 떨어져 있는 마르구스 시도 함락되었다. 마르구스 시는 현재 세르비아의 파자로바츠에 있었다.* 침략의 한 원인을 제공했던 마르구스 주교는 주민들이 자신을 훈족에게 넘겨주라고 하자 아틸라에게 도망쳤다가 다시 훈족 병사들을 데리고 몰래 돌아왔다. 훈족은 비미나키움과 마르구스를 함락한 후 로마의 군사도로를 따라 남쪽으로 향했다. 먼저 나이수스(현재 세르비아의 니슈)가 공격의 목표가 되었는데 이 도시는 세르디카(불가리아의 수도

* 오스트리아는 이곳을 '파사로비츠'라고 불렀는데 1718년 오스만 투르크와의 조약이 체결된 곳이다.

소피아)를 거쳐 콘스탄티노플로 직행하는 길과 남쪽으로 그리스의 테살로니카로 내려가는 도로가 갈라지는 요충지였다. 나이수스는 튼튼한 성벽으로 구축되어 있어 공격이 쉽지 않았으나 훈족은 여러 가지 공성 장비들을 동원하였다. 프리스쿠스는 훈족이 동원한 공성기계들을 상세히 묘사하였는데 우리가 일반적으로 가진 유목민족에 대한 이미지와는 달리 훈족은 성을 공격할 수 있는 정교한 장비들을 갖추고 있었던 것이다. 훈족이 동원한 많은 장비들의 수에 나이수스 성을 지키던 자들은 완전히 압도되었다. 결국 공성추가 성벽을 허물고 훈족 군사들이 허물어진 성벽으로 사다리를 타고 성에 진입, 성은 함락되었다.

훈족은 나이수스를 함락한 후 동로마 제국의 수도로 진격하지는 않았다. 당시 훈족에 의해 파괴된 또 다른 도시들로는 신기두눔과 시르미움이 있었는데 신기두눔은 오늘날의 세르비아 수도 베오그라드이며 시르미움은 그로부터 50여 킬로미터 서쪽에 있는 현재 세르비아의 스렘스카 미트로비차에 해당한다. 즉 나이수스 함락 후에는 서쪽으로 방향을 돌려 두 도시를 공격하고 시르미움에서 사로잡은 포로들을 데리고 귀환하였던 것으로 보인다. 로마측과 강화가 이루어졌다. 로마는 훈족이 요구한 도망자들의 송환과 함께 공납금을 두 배로 올린 1,400리브라로 약속하였다.

그러나 테오도시우스 황제는 이번에도 약속을 지키지 않았다. 훈족 탈주자들은 동로마 군대에 편입되어 있었기 때문에 내어주기가 무척 아까웠기 때문이다. 그뿐 아니라 공납금도 지불하지 않았다. 그는 아프리카 원정에 파견했던 병력을 불러왔기 때문에 이번에는 다를 것이라고 확신하였다. 전비도 허겁지겁 마련하였다.

443년 동로마 황제의 이러한 태도에 대해 아틸라는 더 이상 참을 수 없었다. 다뉴브 강을 건너 다키아 리펜시스 주의 수도이자 다뉴브 경비함대의 기지였던 라티아리아 시(현재 불가리아 북서부에 위치)를 함락한 후 나이수스를 거쳐 세르디카, 필립포폴리스(오늘날의 불가리아 제2의 도시 플로브디프), 아르카디오폴리스(오늘날의 터키 륄레부르가즈), 콘스탄차(다뉴브 강이 흑해로 유입되는 곳에 위치한 콘스탄차인지는 명확하지 않다)를 함락하고 수도인 콘스탄티노플로 진군하였다. 콘스탄티노플 근처에서 동로마 군대가 맞서 싸웠으나 동로마 군대는 아틸라 군의 상대가 되지 않았다. 훈족 부대는 거의 난공불락의 성벽을 자랑하던 콘스탄티노플은 내버려두고 바다로 향했다. 로마 군대가 케르손네소스 반도(오늘날의 갈리폴리 반도)로 퇴각해 있었기 때문에 그곳을 덮쳤던 것이다. 아스파르 장군이 지휘하던 동로마 군대가 케르손네소스에서 패배함으로써 동로마는 훈족에게 다시 강화를 요청하지 않을 수 없었다.

동로마의 협상사절 아나톨리우스의 이름을 따서 '아나톨리우스 평화조약'(443)이라 불리는 조약이 체결되었다. 아틸라도 더 이상 전쟁을 계속해서 얻을 것이 없다고 판단하여 강화에 동의하였다. 훈족 탈주자는 즉시 송환될 것이고 향후 어떠한 도망자도 받지 않을 것이라고 동로마는 다시 한번 약속하였다. 그 동안의 공납 연체액 6,000리브라의 황금도 지불할 것이다. 훈족에게서 도망친 로마 포로의 몸값은 예전의 8솔리두스에서 12솔리두스로 인상되었으며 매년 바쳐야 할 공납금은 황금 1,400리브라에서 2,100리브라로 인상되었다.

역사가 프리스쿠스는 이러한 약속이 동로마에게 부담스런 금액이었다고 한다. 동로마 정부는 백성들로부터 세금을 쥐어짜지 않을 수 없었다. 부자들은 부인의 보석과 가구를 팔아 돈을 마련하였으며 굶어 죽는 자도 나왔다고 한다.*

조약이 동로마 황제 테오도시우스 2세에 의해 비준되자 훈족의 사절이 탈주자들을 인수하고 약속된 돈을 받기 위해 즉시 콘스탄티노플로 향했다. 그러나 훈족 탈주자들은 돌아가기를 거부하였는데 로마는 이들을 모두 죽여 버렸다. 그 가운데는 아틸라의 몇몇 친척들도 끼어 있었으나 훈족의 사절은 이에 대해 별다른 이의를 제기하지 않았다.

이후 447년까지 훈족의 공격은 없었다. 훈 제국 내에서 내분이 있었던 것으로 보이는데 아틸라가 445년 그의 형 블레다를 죽이고 제국 전체의 통치권을 장악하였다. 내분의 원인은 알려져 있지 않다. 아나톨리우스 조약 이후 훈족과 동로마 사이에서는 여러 차례 사절들이 오갔는데 사소한 이견 차이 때문이었던 것으로 보인다.

그러다가 447년에는 다시 훈족의 침공이 있었다. 그 원인에 대해서는 알려져 않다. 아마 로마가 공납금을 제대로 지불하지 않았기 때문으로 보인다. 이번에는 훈족 뿐 아니라 훈족에 복속된 여러 족속들도 동원되었다. 아르다릭 왕이 지휘하는 게피다이족, 발라메르가 지휘하는 고트족 등이 참여했다고 요르다네스는 적고 있다. 당시 훈족 연합군은 일리리아, 트라키아, 다키아, 모에시아, 스키티아 전역을 공격하였다고 요르다네스의 역사서 《로마나》에 기록되어 있다.** 성휘파티우스의 전기에는 당시 훈족 연합군의 공격을 받아 함락된 도시는 백 개가 넘었다고 한다. 452년의 《갈리아연대기》에는 그 숫자가 70여 곳

---

* Blockley, *The Fragmentary Classicising Historians of the Later Roman Empire, Eunapius, Olympiodorus, Priscus and Malchus.* II. p.237.
** *Romana* 331. Iordanes, *Romana et Getica,* Weidmannos, 1882.

으로 나온다. 당시의 역사가 마르켈리누스 코메스의 말에 따르자면 "아틸라는 거의 전유럽에 걸쳐 도시와 성채들을 공격하여 가루로 만들어버렸다."*

아틸라 군은 441년처럼 이번에도 콘스탄티노플은 그냥 지나쳤다. 447년 1월 큰 지진이 일어나 테오도시우스 성벽이 크게 무너졌는데 콘스탄티노플 주민들이 일치단결하여 석달만에 보수하는 데 성공하였다. 아틸라 군대가 진군해오고 있다는 소문 때문이었다. 아틸라는 이 튼튼한 성벽을 상대로 싸워봤자 힘만 낭비할 뿐이라고 생각한 듯하다. 그래서 아틸라 군은 동로마 군대의 저항을 받지 않고 그리스까지 내려가 맘껏 약탈을 즐겼다. 마르켈리누스에 의하면 그리스 전쟁사에서 유명한 테르모필레까지 내려갔다고 한다.

이번에도 동로마와 평화조약이 체결되었다.(448) 조약의 구체적 내용은 잘 알려져 있지 않은데 443년보다 훨씬 가혹한 조건이었을 것이다. 프리스쿠스를 통해 우리에게 조약의 내용이 하나 전해진다.** 신기두눔으로부터 노바에(불가리아의 스비슈토프)까지 다뉴브 강 남쪽 일대를 비무장지배로 만들라는 것이었다. 이는 국경을 다뉴브 강에서부터 5일간의 거리 즉 150킬로미터 정도 남쪽으로 후퇴시키는 것을 의미하는데 앞에서 말한 다뉴브 강에서 한참 떨어진 나이수스가 새로운 국경선에 위치하게 되었다. 실제로 다뉴브 남쪽 지대는 전쟁으로 황폐화되어 무인지대로 변했다. 449년 동로마 제국 사절단의 일원으로 아틸라의 본영을 향해 이 지대를 지났던 프리스쿠스는 나이수스 같은

* Thompson, *The Huns*, p.103.
** Blockley, *The Fragmentary Classicising Historians of the Later Roman Empire, Eunapius, Olympiodorus, Priscus and Malchus*. II. p.243.

큰 도시에도 사람이 없었다고 기록하고 있다.

　동로마는 군사적으로 이러한 상황을 뒤엎을 능력이 없었다. 그래서
이후 동로마의 노력은 가혹한 조약의 내용을 완화하기 위한 외교적
노력에 집중되었다.

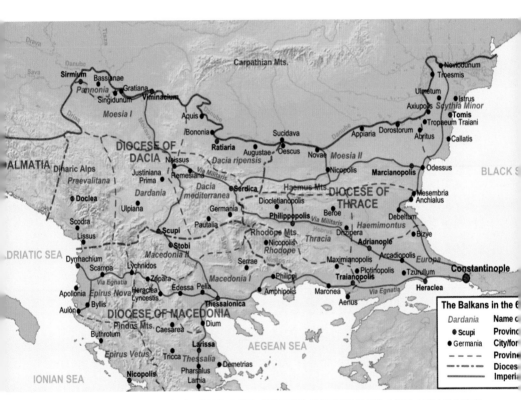

다뉴브 강 이남의 동로마 제국의 주요 도시들. 선은 로마의 군사도로를 말한다. 나이수스에서 콘스탄티노
플로 가는 길과 남쪽의 테살로니카로 가는 길로 나뉜다.

16
막시미누스 사절단

아틸라는 448년 조약 후에도 동로마 제국에 대해서 몇 가지 불만을 제기하였다. 가장 중요한 불만은 로마인들이 훈족 탈주자들을 숨기고 있다는 것이었다. 또 하나는 다뉴브 이남의 무인지대에서 일부 로마인들이 여전히 퇴각하지 않고 그곳에서 그대로 농사를 짓고 있다는 것이었다. 그는 이러한 불만사항들이 시정되지 않을 때에는 다시 무력에 호소하지 않을 수 없다고 위협하였다. 그리고 이런 문제로 교섭하려면 반드시 콘술급 고위 인사들이 와야만 한다고 요구하였다.

동로마 제국은 고위관료 막시미누스Maximinus라는 인물을 특사로 지명하였는데 막시미누스는 당시의 일반적 관행대로 문장에 능했던 수사학자 프리스쿠스Priscus를 사절단의 일원으로 참여시켰다. 사절단은 콘스탄티노플에 온 훈족 사절 에데코Edeco와 오레스테스Orestes와 함께 훈족 본영으로 향했다. 에데코는 훈족 고위 인사로서 아틸라의 측근이었으며 오레스테스는 판노니아 출신의 로마인으로서 아틸라의 비서가 된 사람이다.* 이 오레스테스는 후일 훈 제국이 망한 후 로마의 고위 장군직에 오르게 된다. 당시 황제는 율리우스 네포스(Julius Nepos, 재위 474-475)였는데 이 약한 황제를 오레스테스가 쫓아내고 열

---

* 프리스쿠스는 에데코가 훈족 출신이며 중요 전사 가운데 한 사람이라서 오레스테스보다는 훨씬 높은 지위의 사람이었다고 말한다. Blockley, *op. cit.* p.249.

두 살짜리 자기 아들을 서로마 황제로 세웠다. 서로마의 마지막 황제로 일컬어지는 로물루스였다. 물론 실권은 부친인 오레스테스가 쥐고 있었으나 로물루스 부자의 지배는 오래 가지 못했다. 곧 서로마 제국이 불러들인 게르만족 용병부대의 장군 오도아케르가 라벤나로 쳐들어와 오레스테스를 죽이고 로물루스 황제를 퇴위시켰다. 그러나 오도아케르는 자신을 서로마 황제로 내세우지 않고 동로마 황제의 명목상 지배하에 있는 이탈리아 왕으로 만족하였다. 바로 이 오도아케르의 아버지가 위에서 말한 훈족의 사신 에데코였다.

막시미누스 사절단은 콘스탄티노플에서 세르디카로 향했다. 그곳까지는 550킬로미터 정도의 거리인데 당시 사절단은 13일 정도 걸렸다고 한다. 식량은 말할 것도 없고 아틸라와 그 측근 인사들에게 줄 선물들을 잔뜩 실은 짐바리 짐승을 끌고 가는 행보였다. 평지를 따라 거의 직선으로 뻗은 도로였기 때문에 힘든 길은 아니었을 것이다. 사절단은 계속 로마의 군도를 따라 나이수스로 갔는데 그곳은 앞에서 말한 것처럼 완전히 황폐해져 사람이 살고 있지 않았다. 그래서 사절단은 노숙을 하지 않을 수 없었다. 다음날 나이수스 근처에 주둔해 있는 일리리아 군사령관 아긴테우스라는 사람으로부터 아틸라에게 보내는 다섯 명의 훈족 탈주자들을 데리고 여정을 계속하였다. 이들이 다뉴브 강을 어디서 건넜는지는 확실하지 않다. 블로클리는 마르구스 근처에서 건넜을 것으로 추정한다. 강은 만족의 통나무 배를 타고 건넜다. 강을 건넌 곳에서 훈족 안내인을 따라 70스타디온(14킬로미터 정도의 거리)을 더 가서 평지에 도착하여 대기하였다. 근방에 아틸라가 와 있었던 것이다. 그날 밤은 노숙하고 다음날 제 9시(지금 시간으로는 오후 3시)에 아틸라가 텐트를 치고 머물던 곳으로 갔다. 오늘날의 세르비아

어느 곳이었을 것이다. 사절단은 이틀 정도 그곳에서 머문 후 다시 판노니아의 아틸라 본영을 향해 몇 개의 작은 강을 건너는 여정에 나섰다. 7일 정도 소요되었다. 헝가리 동부 어느 곳이었을 것으로 추정된다.

7일 간의 여정 가운데 하루는 폭우를 맞아 훈족 마을에 들어가 신세를 졌다. 훈족 사람들은 비에 젖은 이들을 집으로 맞아들여 재워주었다. 우연하게도 그 마을은 죽은 블레다 왕의 부인이 다스리던 곳이었는데 그녀는 로마 사절들에게 음식 뿐 아니라 함께 잠자리를 같이할 미녀들까지 보내주었다. 멀리서 온 손님들에게 보인 호의였지만 로마 사절단은 이 호의를 숙고 끝에 정중히 사양하였다.

훈족 본영에 도달했을 때 사절단은 뜻밖에도 서로마에서 온 사절단을 마주쳤다. 이 사절단은 노리쿰(오늘날의 오스트리아 지역)에서 출발하였는데 사절의 목적은 아틸라가 자신의 보물을 훔쳐갔다고 신변인도를 요청한 어느 은행가 한 사람의 문제를 해결하기 위한 것이었다. 별로 심각하다고는 할 수 없는 문제인데 이런 문제로 여러 명으로 이루어진 사절단이 왕래하였던 것으로 보아 서로마와 훈 제국 사이에는 갖가지 명목의 사절단이 빈번하게 왕래하였던 것으로 보인다.

서로마 사절단은 로물루스라는 관료와 노리쿰 총독 프로모투스 그리고 로마누스라는 이름의 장군 한 사람으로 이루어져 있었다. 물론 짐꾼 노릇을 하는 하인들도 있었을 것이다. 서로마 사절단에는 공식 수행원이 아닌 두 사람이 동행했는데 한 사람은 아에티우스가 아틸라에게 보낸 비서인 콘스탄티우스와 앞에서 말한 오레스테스의 부친 타툴루스가 있었다. 타툴루스는 로물루스와 사돈 간이었기 때문에 동행했다고 기록되어 있다.

아틸라의 궁이 있던 마을은 매우 큰 마을이었다. 아틸라의 궁전은 목재로 지어졌는데 우아한 모습의 목책이 둘러싸고 있었으며 탑들이 솟아 있었다. 프리스쿠스는 아틸라를 접견하기 위해 성벽 바깥을 서성이다가 훈족 복장을 한 그리스인을 만났다. 그가 프리스쿠스에게 그리스말로 인사를 건네 왔던 것이다. 이 그리스인은 다뉴브 강변의 비미나키움에 살던 부유한 상인이었다. 훈족이 441년 그곳을 공격하였을 때 포로로 잡혀왔다가 전쟁에서 공적을 올려 자유를 찾은 사람이었다. 그는 훈족의 여인과 결혼하여 자식도 낳고 아주 만족스럽게 살고 있다고 하였다. 그런데 이 사람의 말이 프리스쿠스를 놀라게 했다. 훈족은 전쟁이 끝나면 아주 편안한 삶을 영위한다는 것이었다. 다른 사람으로부터 괴롭힘도 받지 않고 또 누구도 괴롭히지 않으면서 자신의 소유를 누리며 생활한다는 이야기였다.* 이 그리스인은 로마에서는 그렇지 못하다고 로마 사회를 비판하였다. 돈이 없는 사람은 로마에서는 법이 보장하는 정의도 누리지 못한다는 것이었다. 이 말이 프리스쿠스를 불쾌하게 만들어 프리스쿠스는 한참동안 로마 사회를 옹오하는 주장을 펼쳐야 하였다.

동로마 사절단은 아틸라가 베푼 두 차례의 연회에 참석하여 후한 대접을 받았다. 또 아틸라의 왕비도 따로 연회를 열어주었다. 동로마는 아틸라의 측근 에데코를 매수하여 아틸라를 살해할 음모를 꾸몄으나 에데코가 그 비밀을 아틸라에게 털어놓는 바람에 아틸라는 동로마 사절단을 처음에는 박대하였다. 동로마 황실에서 꾸민 음모를 몰랐던 대사 막시미누스와 수행원 프리스쿠스는 왜 아틸라가 사절단에

* Blockley, *op. cit.* p.269.

대해 화를 내는지 이해하지 못했다. 아틸라는 음모에 가담한 통역 비길라스를 콘스탄티노플로 황금을 가져오게 보내버린 후 나머지 사절단에 대해서 연회를 베풀었다. 그리고 대사 막시미누스에게 선물을 주었을 뿐 아니라 자신의 측근들에게도 우호의 표시로 선물을 주도록 명했다. 막시미누스는 훈족의 한 고위 인사로부터 말을 한 마리 선사받았다.

　프리스쿠스 일행이 다녀간 이후 아틸라는 비길라스로부터 음모의 주동자가 환관 크리사피우스라는 것을 알아내고 사절을 보내 그의 인도를 요청하였다. 아틸라의 분노를 누그러뜨리기 위해 동로마 측에서 고위 장성 아나톨리우스와 고급 관료 노무스를 아틸라에게 파견하였다. 그리고 크리사피우스는 황금을 바치며 아틸라에게 용서를 구걸하였다. 아나톨리우스와 노무스는 아틸라에게 많은 선물을 바치고 달콤한 말로 그의 분노를 달랬기 때문에 협상은 쉽게 끝날 수 있었다. 아틸라는 동로마 황제가 자신에게서 도망친 자들을 다시는 받아들이지 않는다면 이 문제로 동로마 황제를 더 이상 압박하지 않겠다고 약속하였다. 그는 또 많은 로마인 포로들을 몸값도 받지 않고 풀어주었는데 이는 아나톨리우스와 노무스에게는 큰 선물이었다.

　이렇게 동로마 제국의 테오도시우스 2세는 불발로 끝난 암살 음모에도 불구하고 가까스로 아틸라로부터 우호적인 관계를 이끌어내었다. 그런데 이 테오도시우스 황제는 450년 7월 말에서 떨어져 죽고 마르키아누스라는 인물이 그 뒤를 잇는 바람에 상황은 급반전하게 된다. 마르키아누스는 전임 황제 테오도시우스 2세가 맺은 조약을 인정하지 않았던 것이다. 즉 테오도시우스가 아틸라에게 약속한 공납 지불을 거부하였다. 그리고 아틸라의 위협에 대해 전쟁을 무릅쓸 각

오가 되어 있노라고 답하였다. 그런데 그 직전에 서로마 제국의 공주 호노리아(갈라 플라키아의 딸이자 발렌티아누스 황제의 누이)가 느닷없이 아틸라 에게 반지를 보내 청혼하면서 자신을 구해줄 것을 부탁하는 일이 일 어났다. 아틸라는 호노리아 공주의 결혼지참금 명목으로 서로마 제국 영토의 일부를 요구할 수 있는 호기를 잡았다. 이제 동서 로마 어느 곳을 먼저 손봐야할지 선택하는 일이 남았다.

17
아틸라의 갈리아 원정

아틸라가 동로마 제국 대신 이제까지 원만한 관계를 유지해왔던 서로마 제국을 공격하기로 결정한 이유에 대해서는 역사가들 사이에서 의견이 분분하다. 앞에서 말한 호노리아의 청혼은 그 가운데 하나이다. 그런데 호노리아를 구하러 가려면 갈리아가 아니라 이탈리아로 쳐들어가야 하는데 아틸라는 엉뚱하게 갈리아로 쳐들어간 것이다. 호노리아의 청혼은 서로마 제국에 대한 공격의 한 구실이었을 따름이다. 또 하나의 설은 반달족 왕 가이세릭과 서고트족 왕 테오도릭의 개인적 관계로부터 출발한다. 가이세릭이 서고트 왕의 딸을 며느리로 삼아 처음에는 행복하게 잘 지냈는데 그만 그 아들 훈네릭이 자신에 대한 독살설을 구실로 공주의 귀와 코를 자르고 친정으로 보내버린 것이다. 그래서 서고트 왕의 복수를 두려워한 가이세릭이 아틸라를 매수하여 서고트족을 공격하도록 만들었다는 것이다. 아틸라가 갈리아 원정의 대의로 서로마 제국의 적이었던 서고트족 정벌을 명분으로 내세웠기 때문에 이 설은 약간은 설득력이 있다. 이러한 두 가지 설명은 모두 프리스쿠스의 단편에 적혀 있는 것인데 프리스쿠스 자신은 또 하나의 이유도 덧붙이고 있다. 프랑크족 문제이다.

당시 프랑크족의 왕이 죽자 두 아들이 서로 왕위를 놓고 다투었는데 형은 아틸라를 끌어들였고 동생은 서로마 제국의 실권자 아에티우스에게 도움을 청했다. 즉 갈리아의 프랑크족 내부 문제로 인해 이제까지 우호적이었던 아틸라와 아에티우스의 관계가 악화되었다는 것이다. 훈 제국과 로마 제국의 관계를 깊이 천착한 시드니 대학교의 김현진 교수는 갈리아 원정의 원인은 바로 이 프랑크족 문제에서 찾아야 한다고 주장한다.*

김현진은 그의 연구에서 아틸라의 목표가 많은 역사가들이 오해하고 있듯이 로마 제국의 영토를 정복하는 것은 아니었다고 한다. 앞에서 보았듯이 아틸라는 441년과 447년 동로마 제국 깊숙이 쳐들어가 군사적으로 압승을 거뒀지만 동로마 영토를 점령하지는 않았다. 단지 다뉴브 이남의 무인지대만을 요구하였는데 이것도 다시 돌려줄 의향이 없지 않았다. 아틸라의 목적은 로마 제국을 훈 제국의 공납국으로 만드는 한편 다뉴브 이북과 라인강 동쪽의 훈 제국 영토 내에서 피지배 게르만족들에 대한 지배를 공고히 하는 것이었다. 그것을 위해서는 동로마 제국에 대해서처럼 서로마 제국에 대한 분명한 군사적 우위를 보여주는 것이 필요하였다. 프랑크족 문제가 그 기회를 제공하였다. 김현진이 보기에는 많은 역사가들이 생각하는 것과는 달리 아틸라의 갈리아 원정의 진짜 타깃은 서고트족이 아니라 그보다는 훨씬 강력한 아에티우스 휘하의 로마군이었다.

아틸라가 동원한 군대는 훈족을 중심으로 하여 여러 게르만족들이 가담한 연합군이었다. 요르다네스에 의하면 그 수가 50만에 달했다고 하는데 과장이 있다고 하더라도 당시로는 엄청난 병력이 동원되었던 것은 사실인 것 같다. 루기족, 게피다이족, 부르군트족, 스키리족,

---

* Hyun Jin Kim, *The Huns, Rome and the Birth of Europe*, Cambridge University Press, 2013. pp.78-83.

투링기족, 프랑크족 등이 아틸라 군에 가담하였다. 물론 프랑크족은 아틸라 편에 선 프랑크족을 말하는 것으로 나머지 프랑크족은 서로마 편에 섰다. 아틸라 군의 진격로는 판노니아로부터 다뉴브 강 북안을 따라 서쪽으로 가서 다시 라인 강을 따라 북쪽으로 올라가 프랑크족이 집중되어 살던 콜로뉴, 트리에르, 투르네 등을 향했다. 이는 갈리아 원정의 목적이 반아틸라 입장을 취하는 프랑크족에 대한 정벌에 있었음을 시사해준다.

봄에 판노니아를 출발한 아틸라 연합군은 갈리아 동북부를 거쳐 6월에는 갈리아의 심장부인 오를레앙으로 향했다. 오를레앙은 로마 편에 선 알란족이 모여 살던 곳이다. 아틸라는 알란족을 자신의 편으로 끌어들이려 했으나 이는 실현되지 못했다. 아에티우스의 로마 군과 테오도릭 왕 휘하의 서고트 군이 접근하였기 때문에 아틸라는 오를레앙에 대한 포위공격을 중지하고 200킬로미터 정도 떨어진 동쪽의 트루아 근처로 퇴각하였다.

역사에서 흔히 '샬롱 전투'라고 일컬어지는 양측의 회전은 6월 20일 트루아 근처의 '카탈라우니아 평원'에서 벌어졌다. 이 전투에 대해 제법 상세한 기록을 남긴 요르다네스는 피가 시내를 이룰 정도로 치열한 싸움이 전개되었다고 한다.* 양측의 사상자가 도합 16만 5천명이나 되었다고 하는데 이는 그 자신도 그대로 믿기를 주저한 과장된 수치였다. 요르다네스는 싸움이 로마와 서고트족의 승리로 끝났다고 하지만 일부 역사가들은 그의 말에 동의하지 않는다.** 로마편에서 싸

---

* *The Gothic History of Jordanes*, p.109.
** 대표적인 것이 김현진 교수이다. Hyun Jin Kim, *The Huns, Rome and the Birth of Europe*, pp.73-78.

웠던 서고트 왕 테오도릭이 전투 중에 죽었을 뿐 아니라 아에티우스 조차 병사들과 떨어져 적군 가운데 헤매다가 간신히 목숨을 구했기 때문이다. 또 아틸라 연합군이 먼저 퇴각한 것이 아니라 서고트족이 먼저 퇴각하였다는 것도 의미심장한 사실이다. 물론 아에티우스가 전사한 테오도릭의 아들 토리스무드에게 왕권 쟁탈전이 일어나 왕좌를 빼앗길 염려가 있으니 빨리 툴루즈로 돌아가라는 충고를 했기 때문이라고 한다. 선뜻 믿기 어려운 설명이다. 우리는 고트족 출신으로서 고트족 선조들에 대한 자부심으로 차 있던 요르다네스의 기록을 그대로 믿기는 어렵다. 요르다네스의 서술처럼 아틸라 연합군이 샬롱 전투에서 패배하여 그 군사력이 파괴되었더라면 다음 해(452)에 있었던 아틸라의 이탈리아 원정은 가능하지 않았을 것이다.

로마군의 사령관 아에티우스도 퇴각하는 훈족을 추격하여 끝까지 싸우려는 태도는 보이지 않았다. 로마군에 대한 위험이 너무 컸을 뿐 아니라 설령 아틸라 군을 무찌른다 해도 그렇게 되면 세력균형이 무너져 서로마 제국이 서고트족에 의해 압도될 위험이 있기 때문이다. 결론적으로 샬롱 전투는 승패가 모호한 채로 끝났다. 김현진의 지적대로 451년 갈리아 원정의 중요성은 샬롱 전투 자체에 있지 않았다. 원정의 진정한 목적이 훈족의 지배에 반대하는 프랑크족을 정벌하는 것이었기 때문이다.

당시 프랑크족은 두 진영으로 갈라져 있었다. 프랑크족의 분열을 초래한 정확한 이유는 알려져 있지 않지만 아마 메로베의 사후 그 아들들 간의 왕권 다툼도 한 원인이지 않을까 싶다. 아들 중 한 사람이 킬데릭(Childeric c.440-481)이다. 흔히 프랑스의 초대 왕으로 일컬어지는 클로비스(Clovis, c.466-511) 왕의 부친이다. 킬데릭은 아틸라의 도움으로 왕권을 차지하였다. 그런데 프랑크족의 초기 역사를 쓴 투르의 그레고리우스에 의하면 왕이 된 후 킬데릭은 많은 여자들을 건드렸다. 이 때문에 프랑크인들의 분노를 사서 왕좌에서 쫓겨나 8년간이나 투링기아에서 도피생활을 하여야 하였다. 그가 도망갔던 투링기아는 동부 독일에 위치한 곳으로 당시에는 훈족이 지배하던 곳이다. 킬데릭이 훈족의 지배하에 있던 투링기아로 망명하여 목숨을 부지할 수 있었다는 것은 그가 아틸라의 종주권을 받아들인 게르만족 지도자의 한 사람이었음을 의미한다. 그래서 헝가리 역사가 보나는 그를 아틸라의 제후(vassal)로 규정한다. 보나는 킬데릭이 451년 샬롱 전투에서 아틸라 편에 참전하여 싸웠을 것으로 추정한다.*

이 킬데릭 왕의 무덤이 1653년 벨기에 국경근처의 도시 투르네(네덜란드어로는 도르닉)에서 발견되었다. 킬데릭 당시 투르네는 프랑크족의 수도였던 곳이다. 놀라운 것은 그 무덤에서 훈족 무덤에서 흔히 찾아볼 수 있는 양식의 장식품들과 마구들이 대거 출토되었다는 점이다. 대표적인 것이 벌과 매미 모양의 브로치로 무려 300개 이상이나 발견되었다. 이 브로치들은 킬데릭 왕이 입던 망토에 달려 있던 것으로 보인다. 브로치의 몸체는 금으로 되어 있고 양날개 부분은 금으로 된 윤곽선 안에 석류석을 끼워 넣는 '클라와조네'cloisonné 기법을 사용하였다.** 이러한 브로치는 다뉴브 지방에서 많이 출토되는 것으로 킬데릭이 훈족의 영향 하에 있었던 것을 드러내주는 유물이다. 또 그의 의복과 무기들도 동유럽의 훈족 동맹 왕들에게서 볼 수 있는 것들이다.

* István Bóna, tr. du hongrois par Kataline Escher, *Les Huns : Le grand empire barbare d'Europe IVe-Ve siècles*, Errance, 2002. p.69.
** 한국에도 비슷한 공예기법이 있다. '유선칠보有線七寶'가 그것이다.

김현진은 킬데릭이 훈족의 갈리아 원정에 힘입어 권력을 잡았으며 아틸라 군이 퇴각한 후에도 그가 갈리아 북동부를 훈족의 대리인으로 지배했다고 본다. 즉 그는 아틸라가 임명한 갈리아 총독이나 마찬가지였다. 킬데릭의 관할지역은 동쪽의 훈제국과 서쪽의 로마령 갈리아 사이의 완충지였다. 아틸라는 이 지역의 통치를 위해 군사력의 일부를 남겨두고 판노니아로 퇴각한 것이 틀림없다. 그 남은 병력의 사령관이 바로 오도아케르였다. 그레고리우스 주교는 그의 역사책에서 작센인들을 이끌고 온 오도아케르가 킬데릭 왕과 동맹을 맺고 함께 알라만족을 무찔렀다는 의미심장한 기록을 남기고 있다.* 이 기록은 프랑크족의 킬데릭 왕이 어떠한 정치적 입장을 취했던 것인지를 분명히 드러내준다.

킬데릭 왕의 묘지에서 발견된 피불라(브로치)

* Gregory of Tours, *The History of the Franks*, 2:18.

앞에서 말했듯이 오도아케르의 부친 에데코는 아틸라의 최측근 인사였다. 간신히 이어져오던 서로마 제국의 명줄을 끊어버렸다고 일반적으로 평가되는 이 오도아케르라는 인물은 이탈리아에 와서 왕 노릇을 하기 전까지는 그 활동에 대해서는 별로 알려진 것이 없다. 그래서 어느 면에서는 어둠에 쌓여 있는 인물인 셈인데 그가 누구인가 하는 문제는 서로마 제국의 멸망 과정 뿐 아니라 훈제국의 지배 방식을 이해하기 위해서도 매우 중요한 문제가 아닐 수 없다. 이 오도아케르에 대해서는 뒤에서 다시 본격적으로 다루기로 한다.

18
아틸라의 이탈리아 원정

451년 여름에 갈리아 원정에서 돌아온 아틸라는 다음 해 이탈리아 원정을 감행한다.* 아에티우스는 아틸라가 이탈리아를 그렇게 공격할 줄 전혀 예상하지 못했다. 판노니아로부터 이탈리아로 넘어오는 율리안 알프스 고갯길에 수비병력이 전혀 배치되지 않았던 것이 그것을 말해준다. 율리안 알프스는 원 알프스 산맥만큼 그렇게 높지 않다. 이 산맥에는 로마의 방어요새들이 있었으나 적군의 진군을 저지할 수 있을 정도의 요새는 아니었다. 예전부터 서로마 제국의 방어 체제는 율리안 알프스를 중시하지 않아 라인 강이나 다뉴브 강 국경처럼 많은 병력을 배치하지 않았다. 그래서 아틸라 이전의 여러 게르만족 침략 때에도 침략군은 별다른 저항을 받지 않고 북부 이탈리아로 쳐들어올 수 있었다.

율리안 알프스를 넘어온 아틸라 군은 북부 이탈리아로 들어가는 관문 역할을 하는 아퀼레이아를 공격하였다. 이 도시는 아드리아 해의 북안에 위치한 곳으로 율리안 알프스를 내려서면 바로 만나게 되는 도시다. 아퀼레이아는 튼튼한 성벽 덕택에 석 달 동안의 공격에도 불

---

* 요르다네스는 아틸라가 갈리아에서 막바로 이탈리아 침공을 한 것처럼 서술하고 있다. *The Gothic History of Jordanes*, p.112. 멘첸-헬펜은 이는 사실이 아니며 아틸라는 452년 여름 판노니아로부터 다시 이탈리아 원정을 하였다고 한다. Maenchen-Helfen, *The World of the Huns*, p.132.

구하고 함락되지 않았다. 훈족 병사들 사이에서 불평이 터져나왔다. 포위공격을 계속해야 할지 아니면 진지를 걷어서 다른 곳으로 가야 할지 곰곰이 생각하면서 성벽 주위를 돌던 아틸라는 이상하게도 황새가 새끼들을 데리고 아퀼레이아 성안에 있는 둥지를 떠나는 것을 보았다. 그는 병사들을 모아놓고 황새가 앞으로 닥칠 위험을 알고 급히 피하는 것이라고 하면서 공격에 박차를 가하자고 설득하였다. 요르다네스에 의하면 아틸라의 설득이 주효하여 병사들은 공성기구를 만들고 갖가지 투사무기들을 동원하여 성을 함락시켰다. 철저한 약탈이 뒤따랐던 것은 물론이다.

아틸라 군은 그 남쪽의 여러 도시들을 공격하였지만 서로마 제국의 수도 라벤나는 그냥 지나쳤다. 아퀼레이아 이상으로 튼튼한 성벽을 갖고 있었기 때문에 함락이 쉽지 않을 것으로 판단한 것이다. 또 아펜니노 산맥을 넘어 로마 시로도 진군하지 않았다. 대신 아틸라는 포강 연안의 파도바, 만토바, 베로나, 파비아, 밀라노 등을 차례로 공격하였다. 한동안 로마 제국의 수도였던 밀라노를 점령한 후에는 그곳에 오래 체류하지 않고 곧 동쪽으로 물러갔다. 아틸라가 당시 황제가 머물던 로마를 공격하지 않고 포강 유역 즉 북이탈리아에만 머물다가 퇴각한 이유는 무엇일까?

요르다네스는 아틸라 자신은 로마로 곧바로 진격하기를 원했지만 그의 부하들이 40여년 전 서고트족의 왕 알라릭이 로마를 약탈한 후 얼마 있지 않아 죽었던 사실을 지적하며 로마 공격을 말렸다고 한다. 그래서 아틸라는 매우 주저하며 공격여부를 고심하고 있는데 로마 주교 레오가 서로마의 고위 인사 두 명을 데리고 아틸라를 찾아와 로마 공격을 만류하였다. 요르다네스는 그 접견장소를 '사람들이 빈번히 이용하는 민치오 강의 여울이 있는 베네치아 지방의 안불레이움 구역'이라고 구체적으로 언급하고 있다.* 휴양지로 유명한 가르다 호숫가 남단이었을 것으로 추정된다.

로마 주교 레오는 로마 뿐 아니라 서로마 제국 전체에서 로마 주교의 우위를 주장한 인물로 알려져 있다. 실질적으로 '교황'의 이름을 붙일 수 있는 첫 번째 인물이다. 그는 당시 서로마 당국이 보호해주지 못하던 로마 시의 실질적 시장 노릇도 하였다. 하느님의 권세가 작용하였는지 이 레오 교황의 설득을 받아들인 아틸라는 호노리아 공주를 그녀의 상속분에 해당하는 재산과 함께 자신에게 보낼 것을 요구하고는 이탈리아로부터 퇴각하여 다뉴브 연안에 있는 그 본영으로 돌아갔다고 한다.

그러나 레오 교황의 역할을 지나치게 과장한 이 설명은 액면 그대로 받아들이기 어렵다. 레오 교황은 기껏해야 훈족에게 사로잡힌 포로들의 석방을 놓고 협상을 벌였던 것 같다. 아마 일부 고위 인사들은 높은 몸값을 치르고 풀려났을 것이고 몸값을 지불할 능력이 되지 못하는 사람들은 훈족의 나라로 끌려갔을 것이다. 몇 년 뒤 훈 제국이 무너진 후 죽었다고 생각되었던 사람들이 이탈리아로 돌아왔기 때문이다.** 교황의 설득에 의해 훈족이 돌아간 것 같지는 않다. 그들에게 교황은 로마의 최고 무당일 뿐이었다.

---

* *The Gothic History of Jordanes*, p.113.
** 남편이 훈족에게 끌려가 소식이 없자 죽었다고 생각하여 다른 남자에게 재가한 여자들도 적지 않았다. 그래서 전남편이 돌아왔을 때 그 여자들을 어떻게 해야 하는지 아퀼레이아 주교가 문의하자 레오 교황은 여자들을 전남편에게 돌려보내야 한다는 지침을 내렸다. Maenchen-Helfen, *The World of the Huns*, p.142.

아틸라 군의 퇴각에 대한 좀 더 설득력 있는 기록은 갈리시아 주교 휘다티우스의 연대기이다. 이 기록에 의하면 동로마 황제 마르키아누스가 보낸 지원군과 더불어 하늘이 내린 재앙이 아틸라로 하여금 이탈리아를 떠나도록 하였다고 한다. 그 재앙은 기근과 전염병이었다.* 당시 이탈리아에는 흉년이 들어 훈족은 군량 확보에 큰 어려움을 겪었다. 그 뿐 아니라 훈족 병사들 사이에서 질병이 크게 돌았다. 한 세기 뒤 이탈리아를 침공하여 가축과 포 강의 강물 외에는 먹을 것이 없었던 프랑크 군대처럼 이질과 설사로 고생했을까? 유감스럽게도 우리는 그 역병이 구체적으로 어떤 병이었는지는 모른다.

마지막으로 동로마 황제 마르키아누스가 보냈다는 원병 문제를 살펴보자. 동로마 군대의 파병은 아에티우스가 요청해서 이루어진 것이다. 동로마로부터 병력 지원을 요청한 아에티우스는 어디에 있었을까? 해로를 통해 올 동로마 군대를 라벤나에서 기다리고 있었을까? 아니면 로마로 가는 길목에 위치한 볼로냐에 있었을까? 현존하는 사료들은 이에 대해 말이 없다. 확실한 것은 452년 아틸라 군과 로마군 사이에 큰 접전은 없었다는 점이다. 이는 동로마 황제가 보낸 군대가 이탈리아로 들어온 것이 아니었음을 시사한다. 동로마 군대는 이탈리아가 아니라 훈족의 본영이 있던 판노니아를 공격하였던 것이다. 묘하게도 당시 동로마 제국이 판노니아로 보낸 군대의 지휘관이 서로마의 아에티우스와 같은 이름의 아에티우스였다.** 당시 서로마의 아에

---

* Heather, *The Fall of the Roman Empire*, p.341.
** Ian Hughes, *Aetius, Attila's Nemesis*, p.255. 아에티우스가 서로 다른 사람이었음을 입증하는 사실의 하나로 휴즈는 451년 10월 서로마의 아에티우스가 갈리아에서 아틸라 침공의 여파들을 해결하기 위해 애를 쓰고 있었을 때 동로마의 아에티우스는 칼케돈 제6차 공회에 참석하고 있었다는 점을 들고 있다.

티우스 장군이 할 수 있었던 것은 아틸라 군과 전면적 전투를 벌이는 것이 아니라 퇴각하는 아틸라 군을 후방에서 괴롭히는 정도였다.

동로마의 아에티우스 군대도 훈족의 본영을 파괴하지는 못했다. 아틸라는 판노니아로 돌아와 즉각 동로마 제국에 사절을 보내 미납된 공납 지불을 요구하며 미납금이 지불되지 않으면 동로마를 황폐화시키겠다는 위협을 하였다. 마르키아누스 황제는 전임 황제가 약속했던 공납을 바칠 마음이 없었다. 동로마 제국은 훈족과의 전쟁을 피할 수 없다고 보고 전쟁준비에 들어갔다. 그러나 얼마 있지 않아 아틸라가 죽었다는 소식이 느닷없이 날아들었다. 아틸라가 일디코라는 이름의 게르만족 처녀를 새로운 신부로 얻어 결혼식을 올린 날 밤 과도하게 술을 마셔 질식사하였다는 것이다. 아틸라의 급사로 인해 다뉴브 이북의 정치적 상황은 순식간에 돌변하게 된다.

19
아틸라의 아들들

'스키티아와 게르마니아의 지배자' 아틸라가 어이없게도 결혼식 당일 과음으로 기도가 막혀 죽었다는 것이 프리스쿠스의 단편에 나오는 아틸라의 죽음에 대한 설명이다. 독살설도 있다. 아틸라가 죽은 그날 밤 함께 있었던 신부 일디코가 의심을 받았던 것은 물론이지만 6세기의 연대기 작가 요한네스 말라라스에 의하면 서로마 제국의 실권자 아에티우스가 아틸라의 경호원을 매수하여 아틸라를 살해하였다는 이야기도 있다.*

아틸라가 급사하는 바람에 훈 제국에는 누가 아틸라의 자리를 이어받을 것인가 라는 권력계승의 문제가 제기되었다. 훈족에게 통용되던 방식은 장자가 아버지의 권력을 그대로 계승하는 방식은 아니었다. 그랬더라면 아틸라 사후 그 아들들 사이에서 심각한 내분이 벌어지지 않았을 것이다.

부인이 몇 명이나 되었던지는 알려져 있지 않으나 아틸라는 여러 명의 부인을 두었던 것으로 보인다. 동로마 제국의 프리스쿠스 사절을 접대하였던 헤레카는 정실부인이었을 것이다. 요르다네스는 아틸라가 욕심 때문에 많은 여자를 거느려 그 아들들이 한 족속을 이룰 정도

---

* John Malalas, tr. by E. Jeffreys et al. *Chronicle of John Malalas*, Australian Association for Byzantine Studies, 1986. pp.195-196.

로 많았다고 하는데 그의 주장을 그대로 받아들여야 할지는 의문이다. 프리스쿠스에 의하면 아틸라는 예상 외로 소박한 사람이었다. 외교사절들을 위해 베푼 연회에서도 다른 사람들은 금이나 은으로 된 잔을 사용했지만 그의 잔은 나무로 만들어진 잔이었다. 아틸라는 여자문제에서도 마찬가지로 소박했을지도 모른다. 실제로 훈 제국의 통치를 이어받았던 아들은 세 명이었다.

장자는 엘락이다. 아틸라는 흑해 북안에 살던 아카치르Akatzir족이 내분이 일어났을 때 거기에 개입하여 아카치르에 대한 지배권을 확립하였다. 그때 아틸라는 엘락 왕자를 파견하여 다스리게 하였다. 이 아카치르족이 훈족에 속한 사람들이었는지 아니면 훈족과는 별개의 투르크계 부족이었는지에 대해서는 역사가들의 의견이 갈린다. 아카치르족의 왕이 된 엘락은 아틸라 사후인 454년 '네다오 전투'에서 전사하였다.

네다오 전투는 훈 제국 붕괴의 신호탄이 된 것으로 역사가들에게 알려져 있다. 요르다네스에 의하면 훈족 왕자들 간에 피지배 족속들(gentes)을 분배하는 문제로 분쟁이 일어나자 게피다이족이 훈족이 자신들을 노예처럼 대한다고 분노하면서 봉기하였다고 한다.* 게피다이족의 봉기는 다른 족속들의 연쇄적 반란으로 이어졌다. 전투에서 패한 훈족은 판노니아를 버리고 다뉴브 강 하류 지역으로 퇴각하였다.

그러나 네다오 전투로 훈 제국이 끝난 것은 아니다. 동쪽으로 물러났던 훈족은 다시 판노니아를 탈환하려고 하였다. 형 엘락이 죽은 후 훈족의 왕이 된 아틸라의 차남 덴기직이 그러한 시도를 하였다. 요르

* *The Gothic History of Jordanes*, p.125.

다네스의 기록에 의하면 덴기직은 두 차례나 판노니아의 고트족과 전쟁을 하였다. 첫 번째 싸움은 454년에 있었다. "고트족을 도망노예로 간주하여" 그들을 되찾고자 한 것이다. 당시 고트족은 아말 가문의 세 형제가 판노니아 지역을 나누어 통치하였는데 가장 동쪽에 위치한 발라메르를 훈족이 공격하였다. 이 싸움에서 성공하지 못한 덴기직은 다시 동쪽으로 달아났는데 이번에는 다뉴브 강 연안을 벗어나 흑해 연안의 드네프르 강 지역까지 후퇴하였다. 덴기직은 그로부터 약 10년 뒤 그의 휘하에 남아 있는 소수의 세력 — 울친주르, 안기스키르, 비투구르, 바르도르 족 — 을 동원하여 판노니아의 고트족을 공격하였다. 이 부족들은 훈족에 속한 족속들로 생각된다. 그러나 덴기직의 두 번째 판노니아 공격 역시 실패로 돌아갔다.

덴기직은 그 직후 동생 에르낙과 함께 콘스탄티노플에 사절을 보내 다뉴브 강 주변에 예전처럼 로마인들과 훈족이 상호간에 필요한 물건을 교역할 시장을 개설해줄 것을 요구하였다. 그러나 동로마의 레오 황제는 과거에 훈족이 많은 피해를 끼쳤다는 이유로 훈족과의 교역을 거부하였다. 곡물이나 기타 생필품을 직접 생산하지 못하는 유목민에게 정착 농경 사회와의 교역은 필수적이다. 이러한 거부에 대해 어떻게 대응해야 할 것인지 아틸라의 두 아들은 의견이 갈렸다. 덴기직은 동로마를 상대로 싸움을 하자는 입장이었고 에르낙은 그에 반대하였다. 덴기직은 동생의 반대에도 불구하고 자신의 부대를 이끌고 얼어붙은 다뉴브 강을 건너 동로마 제국으로 공격을 감행하였다. 트라키아에서 일어난 전투에서 덴기직은 패했다. 동로마의 장군 아나가스테스는 포로로 잡은 덴기직의 목을 잘라 콘스탄티노플로 보냈다. 469년의 일이었다.

형과는 달리 세력을 보존하는 전략을 택한 3남 에르낙은 자신을 따르는 훈족 집단을 이끌고 소스키티아Scythia Minor 즉 오늘날의 도브루자 지역에 정착하였다. 스티클러에 의하면 다뉴브 하류 남쪽의 도브루자는 우크라이나에서 시작되는 유라시아 초원지대에 속하는 곳으로 기후나 식생 면에서 훈족이 살던 곳과 가장 유사한 곳이었다.* 그는 이처럼 동로마 제국의 변경 지역에서 동로마와의 충돌을 피하면서 세력을 키워 나간 것으로 추정된다. 이 에르낙으로부터 후일 불가리아를 세운 왕조가 나왔다.

동로마와의 전쟁에서 패한 뎅기직 휘하의 훈족들은 어떻게 되었을까? 헝가리 역사가 시노르는 그들이 소집단으로 나뉘어져 한편으로는 약탈행각을 하며 또 경우에 따라서는 로마의 용병으로 고용되기도 했다고 한다.** 당대의 시인 시도니우스가 남긴 《황제찬가》라는 시에는 서로마의 마요리아누스 황제(재위 457-461)가 곡창지대인 북아프리카를 반달족으로부터 탈환하기 위해 불러 모은 여러 만족들의 이름이 나오는데 그 가운데 훈족 집단도 있었다. 그 우두머리는 '툴딜라'라는 사람이었는데 툴딜라 휘하의 훈족은 네다오 전투 이후 모에시아 수페리오르(오늘날의 세르비아 지역), 다키아 리펜시스(오늘날의 불가리아) 지역에 자리 잡았는데 서로마 제국의 요청으로 용병으로 다시 등장한 것이다.

요르다네스가 그의 책에서 언급한 '사크라몬티시', '포사티시'로 불린 사람들의 경우는 툴딜라 집단과는 달리 둔전병으로 땅을 받고 로

---

* T. Stickler, *Die Hunnen*, C. H. Beck, 2007. p.104.
** D. Sinor, 'The Hun Period', in D. Sinor ed. *The Cambridge History of Early Inner Asia,* p.199.

마에 정착한 집단으로 보인다.* 로마에 정착한 훈족 가운데서 동로마 제국의 군문에 들어가 높은 지위까지 올라간 인물들도 더러 눈에 띈다. 프리스쿠스의 단편에 기록되어 있는 헬칼Chelchal은 동로마의 고트족 출신의 장군 아스파르 밑에서 참모 노릇을 한 사람인데 자신이 훈족 출신임을 자랑스럽게 생각하였다. 유스티니아누스 황제 때의 문도Mundo는 동로마 군의 가장 높은 계급까지 올라간 사람이다. 요르다네스에 따르면 문도는 아틸라의 후손인데 게피다이인들을 내쫓고 "도처에서 온 많은 범법자, 악당, 도적들을 모아" 다뉴브 북방의 초원을 떠돌며 약탈행각을 일삼았다고 한다.** 요르다네스가 이렇게 매도한 문도는 요르다네스 자신의 기록에 의하면 동고트족의 테오도릭 왕의 신하가 되었다. 문도는 또 유스티니아누스 황제 밑에서 벨리사리우스 장군과 함께 동로마 제국의 장군으로 크게 활약하였다. 6세기 비잔틴 역사가 프로코피우스에 의하면 그는 동로마의 전략적 요충지인 일리리아 관구 사령관이 되었다.*** 그러나 이처럼 로마 제국 내로 들어가 정착한 사람들은 점차 로마 사회에 동화되어 훈족의 정체성을 잃어갔을 것이다.

---

* *The Gothic History of Jordanes*, p.127.
** *Ibid.* p.138.
*** Prokopios, tr. by H. B. Dewing, *The War of Justinian*, Hackett Publishing Company, 2014. 2:24:38.

20
훈족의 후예 오도아케르

서로마 제국은 475년 대장군(마기스터 밀리툼) 오도아케르가 마지막 황제 로물루스를 퇴위시키고 더 이상 새로운 황제를 옹립하지 않음으로써 그 막을 내렸다고 역사가들은 말한다. 서로마 제국의 마지막 장에서 주역의 역할을 한 이 오도아케르란 인물은 일반적으로 '게르만족 용병대장' 정도로 일컬어지고 있지만 실은 훈족과 밀접한 관계를 가지고 있던 인물이다.

먼저 당시 만족들의 움직임에 대해 자세한 서술을 한 고트족 역사가 요르다네스가 남긴 기록부터 검토해보자. 그의 《게티카》에는 다음과 같이 오도아케르를 소개하고 있다.

"라벤나에서 아우구스툴루스(마지막 황제의 별명으로 '소小아우구스투스'라는 뜻 – 필자)가 그 부친 오레스테스에 의해 황제의 자리에 오른 지 얼마 되지 않아 토르킬링족의 왕 오도아케르가 스키리족과 헤룰족 및 기타 여러 동맹세력들의 우두머리로서 이탈리아를 침공하였다. 그는 오레스테스를 죽이고 그 아들 아우구스툴루스를 제위에서 내쫓아 캄파니아 지방의 루쿨루스 성에 유배시켰다. 그리하여 제1대 황제 옥타비아누스 아우구스투스가 로마 건국 709년째 되던 해부터 다스리기 시작하였던 서로마 제국은 522년 만에 아우구스툴루스와 함께 망하고 말았다. 이후 줄곧 고트족의 왕들이 로마와 이탈리아를 차지하였다. 여러 족속들의 왕 오도아케르는 이탈리아를 정복하고 그 통치 초기에 브라킬라 백伯을 죽여 로마인들 사이에 공포감을 심어주었다. 그는 왕국을 강화하고 테오도릭의 등장 때까지 근 13년을 다스렸다."*

요르다네스는 오도아케르를 '토르킬링족'의 왕이라고 하는데 '토르킬링족'이 어떤 사람들인지에 대해서는 역사가들의 의견이 분분하다. 토르킬링은 투르크를 뜻하는 'torc'와 게르만어에서 족속들에게 붙이는 어미 'ling'으로 이루어진 말로 여겨진다. 투르크어를 하는 어떤 부족일 것으로 보이는데 오도아케르의 부친이 아틸라의 측근 에데코라고 한다면 '토르킬링'은 훈족에 속하는 어떤 부족을 뜻하는 말일 가능성이 높다.

에데코는 스키리족의 왕이 되었다. 아틸라의 사후 여러 족속들이 훈족의 왕자들과 지배자들 사이에 분배될 때 그에게는 스키리족이 할당되었던 것으로 보인다. 그가 스키리족 여자와 결혼했다는 것도 스키리족의 왕이 되는 데 유리하게 작용하였을 것이다. 오도아케르는 훈족의 부친과 게르만족에 속하는 스키르족의 모친을 가진 혼혈아였다. 당시 훈족의 고위 인사들이 게르만족 여인과 결혼하는 일은 흔한 일이었다.

이 오도아케르가 470년경 스키리족과 헤룰족으로 이루어진 만족 병사들을 이끌고 판노니아로부터 노리쿰(오스트리아)를 거쳐 이탈리아로 들어왔다. 요르다네스는 오도아케르가 이탈리아를 침공했다고 했으나 사실은 당시 서로마 제국의 실권자 리키메르 장군과 황제 안테

* *The Gothic History of Jordanes*, p.119.

미우스(재위 467-472) 사이에 벌어진 내전에서 리키메르의 요청으로 들어온 것이다. 이는 오도아케르가 영도하던 만족 부대가 '페데라티' 즉 로마의 동맹군으로 불렸다는 것에서도 확인된다.

오도아케르는 이탈리아로 가서 이탈리아의 왕이 되기 전에는 어떠한 삶을 살았을까? 앞에서 소개했던 것처럼 투르의 그레고리우스 주교가 쓴 《프랑크족 역사》에는 이 오도아케르가 아틸라의 갈리아 원정 이후 갈리아에 남아 프랑크족의 킬데릭 왕과 동맹을 맺고 갈리아를 침략한 알라만족을 격퇴하였다고 한다. 당시 그가 지휘한 병력은 작센인들로 이루어져 있었다.* 그런데 이후 오도아케르에 대한 기록은 거의 찾아볼 수 없다. 단지 《성聖세베리누스전傳》이라는 성자전에 그가 이탈리아로 가는 도중에 세베리누스 성자를 방문하고 그로부터 이탈리아로 가서 큰 출세를 하리라는 의미심장한 말을 들었다는 기록 정도를 찾아볼 수 있다.**

지혜롭고 신통력 있는 것으로 소문난 성세베리누스는 자신을 찾아온 청년 오도아케르의 인물됨을 단번에 알아보았던 것 같다. 전해지는 말에 의하면 그는 오도아케르에게 다음과 같이 말했다. "이탈리아로 가거라. 너는 지금은 초라한 가죽 옷을 걸치고 있지만 곧 많은 사람들에게 귀한 선물들을 주게 될 것이다."*** 필자는 오도아케르가 아틸라 사후 스키리족이 있던 판노니아로 돌아와 그곳에서 스키리족 왕인 부친을 도왔을 것으로 추정한다.

---

* *Gregory of Tours, The History of the Franks*, 2:18.
** Eugippius, tr. by G. Robinson, *The Life of St. Severinus*, Harvard University Press, 1914. ch.7.
*** Eugippius, *The Life of St. Severinus*, ch.7.

요르다네스에 의하면 오도아케르가 이탈리아로 오기 전 스키리족과 동고트족 사이에 큰 싸움이 있었다. 전쟁의 직접적인 계기는 수에비족과 고트족 사이의 갈등이었다. 수에비족은 스키리족, 게피다이족, 사르마티아족, 루기족 등을 자기편으로 끌어들였다. 469년 볼리아 전투라는 이름의 큰 싸움에서 스키리족을 비롯한 반고트 진영은 크게 패했다고 요르다네스는 말한다. 오도아케르도 스키리족, 루기족, 헤룰족 등으로 이루어진 부대를 이끌고 동고트족과 싸웠을 것이다. 그가 이탈리아로 이끌고 온 게르만족 부대는 이러한 족속들의 사람들로 이루어져 있었다.

오도아케르가 이탈리아로 게르만족 병사들을 이끌고 온 지 몇 년 되지 않아 아틸라의 비서 출신인 대장군 오레스테스가 네포스 황제를 내쫓고 자기 어린 아들 로물루스를 황제로 옹립하였다. 그런데 서로마 제국의 실권자 오레스테스는 자신의 권력기반이었던 게르만족 용병들이 정착지를 요구하자 그 요구를 거절하였다. 유스티니아누스 황제 때의 동로마 역사가 프로코피우스에 의하면 게르만족 병사들은 이탈리아 땅의 1/3을 요구하였다고 한다.* 요구를 거절하는 오레스테스를 죽이고 그 아들로부터 권력을 빼앗은 오도아케르가 '이탈리아 왕'이 될 수 있었던 것은 그가 이끌고 간 게르만 부족들이 그를 왕으로 추대했기 때문이다. 물론 권력을 잡은 오도아케르는 형식적으로는 동로마 제국 황제의 대리인(총독)으로서 통치하는 방식을 취했다. 그는 동로마의 제논 황제로부터 임명된 대장군 직을 내세우고 또 황제가 부여한 '파트리키우스'라는 칭호를 사용하였다. 그러나 실질적으

---

* Prokopios, *The War of Justinian*, 5:1:5.

로 그는 이탈리아를 지배한 최초의 만족 출신 이탈리아 왕이었다. 이런 면에서 보자면 오도아케르는 훈 제국의 붕괴 이후 훈족의 후예들 가운데 가장 성공한 인물 가운데 하나였다.

이탈리아 왕 오도아케르는 기존의 질서와의 타협 속에서 온건하게 통치하였다. 그는 이탈리아 지주들의 재산을 일방적으로 빼앗지 않았다. 원로원도 유지하고 로마 귀족들 사이에서 콘술을 비롯한 관직자들을 뽑아 권력에 동참시켰다. 물론 게르만 병사들의 유지비용을 로마인들이 부담해야 했던 것은 사실이다. 앞에서 보았듯이 오레스테스가 권력을 잃은 것도 정착할 땅과 돈을 요구하는 게르만 페데라티의 요구를 거절했기 때문이다. 오도아케르는 이탈리아 귀족들을 설득하여 그들로부터 땅의 일부(1/3이라고 한다)를 받아내어 게르만 병사들에게 주었다. 그의 온건하고 타협적인 통치에 대해 이탈리아의 귀족들은 만족스럽게 생각하였다. 치세 13년간 그의 통치에 대해 심각한 반대는 일어나지 않았다. 또 오도아케르가 이탈리아인들이 보기에는 이단에 불과했던 아리안주의를 신봉했지만 가톨릭 교회도 그의 치세에 대해 큰 불만을 제기하지 않았다. 가톨릭 교회에 대해서도 온건한 정책을 펼쳤던 것이 틀림없다. 오도아케르의 온건함과 현명함은 어린 황제 로물루스를 죽이지 않고 풍족한 연금을 주어 지방으로 유폐시켰던 데서도 잘 드러난다.

이탈리아로 간 오도아케르가 권력을 잡은 후 평판이 높아지고 영향력이 커져가자 동로마 황제 제논은 그를 점점 더 위험한 경쟁자로 여기게 되었다. 그래서 동고트족 왕 테오도릭에게 고트족을 이끌고 이탈리아로 가서 오도아케르가 통치하고 있는 이탈리아를 정복하라고 부추겼다. 두 만족 지도자 사이의 충돌은 피하기 힘들게 되었다. 이탈리아 북부에서 벌어진 테오도릭과 오도아케르의 싸움은 좀처럼 승부가 나지 않아 3년만에 라벤나 주교의 중재로 타협이 이루어졌다. 두 사람이 공동으로 이탈리아를 통치하기로 하였으나 테오도릭은 그 약속을 배반하고 오도아케르를 연회에 초대한 후 살해하였다. 그날 그 부하들도 발견되는 즉시 살해되었다. 오도아케르의 부인과 형 후노울프도 마찬가지로 살해되었다. 프로코피우스에 의하면 오도아케르가 자신의 부하들에게 나눠주었던 땅은 모두 고트족의 차지가 되었다고 한다.*

라벤나의 테오도릭 왕 궁정

* Prokopios, *The War of Justinian*, 5:1:28.

21
쿠트리구르와 우티구르 훈족

유스티니아누스 황제(재위 527-565) 때 비잔틴 제국은 페르시아 제국과 이탈리아의 동고트 왕국, 북아프리카의 반달족과 전쟁을 벌였다. 그 시대를 살았던 역사가 프로코피우스가 남긴 《유스티니아누스 전쟁사》는 1,200 쪽에 달하는 여덟 권으로 된 사서이다. 이 책의 주제는 유스티니아누스가 치른 세 차례의 전쟁이기는 하지만 그 속에는 비잔틴 제국과 관계를 맺은 여러 종족들과 그 지리적 사정에 대한 풍부한 서술이 담겨 있다.

551년 즈음에 완성한 것으로 보이는 그의 사서에서 훈족에 대한 기록을 찾아 볼 수 있다. 훈 제국은 453년 아틸라 사후 급속히 붕괴되었으며 그 후 훈족은 소규모 집단으로 나뉘어져 일부는 다뉴브 강 주변에 정착하고 일부는 흑해 북안 지역을 무대로 하여 유목민 집단으로서의 삶을 영위해갔다는 것이 많은 역사가들의 주장이다. 그러다가 훈족은 6세기 중반에는 강력한 두 집단으로 다시 등장하게 된다.

프로코피우스의 기록에 등장하는 '쿠트리구르'Kutrigur와 '우티구르'Utigur라는 이름의 훈 부족집단이 그것이다. 프로코피우스는 두 집단의 이름이 훈족 왕의 두 아들 이름에서 온 것이라 한다.* 우리는 두 집단의 왕들이 아틸라 가문의 후예일 것으로 보지만 정확한 관계는 알

---

* Prokopios, *The War of Justinian*, 8:5:2.

수 없다.

프로코피우스 당시 우티구르 훈족은 비잔틴 제국과 멀리 떨어진 마에오티스 호(아조프 해) 동쪽과 타나이스 강(돈 강) 주변에 자리 잡고 있었고 쿠트리구르 훈족은 비잔틴 국경과 인접한 흑해 북안에 살고 있었다. 이 두 집단은 같은 훈족에 속했지만 비잔틴 제국과는 전혀 다른 관계를 맺고 있었다. 우티구르는 비잔틴 제국에 큰 피해를 주지 않고 평화스런 관계를 유지하였던 반면 쿠트리구르 훈족은 다뉴브 강을 건너 로마 영토를 약탈하는 일이 잦았다.

프로코피우스의 《유스티니아누스 전쟁사》 제2권에 기록되어 있는 비잔틴 제국에 대한 대규모 침공은 쿠트리구르 훈족의 것이었다. 540년경의 이 공격에서 훈족은 아드리아 해로부터 콘스탄티노플까지 발칸반도를 체계적으로 약탈하였다. 일리리아 지방에서는 32개의 요새를 함락하고 무려 12만 명의 포로를 잡아갔다. 그들은 그 이후에도 장성을 넘어 케르손네소스 반도를 침공하고 해협을 건너 소아시아에 발을 디뎠을 뿐 아니라 그리스까지도 내려갔다. 아틸라 시대 훈족의 동로마 침략을 연상시키는 공격이었다. 그로부터 20년 뒤에도 대규모 침략이 있었는데 자베르간 왕이 이끄는 쿠트리구르 군대는 콘스탄티노플의 방어를 위한 외성인 아나스타시우스 성벽(장성)을 넘어 콘스탄티노플의 내성인 테오도시우스 성벽 앞까지 도달하였다. 군마 7천이 동원된 이 쿠트리구르의 공격으로 콘스탄티노플은 함락의 위기에 처했으나 벨리사리우스 장군의 기지로 위험을 모면하였다. 테오파네스의 연대기에 의하면 벨리사리우스는 황제의 말과 수도원 말을 포함하여 시내의 모든 말들을 동원하여 병력의 수가 엄청난 것처럼 연출하는 기만전술로써 훈족을 퇴각하게 만들었다.*

쿠트리구르의 공격규모를 볼 때 당시 다뉴브 강 너머의 훈족 집단은 결코 소규모 집단이 아니었다. 비잔틴 제국에 심각한 위협이 될 정도로 쿠트리구르 훈족은 강성했던 것이다. 그래서 유스티니아누스 황제는 고심 끝에 비잔틴에 우호적인 태도를 취하는 우티구르 훈족으로 하여금 쿠트리구르와 싸우게 만드는 전략을 썼다. 이러한 외교적 책략으로 우티구르는 주변의 테트라키테스인들(크림반도에 살던 고트족)과 동맹을 맺고 쿠트리구르 훈족을 공격하였다. 동족상잔의 이 전투는 치열한 양상으로 상당 기간 계속되었다. 우티구르가 승리하였는데 그 결과 쿠트리구르에게 잡혀서 노예생활을 하던 수만 명의 로마인들이 고향으로 돌아올 수 있었다.

비잔틴 제국은 쿠트리구르와 평화협정을 체결하였다. 그런데 그 조건이 매우 쿠트리구르에게 유리한 것이었다. 쿠트리구르인들은 비잔틴 제국으로부터 돈을 받고 자신들의 땅으로 돌아가며 더 이상 로마인을 노예로 삼지 않고 로마인을 친구로 대할 것을 약속하였다. 또 만일 쿠트리구르가 자신들의 거주지에서 떠나야 할 부득이한 사정이 생기면 트라키아 지방에 황제가 정착지를 제공한다는 약속도 부가되었다. 실제로 우티구르 훈족과의 싸움에서 살아남은 쿠트리구르 훈족 2천 명 가량이 트라키아 땅에 정착하였다.**

그러자 우티구르인들의 불만이 터져나왔다. 우티구르 훈족의 왕 산딜(역사가에 따라서는 '산딜크'라고도 기록하고 있다)은 사절을 보내 로마 황제에

---

* C. Mango et R. Scott, *The Chronicle of Theophanes Confessor : Byzantine and Near Eastern History AD 284-813*, Clarendon Press, 1997. pp.341-342.
** Prokopius, *The War of Justinian*, 8:18.

게 항의하였다. 로마를 침탈했던 적들은 로마의 호의를 입고 있는데 정작 목숨을 걸고 로마인들을 위해 싸운 자신들에게는 아무 것도 돌아오지 않는다는 불평의 소리였다. 유스티니아누스 황제는 이러한 불평을 많은 감언과 선물로 무마하였다.

그 후 동유럽에 아시아로부터 온 새로운 유목민 아바르족이 쇄도하였다. 피터 골든 교수는 아바르족이 콘스탄티노플 당국과 접촉한 시기를 557년 혹은 558년으로 보고 있다. 유스티니아누스 황제 치세 때였다.* 아바르는 흑해 북부와 다뉴브 하류를 거쳐 567년에는 예전에 훈족의 본영이 있던 판노니아로 이동하였다. 이들은 그 과정에서 사비르, 알란, 오노구르, 우티구르, 쿠트리구르를 차례로 정복하였다고 한다. 우티구르와 쿠트리구르의 골육상쟁이 두 부족의 힘을 약화시켰다. 그러나 아바르족의 정복으로 훈의 두 부족이 사라진 것은 아니다. 이는 아바르족이 서유럽 원정시 쿠트리구르 훈족을 동맹으로 이용하였으며 이때 쿠트리구르는 1만 명의 병력으로 판노니아를 너머 남쪽의 달마티아를 공격하였다는 사실에서 알 수 있다.** 당시 아바르족은 게르만족의 일파인 랑고바르드족도 동맹으로 삼았는데 이들은 이탈리아 북부로 이동하여 그곳을 정복하였는데 포 강 유역의 이름이 롬바르디아라는 이름으로 불리게 된 것은 이로부터 비롯되었다.

아바르 제국 시기에 쿠트리구르, 우티구르 훈족은 아바르의 지배

---

* P. Golden, 'The Peoples of the south Russian steppe', ed. Denis Sinor, *The Cambridge History of Early Inner Asia*, Cambridge University Press, 1997. p.260.
** R. C. Blockley, *The History of Menander the Guardsman*, Francis Cairns, 1985. p.137.

하에서 그 동맹부족으로 존재했을 것이다. 대불가리아의 건국 시조인 쿠브라트가 쿠트리구르 출신으로서 아바르족과 싸워 독립을 쟁취했다는 사실은 쿠트리구르가 비록 아바르의 지배하에 있기는 하였지만 어디까지나 그 정체성을 잃지 않고 있었음을 드러내 준다.

22
몽골에서 판노니아까지 : 아바르족의 대이동

아바르족에 대해 처음으로 언급하고 있는 사서는 앞에서 우리가 여러 번 소개한 비잔틴 역사가 프리스쿠스가 남긴 기록이다. 그에 의하면 유스티니아누스 황제 말년 어느 때 사라구르족(사라구로이), 우로그족(우로고이), 오노구르족(오노구로이)이 황제에게 사절을 보내왔다. 이들은 사비르족(사비로이)에게 쫓겨나 서쪽으로 도망 왔다고 하였다.* 그런데 사비르족 역시 아바르족에 의해 자신들의 영역에서 쫓겨나 이들의 땅으로 밀려온 것이다. 아바르족도 이들 족속들처럼 더 강한 족속에 의해 자신들의 근거지에서 밀려난 사람들이었다. 유라시아 초원의 동쪽 끝에서부터 서쪽까지 유목민족들의 연쇄적 이동 물결이 5세기 중반에 일어났던 것이다.

프리스쿠스는 아바르족이 '오케아노스 가에 사는 족속들'에 의해 쫓겨났다고 한다. 오케아노스 가에 사는 사람들이란 누구인가? 10세기에 편찬된 비잔틴의 백과사전《수다Suda》에 의하면 오케아노스 가에 사는 족속들은 "오케아노스가 넘쳐나면서 생긴 안개와 그뤼폰 떼의 출현 때문에" 자신들의 땅을 떠났다고 한다. 여기서 오케아노스가 어떤 바다를 가리킬까? 새의 머리와 짐승의 몸을 한 괴수 그뤼폰(gry-

---

* R. C. Blockley, *The Fragmentary Classicising Historians of the Later Roman Empire, Eunapius, Olympiodorus, Priscus and Malchus.* II. p.345.

phon:그리핀) 이야기가 나오는 것으로 보아 알타이 산맥 근처에 있는 큰 호수인 바이칼이 여러 단계의 전달과정에서 대양을 뜻하는 오케아노스로 둔갑한 것은 아닐까?

프리스쿠스의 기록에 나타난 아바르족에 대해서는 중국 사서에 보이는 유연柔然(Juan-juan)이라는 주장도 있고 그렇지 않다는 주장도 있다. 이 문제에 대한 정확한 답을 내리기는 어렵다. 단지 필자는 5세기 전반 중국 북방 초원지대에서는 탁발 선비족이 유연을 여러 차례 정복하여 유연이 근거지에서 쫓겨난 일이 있었다는 점을 주목하고자 한다. 탁발 선비족은 유연 뿐 아니라 북중국의 모든 유목민족을 정복하고 통일 왕국을 세웠다. 이것이 북위北魏라는 나라였다. 고비 사막 부근에 살던 유연은 중앙아시아로 이주하였다.*

탁발 선비에 의해 유연을 비롯한 여러 유목민족들이 몽골에서 쫓겨나 중앙아시아로 이동하면서 민족들의 연쇄적 이동이 발생했을 가능성이 있으며 이것이 프리스쿠스의 기록에 반영되었던 것으로 보인다.

유연은 얼마 지나지 않아 다시 세력을 회복하여 중앙아시아와 몽골 일대에 걸친 강력한 세력을 구축하였다. 투르크 제국을 세운 돌궐족은 이러한 유연의 지배하에 있던 족속이었다. 그런데 이들이 유연에 대해 반란을 일으켰다. 당시 반란의 우두머리는 부민(한자로는 土門으로 되어 있다)이란 사람이었는데 이 사람이 바로 돌궐 제국을 세운 인물이다. 돌궐에 패한 유연족 카간(왕) 아나괴는 자살하고 유연 제국은 붕괴하였다.(552) 한 세기 반 정도 북방 초원을 지배하던 유연족은 중국의 변

---

* 선비족인 탁발씨는 429년과 443, 449년 세 차례에 걸쳐 고비 사막에 거주하던 유연을 공격하여 유연에 대해 큰 타격을 주었다. 르네 그루쎄, 김호동 외 역,《유라시아 유목제국사》, 사계절, 1998. p.116.

경 지역으로 피신하여 그곳에서 북제北齊(북위에서 나온 나라)의 변경수비병 노릇을 하였다. 또 다른 일파가 돌궐의 공격을 피하여 서쪽으로 달아났는데 많은 역사가들은 이들이 아바르족이라고 한다. 비잔틴 기록에 의하면 그 수는 약 2만 명이었다.*

아바르족이 비잔틴 제국에 모습을 나타낸 것은 유스티니아누스 황제(재위 527-565) 말년인 559년경이었다. 아바르 사절들은 머리를 두 갈래로 땋아 어깨 너머로 넘긴 스타일 때문에 당시 비잔틴인들 사이에 센세이션을 일으켰다고 한다. 이러한 아바르족이 유연족이 아니라 투르크가 멸망시킨 에프탈족이라는 주장도 있다. 에프탈 훈족은 원래는 몽골계에 가까운 유목민으로서 알타이 지방에서 서투르케스탄으로 이주한 후 5세기에 대월지와 북인도를 정복하였다. 6세기에 편찬된 중국 사서 《위서魏書》에서는 엽달嚈噠로 기록되어 있다. 이들은 인도측 기록에는 '후나'로 불렸는데 프로코피우스 같은 비잔틴 역사가는 훈족과 같은 종족이라고 보았다. 에프탈은 565년 북방의 투르크와 서남쪽의 사산왕조 페르시아의 협공을 받아 멸망한 후 그 일부가 서쪽으로 도주하여 아바르로 불렸다는 것이다. 이는 프랑스의 르네 그루쎄의 주장이다.**

비잔틴 가까이 접근한 아바르는 처음에는 비잔틴 제국의 동맹으로 나섰다. 메난드로스에 의하면 아바르는 비잔틴의 이이제이 정책에 호응하여 우니구르(우니구로이), 잘리(잘로이), 사비르(사베로이)를 격파하였다. 메난드로스의 사서를 역주한 블로클리에 의하면 이들은 흑해 북안과

---

* R. C. Blockley, *The History of Menander the Guardsman*, p.117.
** 르네 그루쎄, 《유라시아 유목제국사》, p.142.

동안에 살던 훈족의 여러 부족들이라 한다. 아바르족은 동유럽에만 머물지 않았다. 그들은 쿠트리구르의 일만 병사들을 앞세워 판노니아 평원으로 진격하였다. 판노니아에서는 롬바르드족(랑고바르드족)과 게피다이족이 그 이전부터 대립하고 있었다. 판노니아에 아바르가 모습을 나타내자 롬바르드족은 아바르족을 싸움에 끌어들이려고 하였다. 아바르와 롬바르드 사이에 협상이 이루어져 롬바르드족은 자신들의 가축 1/10을 아바르에게 주고 또 게피다이족과의 전쟁에서 이기면 게피다이인들의 땅은 아바르가 차지하고 전리품은 절반씩 나누기로 약정하였다.* 아바르족은 이렇게 롬바르드족을 이용하여 동로마의 동맹부족인 게피다이족을 쉽게 격파하고 그 땅을 차지하였다. 오늘날의 헝가리 동부와 세르비아, 루마니아 일대에 걸친 넓은 영토였다. 그런데 아바르의 동맹이 되었던 롬바르드족 역시 이 새로운 이웃에 위협을 느끼지 않을 수 없었다. 그들이 이탈리아로 넘어가 이탈리아 북부를 정복하기로 한 것은 바로 이 때문이었던 것 같다. 게피다이와의 전쟁이 끝난 후 약 1년도 지나지 않았던 때의 일이었다.**

---

* Blockley, *The History of Menander the Guardsman*, pp.129-131.
** 8세기의 역사가 파울루스 디아코누스가 남긴 사서에서는 568년이라 명시되어 있다. 그의 책에는 롬바르드족이 이탈리아로 간 것은 당시 고트족의 위협을 받던 동로마 총독 나르세스의 권유 때문이었다고 한다. 또 롬바르드 왕 알보인이 동맹이었던 아바르족에게 판노니아 땅을 넘겨줄 때에 만약 사정이 생겨 이탈리아로부터 돌아오면 다시 판노니아 땅을 되돌려 받을 수 있다는 조건을 걸고 넘겨주었다고 한다. Paul the Deacon, tr. by W. Foulke, *History of the Langobards*, University of Pennsylvania, 1907. 2:7

23
아바르 제국

게피다이와 롬바르드족의 영토를 차례로 차지한 아바르족은 카프카즈 산맥 북쪽의 러시아 초원지대로부터 헝가리의 판노니아 평원까지 광대한 영역을 지배하게 되었다. 좀 더 정확히 말하자면 그 지역들에 살던 여러 족속들을 자신들의 지배 체제하에 편입시켰던 것이다. 피지배 족속들은 아바르족에게 공납을 바치고 때로는 군사력을 제공하였다. 그런 면에서 아바르 제국은 아바르족을 지배집단으로 하는 여러 족속들의 연합(confederation)이라는 성격을 띠었다. 이는 그 이전의 훈 제국과 본질적으로 차이가 없다.

아바르 제국은 다뉴브 강을 경계로 비잔틴 제국과 접하였다. 아바르족은 초기에는 비잔틴 제국의 동맹(페데라티)으로서 비잔틴의 요구에 호응하여 여러 족속들을 정벌하였는데 그 가운데에는 후일 헝가리 건국의 주역이 되는 오노구르족도 있었고 우리가 앞에서 살펴본 쿠트리구르와 우티구르 같은 훈족 집단도 있었다. 슬라브족도 아바르족의 지배를 받게 되었는데 수적으로 볼 때 슬라브족이 가장 수가 많았을 것이다. 이러한 피지배 족속들에 대한 대우도 족속에 따라 차이가 있었다.

같은 유목민 출신인 불가르인들은 일방적으로 착취의 대상이 되었던 것은 아니고 동맹부족과 비슷한 대우를 받았던 것으로 보인다. 아바르의 왕 즉 아바르 카간은 슬라브족보다는 불가르인들을 더 가까운 사이로 생각하여 비잔틴 황제가 슬라브족을 공격하는 것은 때때로는 묵인하였지만 불가르족에 대한 공격에 대해서는 평화협정에 대한 심각한 위반으로 간주하였다고 한다.*

당시 슬라브족은 아직까지는 낮은 수준의 발전단계에 있어서 국가를 수립할 정도는 아니었다. 이들은 아바르족이 도래하기 전인 6세기 초부터 비잔틴 제국의 영토를 조금씩 침략하기 시작하였던 것으로 알려져 있는데 아바르족에게 정복된 후 슬라브인들의 침략은 훨씬 규모가 확대되고 또 조직화되었다. 아바르 제국의 등장으로 비잔틴의 방어력이 약화되었던 사정도 작용하였지만 이는 슬라브족이 아바르족과 연합하거나 혹은 아바르족의 지휘 하에 비잔틴에 대한 공격에 나설 수 있었기 때문이다.

580년대에 있었던 슬라브족의 비잔틴 침공은 그 규모가 상당히 컸고 역사적으로도 중요한 결과를 낳은 것으로 평가되는데 당시 슬라브족은 아바르와 비잔틴의 전쟁을 틈타 비잔틴 제국의 영토 깊숙이 침략하였다. 그들의 침략은 약탈에 그치지 않고 발칸반도의 여러 곳을 점령, 그곳에 정착하는 것으로 발전하였다. 587년 여름 안테스인들(슬라브족의 일파)은 그리스 남쪽의 펠로폰네소스 반도까지 점령하였다. 슬라브인들의 공격으로 적지 않은 그리스 주민들이 달마티아, 이탈리아 그리고 에게 해의 섬들로 피난하였다. 이처럼 당시 슬라브족의 침략은 중세 초에 있었던 '민족이동' 가운데 하나로서 연쇄적인 이주의 물결을 초래하였다.

* S. Szadeczky-Kardoss, 'The Avars' in D. Sinor ed. *The Cambridge History of Early Inner Asia,* Cambridge University Press, 1990. p.210.

발칸과 그리스 일대에 정착한 슬라브족은 비잔틴 제국의 지배로부터 상당히 벗어나 나름대로의 자율권을 누렸던 것으로 보인다. 비잔틴인들은 자신들의 영토 내에 정착한 슬라브인들을 슬라브족의 한 족속 이름을 따라 '스클라베노이'sklavenoi라고 불렀다. 당시 슬라브인들은 안테스와 스클라베노이로 나뉘어 있었다고 한다. 이러한 스클라베노이가 그리스인들에 의해 천민집단으로 취급되었던지 아니면 위급할 때 용병으로 이용될 수 있는 이민자집단으로 취급되었던지는 앞으로 더 탐구해야 할 문제이다.

슬라브족은 발칸의 다뉴브 강 이남 지역 뿐 아니라 서쪽으로는 판노니아 너머의 체코와 슬로바키아 지역으로 이주하였다. 이러한 서슬라브인들도 역시 아바르족의 후원 아래 이주하였던 것으로 보인다. 슬라브족의 이주와 생활권 확대는 아바르 제국의 범위를 시사해준다. 동유럽의 슬라브족에 대한 아바르의 지배력이 어느 정도까지 광범하게 행사되었는지 시사해주는 기록이 있다. 7세기 비잔틴 역사가 테오필락트 시모카타가 남겨놓은 사서에 나오는 것으로 발틱해 근처에 살던 일부 슬라브 부족장들이 먼 거리 때문에 아바르 카간에게 군사적 도움을 주지 못한 것을 사죄하였다는 기록이 그것이다.*

당시에 슬라브족과 아바르족이 어떤 관계에 있었던 지를 말해주는 재미난 기록이 있다. 7세기경에 프랑크 왕국에서 편찬된 《프레데가르 연대기》라는 책이다. 저자는 프레데가르라는 인물인데 그에 대해서는 알려진 것이 없다. 네 권으로 이루어진 이 연대기의 제4권에 의하면 아바르족은 다른 족속과 전쟁을 할 때에는 슬라브인들을 앞세워

---

* *Ibid.* p.211.

싸웠다. 슬라브인들이 이기면 자신들은 적들을 유유히 약탈하는 일을 하고 만일 슬라브족이 패하면 다시 싸움에 나가도록 뒷받침하는 역할을 하였다.[*] 슬라브인들은 노예나 다를 바 없었다.

슬라브인들에게 더욱 굴욕적이었던 것은 매년 아바르인들이 슬라브족에게 와서 겨울을 보내는데 그 때마다 슬라브족의 부인들과 딸들을 데리고 잤다는 것이다. 슬라브인들은 또 아바르족에게 공납도 바쳤다. 여자도 바치고 돈도 바쳐야 했던 것이다. 이러한 치욕적인 예속상태에 분노하여 들고 일어난 것이 아바르족과 슬라브인들 사이에서 난 아들들이었다고 한다. 이들이 아바르에 대해 반란을 일으킨 것은 623년이었는데 당시 슬라브인들과 장사를 하여 돈을 벌던 '사모'라는 이름의 프랑크 상인이 이들을 도와서 반란을 성공으로 이끌었다. 슬라브인들은 그를 자기들의 왕으로 세웠다. 사모는 35년이나 슬라브족을 다스렸는데 그의 뛰어난 용기와 신중함 덕분에 슬라브인들은 아바르와의 여러 차례 싸움 끝에 아바르를 물리칠 수 있었다. 이 연대기에 의하면 사모 왕은 슬라브인 부인을 12명이나 두었고 그들로부터 22명의 아들과 15명의 딸을 낳았다고 한다. 이 연대기의 라틴어 원문에서는 아바르족을 훈족이라고 기록하고 또 슬라브족을 '비니디족'Winidi이라고 하였다. 비니디는 앞에서 말한 슬라브의 두 부족 안테스와 슬라베노이의 공통의 조상인 '베네디'Venedi를 말하는 것이다.

아바르 제국으로부터 슬라브인들이 독립하자 이번에는 불가르족이

* J. M. Wallace-Hadrill, *The Fourth Book of the Chronicle of Fredegar*, Greenwood Press, 1981. p.48.

들고 일어났다. 632년 훈족의 후예인 불가르족이 아바르족에 대해 반란을 일으킨 것이다. 그 전까지는 아바르의 동맹으로서 아바르인들의 정복전쟁에서 충실한 역할을 하였던 불가르족은 쿠브라트라는 인물의 주도 하에 반란의 기치를 올렸다. 아바르와 함께 626년 비잔틴 제국의 공격에 나섰던 쿠브라트는 아바르 카간이 죽자 이번에는 카간의 자리를 불가르족이 차지해야 한다고 주장하였다. 이러한 요구가 불가르인들과 아바르인들의 내전을 촉발하였다고 한다. 승리한 쿠브라트는 돈 강에서부터 흑해 북안에 걸친 아바르 제국의 동부를 차지하고 불가리아 제국을 세웠다. 이것이 그리스인들이 말하는 '옛 대불가리아'였다. 이후 아바르 제국은 판노니아 중심의 서부 지역으로 축소되었다. 그런 만큼 아바르 제국은 엘베강 너머 독일 지역으로 세력 확대를 꾀하지 않을 수 없었다. 그러나 당시 엘베강 너머에는 게르만족의 일파인 프랑크족이 세운 프랑크 왕국이 세력을 동쪽으로 확대하고 있었다. 두 세력의 충돌은 피할 수 없게 되었다.

24
아바르 제국과 프랑크 왕국

앞에서 본대로 아바르 제국은 동양의 유목민족이 유럽 땅에서 사실상 옛 훈 제국을 그대로 재건한 것이었다. 아시아의 기마전사들이 유럽의 여러 족속들을 지배한 양상도 비슷하였다. 그런데 훈 제국이 아틸라라는 걸출한 지도자의 사후 권력승계 문제로 일어난 내분 때문에 무너졌다고 한다면 아바르 제국은 프랑크족의 공격에 의해 멸망하였다.

프랑크족은 아틸라 시대에 갈리아 동북부를 점령하였던 게르만 계통의 족속이다. 이들의 원거주지는 라인강 하류 지역이었는데 로마 제국의 혼란을 틈타 갈리아로 들어와 정착하였다. 프랑크족은 클로비스 왕 시대에는 서고트 왕국을 점령하여 갈리아 서부까지 영역을 확대하였다. 클로비스 왕이 죽었던 511년의 지도를 보면 갈리아 동남부의 부르군트 왕국과 지중해 연안의 서고트족 영토를 제외하면 현재 프랑스 영토의 대부분은 프랑크족의 영역이었다. 물론 여기에 더해 벨기에와 라인 동쪽 지방의 일부도 프랑크 왕국에 속했다. 부르군트 왕국도 530년대에 클로비스의 아들들에 의해 정복되었다. 그 시기에 프랑크족에 의한 갈리아의 통일이 이루어졌던 것이다.

6세기 중반 아바르족이 서쪽으로 진출하였을 때 아바르족은 프랑크족과 충돌하였다. 아바르 사절단이 비잔틴 제국의 수도에 모습을 드러낸 지 몇 년 되지 않은 562년경 벌써 아바르와 프랑크족의 싸움이 시작되었다. 당시 프랑크왕국은 여러 명의 왕들이 영토를 나누어 다스렸는데 그것은 왕자들 모두에게 왕국의 영토를 나누어주는 프랑크족의 상속관습을 따른 것이다. 클로타르(497-561) 왕의 네 아들 가운데 한 사람이었던 시기베르가 가장 동쪽 땅을 차지하고 있었다. 그의 왕국의 수도는 파리에서 150킬로미터 정도 동쪽에 위치한 렝스에 있었다. 정확히 어느 곳에서 아바르족과 전투가 일어났는지는 모른다. 아마 프랑스 동부 어느 곳이 아니었을까 싶다. 아바르의 두 번째 침입 때 시기베르 왕은 아바르족의 포로가 되었다. 투르의 그레고리우스가 쓴 《프랑크족 역사》에 의하면 프랑크 왕은 아바르족에게 많은 선물을 주고 아바르와 강화조약을 맺을 수 있었다.* 아바르족은 갈리아 영토를 침략하여 차지할 의도는 없었던 것 같다. 그들은 시기베르로부터 공납을 약속받고 물러갔다. 이후 상당기간 아바르는 프랑크족의 동맹으로서 프랑크 왕국의 영토를 존중하여 더 이상 침략행위를 하지 않았던 것으로 보인다.

프랑크 왕국과 아바르의 관계는 8세기 후반 샤를마뉴 때 바이에른 공국 — 영어로는 바바리아 — 문제로 급속히 악화되었다. 바이에른 공 타실로Tassilo가 프랑크의 종주권에서 벗어나기 위해 아바르족과 손을 잡았던 것이다. 샤를마뉴는 그의 봉건가신인 타실로가 이교도인 아바르족과 손을 잡고 자신을 배반한 것을 용서할 수 없었다. 그의 지위를 박탈하자 아바르족이 프랑크 왕국을 공격하였다. 아바르 군은 알프스 너머의 프리울리를 공격하고 바이에른 국경 지역을 침략하였다. 아바르족과 프랑크 왕국의 전쟁은 8년간(791-799) 계속되었다. 아

---

* Gregory of Tours, *The History of the Franks*, 4:29.

바르족은 샤를마뉴의 지배에 대해 불만을 품고 있던 작센족과 손을 잡기도 했지만 전쟁은 샤를마뉴의 승리로 끝났다.

아바르 제국이 패배한 이유로는 아바르족 사이에서의 내분을 무시할 수 없다. 카간과 투둔 — 투둔tudun은 아바르 부왕의 칭호 가운데 하나였다 — 사이에 분쟁이 일어나 투둔이 샤를마뉴의 수도에서 세례를 받기까지 하였다.(795) 여러 아바르의 수령들이 샤를마뉴 측과 개별 협상을 벌일 정도로 아바르 제국의 통일적 권력체계가 붕괴되어 있었다. 프랑크 군은 아바르족의 본영으로 진입하여 그 동안 아바르족이 쌓아놓았던 엄청난 부를 약탈하였다. 당시 기록에 의하면 각기 네 마리의 황소가 끄는 열다섯 대의 수레로 보물들을 샤를마뉴의 궁으로 옮겼다.* 아바르인들의 영토는 아홉 겹의 성벽으로 둘러싸여 있었다. 나무로 된 목책 사이에 돌과 석회를 다져넣은 방책이었는데 맨 바깥의 성벽은 아바르 나라 전체를 에워싸고 있었다. 이러한 아바르의 성벽을 아바르인들은 '링'Ring이라고 불렀다고 한다.**

아바르인들은 비잔틴 제국과 피지배 족속들로부터 받은 재물들을 대부분 이곳에 보관하였다. 아바르족은 티베리우스 황제(재위 574-582) 때부터 평화와 동맹의 대가로 비잔틴 제국으로부터 금화 8만 개를 매년 받았다. 이 액수는 비잔틴이 슬라브족의 침략으로 곤경에 처했던 585년에는 10만 개로 인상되었다. 이렇게 2세기 이상 비잔틴 제국으로부터 받은 금화는 아바르 전사들에게 일부 분배되었지만 상당 부

* S. Szadeczky-Kardoss, 'The Avars' in D. Sinor ed. *The Cambridge History of Early Inner Asia,* p.218
** A. Grant (ed), *Early lives of Charlemagne by Eginhard et Notker the Stammer,* 1907. p.107.

분은 아바르 본영에 쌓여 있었던 것이다. 샤를마뉴는 아바르로부터 약탈한 전리품을 자기 부하들에게 나누어주는 한편 수도원과 교회에도 많이 기증하였다. 그리하여 비잔틴에서 기원한 엄청난 양의 황금이 아바르족을 거쳐 서유럽으로 흘러들어갔다.

샤를마뉴는 아바르족으로 하여금 그들의 우두머리인 카간의 지배 아래 모여서 살도록 허용하였다. 이러한 방식의 자치는 20여년 후에는 프랑크 제국의 직접 통치로 대체되었다. 자신들의 국가가 사라진 아바르 전사들은 예전에 자기들의 땅이었던 곳에서 프랑크 왕국에 세금을 바치며 사는 예속 농민이 되었다. 그 땅의 소유권은 대부분 독일 교회와 수도원의 수중으로 넘어갔다. 판노니아의 이러한 아바르 농민들은 점차 기독교화 되었다. 그러나 아바르족으로서의 정체성을 완전히 상실하지 않았던 사람들도 있었다. 9세기 말 아시아에서 온 새로운 유목민 전사들인 마자르인들이 판노니아를 정복하였

1799년 루마니아 나기센트미클로스에서 발견된 아바르 시대의 금주전자. 인물상은 아바르 전사의 모습으로 추정된다. 오스트리아 미술사 박물관 소장.

을 때 티자 강 상류 지역에서 프랑크 왕국의 지배에도 예속되어 있지
않고 불가리아의 지배에도 예속되어 있지 않은 아바르족을 발견하였
다.*

* S. Szadeczky-Kardoss, *op. cit.* p.220.

25
불가리아를 세운 훈족의 후예들

불가르족은 아바르 제국의 지배하에 있다가 630년대 중반 쿠브라
트라는 인물의 주도 하에 아바르 제국으로부터 독립하여 나라를 세운
족속이다. 쿠브라트가 세운 대大불가리아가 위치한 곳은 오늘날의 불
가리아와는 다른 곳이다. 불가르족에 대해 중요한 기록을 남겨놓은 9
세기 비잔틴 제국의 수도사이자 역사가인 '증거자 테오파네스'Theo-
phanes Confessor(760-817)는 대불가리아의 영역을 마오티스 해로부터
쿠피스 강까지라고 하였다. 쿠피스 강을 테오파네스의 역주자는 현재
그루지아 국경에 가까운 쿠반 강으로 보았다.* 그러나 이와는 반대로
쿠피스 강을 우크라이나에 있는 드네프르 강과 드네스트르 강 사이에
있는 어떤 작은 강으로 보는 견해도 있는데 예를 들어 헝가리 역사가
안드라스 로나타스가 그렇다.** 그는 쿠브라트의 무덤이 우크라이나
의 폴타바에서 발견되었다는 것을 근거로 들고 있다. 루마니아 출신
의 역사가 플로린 쿠르타 역시 같은 입장이다.***

그런데 이 대불가리아를 세운 쿠브라트는 어떤 사람이었을까? 테오

* C. Mango et R. Scott, *The Chronicle of Theophanes Confessor: Byzantine and Near Eastern History AD 284-813,* Clarendon Press, 1997. p.501.
** András Róna-Tas, *Hungarians and Europe in the Early Middle Ages,* Central European University Press, 1999. p.217.
*** Florin Curta, *Southeastern Europe in the Middle Ages 500-1250,* Cambridge University Press, 2006. p.78.

파네스는 그의 사서에서 쿠브라트가 오노구르 불가르와 쿠트리구르의 우두머리라고 하였다.* 당시 불가르족 즉 '불가르 연합'은 오노구르, 쿠트리구르, 우티구르 등으로 이루어졌던 것으로 보인다. 훈족과 관련하여 앞에서 본 것처럼 쿠트리구르와 우티구르는 훈 부족이다. 그러므로 쿠브라트의 대불가리아는 훈족을 중심으로 한 나라였을 것으로 추정된다. 또 불가르라는 말 자체가 어떤 족속을 가리키는 것이 아니라 여러 부족 연합을 일컫는다는 주장도 여러 학자들에 의해 제기되고 있는 형편이다.**

오노구르는 5세기 중엽 유라시아 초원에서 일어난 유목민들의 연쇄적 이동의 물결 속에서 중앙아시아로부터 서시베리아를 거쳐 동유럽으로 들어온 유목민 족속이다. 흔히 오노구르는 '온 오구르' 즉 '10 오구르족'이라는 뜻이라 한다.*** 서투르크 계통의 오구르 부족 연합이었다. 오구르는 또 '오구즈'라고도 불렸다. 부르는 사람에 따라 약간의 발음 차이가 있었던 것이다. 이들이 동유럽으로 들어와 훈족 계통의 쿠트리구르와 우티구르와 동맹을 맺었던 것으로 추정된다.

쿠브라트의 사후 대불가리아는 카자르 제국에 의해 멸망하였다.(668) 카자르는 서돌궐 제국에서 떨어져 나온 투르크 계통의 나라이다. 그런데 테오파네스의 기록에 의하면 쿠브라트에게는 다섯 아들이 있었다. 아버지의 나라가 망하자 쿠브라트의 아들들은 각기 무리를 이끌고 흩어졌다. 큰 아들 바트바얀은 조상 대대로의 땅인 볼가-

---

* C. Mango et R. Scott, *The Chronicle of Theophanes Confessor*, p.498.
** Hyun Jin Kim, *The Huns, Rome and the Birth of Europe*. p.137.
*** P. Golden, 'The peoples of the south Russian steppes' in D. Sinor ed. *The Cambridge History of Early Inner Asia*. 1990. p.258.

카마 강 상류에, 둘째 아들 코트라고스는 타나이스 강(오늘날의 돈 강)을 건너 형의 반대쪽에 자리를 잡았다. 후일 볼가 불가리아가 이 둘째의 나라로부터 나온 것으로 추정된다. 첫째가 세운 나라가 다시 카자르에 의해 망하자 그 유민들은 코트라고스의 나라에 합류하였을 것이다. 쿠브라트의 넷째 아들은 서쪽으로 이동하여 다뉴브 강을 건너 판노니아의 아바르 제국으로 들어가 아바르 카간의 신하가 되었다. 다섯째는 이탈리아의 라벤나 근처로 가서 기독교 황제의 신하가 되었다고 한다. 그 이후 마지막으로 움직인 것이 셋째인 아스파루크였다. 그는 다뉴브 강 하류의 델타 지역인 '오글로스' 지역에 정착하였다. 이곳은 소택지가 많은 곳이었을 뿐 아니라 강으로 둘러싸여 외적의 공격으로부터 안전한 곳이었다. 오늘날의 불가리아는 바로 이 오글로스에 정착한 아스파루크 세력에 의해 건설되었다. 670년경으로 추정된다. 아스파루크의 불가르족은 비잔틴 제국의 영토를 잠식하여 불가리아 왕국을 세웠다. 이 불가리아는 9세기 이후 동유럽의 중요한 세력으로 발전하게 되는데 쿠브라트의 대불가리아 및 코트라고스의 볼가 불가리아와 구분하기 위해 '다뉴브 불가리아'라 부른다.

아스파루크 휘하의 불가르족은 다뉴브 남쪽의 바르나까지 정복하였다.(681) 여러 슬라브족 집단이 그들에게 예속되어 조공을 바치고 병력을 제공하였다. 비잔틴 제국 역시 매년 공납을 바쳤다. 아스파루크를 이은 불가르족의 왕 테르벨은 스스로를 황제로 칭했다. 그는 비잔틴 제국과 동맹협정을 체결하고 양국간의 교역을 촉진하였다. 테르벨 칸 때 불가리아 제국은 비잔틴의 동맹으로서 718년 아랍인들의 콘스탄티노플 공격을 물리치는 데 결정적인 기여를 하였다. 이 승리로 인해 아랍인들이 유럽으로 침략하려는 시도가 좌절되었다고 역사가들은 평가한다.

9세기 초에는 영토가 서쪽과 남쪽으로 확대되어 드디어 유럽의 최강 프랑크 제국과 국경을 접하게 되었다. 크룸(그리스 사서에서는 '크루모스'라고 한다) 칸은 아바르족 및 비잔틴 제국과 싸워 영토를 두 배로 늘렸다. 그리하여 당시 불가리아 제국은 오늘날의 마케도니아, 세르비아, 루마니아 영토를 포괄하여 남쪽으로는 비잔틴 제국, 서로는 프랑크 제국과 어깨를 겨루는 큰 세력이 되었다.

다뉴브 불가리아는 정확히 말해서 유목민 출신의 군사엘리트인 불가르족과 일반 백성을 이룬 슬라브족으로 이루어진 나라였다. 그러나 그 지배층이 훈족의 후예인 기마유목민이었기 때문에 국가의 성격 역시 오랫동안 북방 유목민 국가의 성격을 띠었다. 예를 들어 불가리아의 왕은 아시아 유목민들의 왕호인 '칸'으로 불렸다.

쿠브라트와 아스파루크 가문이 훈족의 왕이었던 아틸라의 후예임을 시사하는 기록이 있다. 19세기 중반에 발견된 〈불가리아 칸 명부〉라는 문서로 15-16세기 경에 작성된 것으로 추정된다. 이 문서에서는 아틸라(문서에서는 '아비토홀'로 표기되어 있다)를 초대왕, 그리고 그의 아들 이르닉(앞에서 본 아틸라의 3남 에르낙)을 2대왕, 그리고 쿠르트(쿠브라트)를 4대왕으로 기록하고 있다. 아스파루크는 6대왕이라고 기록되어 있다.[*] 이 문서의 내용이 사실이라면 쿠브라트는 훈족의 일부 집단을 이끌고 다뉴브 하류의 도브루자 지방에 정착하여 세력을 보존하는 데 성공하였던 에르낙의 후예일 것이다.

---

[*] E. Gibbon, *The History of the Decline and Fall of the Roman Empire,* Vol.6, 1898. p.546.

또 〈불가리아 칸 명부〉에서는 쿠브라트 가문의 이름을 '둘로'Dulo라고 기록하고 있는데 일부 학자들은 이 이름이 중국사서에 등장하는 '철륵鐵勒'이라고 보고 있다.* 철륵은 몽골 고원에서부터 카스피 해 연안까지 중앙아시아 일대에 세력을 확대하였던 투르크계 부족 연합이었다.

---

* Hyun Jin Kim, *The Huns, Rome and the Birth of Europe.* p.59.

26
비잔틴과 불가리아 : 불가리아 제1제국의 흥망

    비잔틴 제국과 국경을 접한 불가리아는 그 지배층을 보건대 초원의 기마전사 국가였다. 불가르인들의 뛰어난 전투력은 한편으로는 비잔틴에게 큰 위협이 되었지만 다른 한편으로는 필요한 경우에는 도움을 요청할 수 있는 중요한 군사자원이기도 하였다. 비잔틴 황제 유스티니아누스 2세(재위 685-711)의 경우 잃어버린 왕좌를 불가리아의 2대 칸인 테르벨 칸(재위 700-721)의 도움으로 되찾았다. 테르벨 칸은 유스티니아누스 2세 황제에 대한 반란이 일어나자 3천 명의 불가르 군사들을 파견하였다고 한다. 이러한 군사적 지원에 대한 대가가 없을 수 없다. 테르벨은 부황제를 의미하는 '카이사르'라는 칭호를 유스티니아누스로부터 받았다. 불가리아 동쪽의 마다라에 있는 큰 바위절벽에

마다라 기사상. 마다라는 기독교 수용 이전 불가르인들의 성지였다. 유네스코 문화유산으로 지정되어 있다.

새겨진 '마다라 기사'의 당당한 모습은 테르벨 칸 때 제작된 것으로 알려져 있다.* 이 부조상은 테르벨을 묘사한 것으로 보인다.

테르벨은 그후 테오도시오스 3세와 평화조약을 체결하였다.(716) 분쟁을 예방하기 위해 국경을 확정하고 교역의 장소와 교역품 및 교역량 등 세세한 사항을 규정하였다. 교역관계는 두 나라 사이의 관계를 우호적으로 유지하는 데 기여하였다.

그러나 콘스탄티노스 5세(재위 741-775)가 등장하면서 양국의 관계는 험악해지기 시작하였다. 황제가 국경지역의 요새를 강화하고 그곳에 시리아와 아르메니아 주민들을 이주시키자 불가리아 측에서 협정 위반에 대한 대가를 요구한 것이다. 불가르족의 침공으로 시작된 분쟁은 불가리아 내부로도 번져 왕조의 교체를 가져왔다. 아스파루크의 둘로 가문 통치가 이때 끝났다. 비잔틴 황제는 자신에게 유리한 후보가 불가르 칸으로 선출되도록 내정에 간섭하였다.

불가리아는 10세기 초 시메온 1세(재위 893-927) 때 최대의 판도를 구가하였다. 그리스와 크로아티아를 제외한 발칸반도 전역이 불가리아의 지배하에 들어갔다. 그러나 비잔틴의 끈질긴 공격은 1018년 불가리아를 완전히 굴복시키는 데에 이르렀다. 아스파루크에 의해 680년경 세워져 330여 년 간 존속하였던 이 불가리아를 역사가들은 '불가리아 제1제국'이라고 부른다. 1185년 불가르 귀족이었던 테오도르와 아센 형제에 의해 불가리아가 다시 부활하게 되는데 이를 '불가리아 제2제국'이라고 한다. 제2제국은 1396년 오스만 투르크에 의해 정복되어 멸망하였다.

* Florin Curta, *Southeastern Europe in the Middle Ages 500-1250*, p.82.

불가리아 제1제국은 공식적으로는 1018년에 망했다고 하나 960년 대 말 불가리아는 이미 영토의 상당 부분을 비잔틴 제국에게 빼앗겼다. 비잔틴 제국이 용맹하다고 소문난 바이킹족을 불가리아와의 싸움에 끌어들였기 때문이다. 당시 비잔틴의 포카스 황제(재위 963-969)는 키예프 루스의 우두머리 스뱌토슬라프를 매수하여 불가리아를 공격하게 만들었다. 전형적인 이이제이 정책이다. 키예프 공국의 스뱌토슬라프는 968년 불가리아의 수도 프레슬라프를 공격하고 보리스 칸을 포로로 잡았다.

스뱌토슬라프는 남쪽 땅이 너무나 마음에 들었다. 그는 다뉴브 하구의 '작은 프레슬라프'라는 뜻의 프레슬라베츠를 새로운 수도로 삼고 그곳에 눌러앉기를 원했다. 키예프 루스의 역사를 담고 있는《루스 초대연대기》에 의하면 "나는 키예프에 머물고 싶지 않고 다뉴브 강 연안의 프레슬라베츠에서 살고 싶다. 그곳에 모든 부가 집중되어 있기 때문이다. 그리스로부터는 금과 비단, 포도주 및 각종 과일들이, 헝가리와 보헤미아에서는 은과 말, 루스에서는 모피와 밀랍, 꿀 그리고 노예들이 들어온다."고 스뱌토슬라프는 루스의 귀족들 앞에서 말했다.* 비잔틴 황제 치미스케스는 루스족 우두머리의 이러한 계획에 질겁하여 무력으로라도 스뱌토슬라프를 러시아로 쫓아버리려고 하였다. 그러나 쉽지 않았다. 앞에서 언급한《루스 초대연대기》에 의하면 비잔틴 황제는 많은 선물을 안겨주고 공납을 약속하고서야 스뱌토슬라프와 평화조약을 체결할 수 있었다고 한다. 스뱌토슬라프 입장에서

---

* S. Cross et O. Sherbowitz-Wetzor (tr.) *The Russian Primary Chronicle : Laurentian Text*, Harvard University Press, 1953. p.86.

는 아시아에서 도래한 새로운 유목민 페체네그족이 키예프를 공격하기 시작했기 때문에 루스 땅으로 돌아가지 않기도 어려웠을 것이다.

루스족이 불가리아 땅에서 돌아간 후 그들이 차지하였던 불가리아 땅은 자연히 비잔틴 수중으로 넘어갔다. 이제 불가리아 영토는 서쪽만 남고 크게 줄어들었다. 수도도 서쪽의 스코페, 오리드 등으로 옮겨 갔다. 두 도시는 모두 지금은 불가리아 땅은 아니고 불가리아에 인접한 마케도니아 공화국에 속한 도시들이다. 마케도니아 공화국은 예전에는 유고연방에 속했던 나라였는데 1991년 구소련이 무너지면서 독립하였다. 그리스의 마케도니아와는 구별해야 한다. 그리스는 마케도니아 공화국이 마케도니아라는 이름을 사용하는 것 자체를 무척이나 못마땅해 한다. 자기 나라의 영웅인 알렉산더 대왕이 마케도니아 출신이거늘 관련도 없는 야만족 출신들이 마케도니아라는 이름을 사용하고 있다는 것일 터이다. 좌우간 동쪽 영토를 빼앗기고 서쪽 영토만 남은 이 시기의 불가리아 제1제국은 처음에는 스코페, 그리고 좀 더 뒤 사무일 왕(재위 976-1014)의 시기에는 오리드를 수도로 삼았다.

오리드는 마케도니아 공화국의 서남쪽 구석에 치우쳐 있는데 같은 이름의 큰 호숫가에 있다. 고대와 중세 시대 유적들이 많이 남아 있는 구시가는 고색창연한 도시이다. 로마시대의 원형 극장 뿐 아니라 사무일 왕이 건설한 요새와 많은 예배당 유적을 찾아볼 수 있다. 오리드가 불가리아 정교회의 총주교좌가 있었던 곳 즉 불가리아 정교회의 수도였기 때문이다. 9세기 말 키릴 문자를 창건한 키릴(콘스탄티노스)과 메토디우스 형제의 제자였던 클리멘트가 세운 유명한 신학교 덕택에 오리드는 이미 불가리아 뿐 아니라 동유럽 문화중심지 가운데 하나가 되었다. 키릴 형제가 만든 문자는 이곳을 중심으로 동구 전역에 전파되었다.

 사무일은 비잔틴 제국을 상대로 잃어버린 영토를 일부 되찾았다. 당시 양국 모두가 중시하던 요충지인 세르디카(오늘날 불가리아의 수도 소피아)는 사무일이 회복한 곳 가운데 하나였다. 그는 비잔틴 제국이 아랍인들과의 싸움에 주력하는 틈을 타서 비잔틴이 지배하던 발칸반도의 상당 부분을 차지하였다. 그러나 비잔틴의 바실 2세 황제는 아랍인들과의 싸움에서 숨을 돌릴 수 있게 되자 이번에는 완전히 불가리아를 소멸시켜 버리기 위한 총공세를 감행하였다. 비잔틴 군대는 불가리아 군을 압도하였다. 1014년 벨라시차 전투에서 황제군은 1만 4,000명의 불가리아 군사들을 사로잡아 백 명당 한 명씩만 남겨두고 모두 눈알을 빼버렸다고 한다. 눈이 성한 병사들이 장님이 된 동료들을 인도

오리드 유적지. 9세기에 동유럽 종교중심지의 하나로 교회당과 수도원이 밀집해 있었다.

하여 돌아가게 만든 것이다. 사무일 왕은 장님이 되어 돌아온 군사들을 보고 너무나 충격을 받아 이틀 뒤에 죽었다.* 비잔틴 황제는 불가리아의 주요한 도시에는 군대를 파견하여 지키게 하고 군대를 파견하지 못한 곳은 반란의 근거지로 이용되는 것을 방지하기 위해 철저히 파괴하였다. 이로써 아시아 유목민 전사들이 세웠던 불가리아 제1제국은 막을 내리게 되었다.

* Denis Hupchick, *The Balkans : From Constantinople to Communism,* Palgrave, 2002. p.55.

27
불가리아 제국의 기독교화

불가르족은 다뉴브 하류에 정착하여 국가를 건설한 이후 그 전통적인 신앙을 상당 기간 유지하였다. 물론 불가르족의 고유한 종교에 대해서는 '텐그리'라고 불리던 천신에 대한 숭배 말고는 자세한 내용이 잘 알려져 있지 않다. 앞에서 소개한 마다라 기사상 주변에 그리스어로 새겨진 비문에서 불가르족 종교의 모습을 드러내주는 약간의 언급을 찾아볼 수 있다. 글씨가 심하게 마모된 상태로 남아 있어 전문의 해독은 불가능하지만 해독가능한 부분에 의하면 자신의 왕권이 텐그리에 의해 주어진 것이라고 믿었던 불가리아의 칸은 텐그리 신에게 제물을 바쳤다. 제사의식은 동물을 제물로 바치는 제사의식이었던 것 같다. 비문이 새겨졌던 때로부터 한 세기 뒤 테오파네스는 그의 연대기에서 당시 불가리아의 크룸 칸(803-814)이 군대를 이끌고 콘스탄티노플 성벽의 금문(Golden Gate) 근처에서 올린 제사의식을 "더러운 악마적 의식"이라고 비난하였다.*

그리스인들이 보기에 좀 더 끔찍했던 관행도 있었다. 크룸 칸은 전사한 비잔틴 니케포로스 황제의 목을 잘라 그 두개골로 술잔을 만들어 휘하의 슬라브족 수령들과 술을 마실 때 사용하였다고 한다.** 기

---

* C. Mango et R. Scott, *The Chronicle of Theophanes Confessor*, p.686.
** Ibid. p.674.

독교도들에 대한 박해도 전해지고 있다. 크룸의 아들 오무르탁 칸(재위 814-831)은 아드리아노플 대주교와 데벨투스(불가리아와의 국경 근처에 위치한 트라키아 지방 도시) 주교를 비롯한 고위 성직자 몇 사람과 비잔틴 장군 두 사람을 죽였는데 이들은 비잔틴 제국의 스파이로 몰려 처형된 것으로 보인다. 오무르탁의 장남 엔라보타는 자신의 노예를 통해 기독교를 접하고 개종한 것으로 알려져 있는데 기독교도라는 이유 때문에 왕위계승에서 배제되었을 뿐 아니라 죽임을 당했다.

기독교는 그리스인 포로들이나 망명자들을 통해 전파되었다. 일반적으로 불가르 귀족들(볼리아데스)은 기독교에 반감을 가졌다고 알려져 있지만 앞서 말한 것처럼 왕실 내에서도 개종자가 나왔다. 오무르탁의 장남 뿐 아니다. 불가리아 왕으로서 처음으로 기독교로 개종한 보리스 1세(재위 852-889)의 여동생도 오라비에 앞서 기독교도가 되었다. 보리스 1세가 귀족들의 반발을 무릅쓰고 기독교를 받아들인 정확한 사정은 알려져 있지 않다. 여동생의 영향도 있었겠지만 대부분의 역사가들은 정략적인 이해관계가 작용하였을 것으로 본다. 당시 불가리아는 슬라브족이 세운 모라비아, 세르비아, 크로아티아 등과 서쪽에서 연이어 전쟁을 벌였는데 비잔틴 제국과도 전쟁이 시작되었다. 보리스 칸은 이 어려운 상황을 타개하기 위한 외교적 방책의 하나로 기독교로 개종하였다고 한다. 그는 비잔틴의 미카엘 3세 황제를 대부로 삼아 세례를 받았다. 이제 비잔틴의 성직자들은 불가리아로 들어와 선교활동을 할 수 있게 되었다.

그러나 보리스 칸은 기독교로 개종하더라도 불가리아 교회의 통제권이 비잔틴 제국으로 넘어가도록 허용할 생각은 없었다. 그는 비잔틴 교회 즉 콘스탄티노플 총주교의 영향으로부터 벗어나기 위해 로마 교황청과도 접촉하였다. 그가 로마 교황 니콜라스 1세에게 보낸 편지에는 기독교의 교리와 의례에 대한 광범한 질문이 담겨있다. 당시 국가통치와 관련되어 비잔틴 성직자들이 가르치던 교리들에 대해서도 교황청의 답변을 구하였다.* 교황청은 보리스 칸의 여러 가지 질문들에 대해 109개 장으로 이루어진 장문의 서한을 보내왔다. 그 가운데에는 당시 불가르족의 신앙을 엿볼 수 있는 장도 있다. 제35장이 그런 장이다. 불가르족이 전쟁에 나가기 전에 점을 치고 주문을 외우는 관습이 있다고 하였는데 이런 이교적 관습 대신에 교회에 가서 죄를 회개하고 기도한 후 전쟁터로 나가야 한다고 하였다. 그런데 당시 보리스 칸에게 유리한 상황이 펼쳐지고 있었다. 니콜라스 교황과 포티우스 총주교 사이의 관계가 험악해져 서로가 서로를 파문하는 일이 벌어진 것이다. 로마교회와 콘스탄티노플 교회 사이에서 줄다리기를 하던 보리스 칸은 로마 교황이 불가리아 교회의 독립을 허용할 생각이 없음을 깨닫고 다시 비잔틴 측에 붙었다. 그는 콘스탄티노플 총주교로부터 불가리아 교회의 자주권을 얻어내었다. 이것이 그리스 정교회와 별개의 불가리아 정교회의 기원이다.

　보리스 칸은 불가리아 교회의 자주성을 달성하기 위해서는 비잔틴에서 파견된 그리스 성직자들에게 의존하지 않아야 한다고 믿었다. 그러기 위해서는 그리스어가 아니라 불가리아인 다수가 사용하는 슬라브어로 교회의 책들과 문서들을 번역해서 보급해야 한다. '슬라브 사도들' 즉 키릴(본명은 콘스탄티노스로 후일 로마에 가서 키릴이라는 이름으로 개명하

* W. L. North(tr.), *The Responses of Pope Nicholas I to the Questions of the Bulgars A.D. 866.* (http://sourcebooks.fordham.edu/Halsall)

였다. 826-869)과 메토디우스(815-885) 형제가 키운 제자들이 이러한 일에 큰 역할을 하였다. 키릴 형제는 비잔틴 황제에 의해 862년 모라비아 왕국으로 파견되어 선교활동을 하다가 동생 키릴은 로마에서 수도사로 죽고 형 메토디우스는 모라비아에서 주교로 활동하다 죽었다.

그들에게는 클리멘트와 나움 등 여러 제자들이 있었는데 이들은 885년 독일 교회 당국의 압력 때문에 모라비아에서 쫓겨났다. 보리스 칸은 이들을 적극 환영하고 마케도니아의 오리드에 정착시켰다. 오리드의 신학교에서 클리멘트와 그 동료들은 전에 키릴 형제가 만든 글라골 문자(Glagolitic)를 개선하여 키릴 문자를 만들었다. 이것이 오늘날 러시아를 비롯하여 동구 일대에서 사용되는 문자이다. 클리멘트 일행은 교회의 여러 책자를 키릴 문자로 번역하여 보급하였다. 그 결과 불가리아 교회는 그리스 문자로 된 교회전례서에 의존할 필요가 없어져 보리스 칸이 바라던 대로 불가리아 교회의 독립이 유지될 수 있었다. 클리멘트는 이러한 공적 때문에 보리스 칸에 의해 불가리아 교회의 초대 대주교로 임명되었다.

보리스 칸이 주도한 기독교의 도입이 마냥 순조롭게 이루어진 것은 아니다. 보리스 칸은 장남인 블라디미르에게 왕위를 넘겨주고 자신은 플리스카 근처의 한 수도원으로 들어갔다. 그러나 아들은 아버지를 따라 기독교를 따를 마음이 없었다. 전통적인 신앙을 유지하려는 반란이 일어나 플리스카 주교를 비롯하여 많은 사람들이 학살되었다. 쿠르타 교수에 의하면 플리스카 근처의 한 집단매장지에서 발견된 25구의 젊은 남자들 유골들은 모두 살해당한 흔적이 있었으며 또 흑해 연안의 바르나 근처에서 발견된 대부분 여자들로 이루어진 43구의 유골들도 타살된 유골들이었다.* 자신의 아들이 저지른 학살에 분개한 보리스 칸은 수도원에서 돌아와 아들을 왕좌에서 몰아내고 귀족들 — 불가리아의 귀족들을 '보일라데스'라고 불렀는데 후일 러시아에서 귀족을 의미하는 '보야르'는 여기서 온 말이다 — 전부를 소집하여 회의를 열었다. 소위 893년의 '프레슬라브 회의'인데 프레슬라브에서 회의가 열린 것은 당시 수도인 플리스카가 반란으로 크게 파괴되어 버렸기 때문이다. 분노한 보리스 칸은 블라디미르를 장님으로 만들어 버렸다고 한다. 프레슬라브 회의는 블라디미르를 퇴위시키고 그 동생 시메온을 왕으로 앉혔다. 프레슬라브 회의에서 불가리아 역사에서 중요한 몇 가지 결정이 내려졌다. 기독교를 국교로 선포하고 교회에서 사용되던 슬라브어 즉 클리멘트 일파가 표준화한 슬라브어를 국가의 공용어로 선언하였다. 시메온 왕은 젊어서 콘스탄티노플에 유학하면서 그리스 학문을 배웠는데 그리스 학문에 상당히 능숙하여 '반半그리스인'이라는 별명이 붙었을 정도였다. 그는 클리멘트 일파의 슬라브어 문예운동을 적극 후원하였다.

이러한 기독교화 정책은 슬라브족과 불가르족의 통합을 촉진하였던 것으로 평가된다. 이제 불가리아는 불가르 전사귀족이 지배하던 유목민 국가에서 기독교를 기반으로 하는 중세 유럽 국가의 하나로 차츰 변모해 나가게 되었다. 수적으로 소수였던 불가르 전사귀족은 국민의 대다수를 점하는 슬라브족의 문화에 동화되어 갔다. 그리하여 슬라브족과 별개의 종족으로서 국가와 사회를 지배하던 불가르족의 종족적 정체성과 그 종교적 전통도 사라지게 되었다.

* F. Curta, *Southeastern Europe in the Middle Ages 500-1250*, p.177.

28
마자르족의 판노니아 정복

894년 즉 앞서 말한 프레슬라브 회의가 있었던 다음해 불가리아의 시메온 칸은 그의 군대를 이끌고 비잔틴 제국의 국경을 넘었다. 이유는 비잔틴 황제 레오 6세가 불가리아 상인들에게 부여했던 특권을 폐지하였기 때문이라 한다. 당시 비잔틴 군대는 동방문제로 동부 전선에 파견되어 있어 불가르족의 공격에 대처할 군사력이 없었다. 그래서 비잔틴 황제는 다뉴브 강 하류 너머에 살던 마자르족에게 특사를 파견하여 그들로 하여금 불가리아를 공격하게 만들었다. 예기치 못한 마자르족의 공격으로 시메온은 군대를 돌려 불가리아로 돌아와야 하였다. 비잔틴 제국과의 강화가 이뤄지자 시메온 칸은 마자르족에 대한 복수를 단행하였다. 그는 불가르족처럼 아시아 유목민 전사들인 마자르족과 싸우는 것이 만만치 않다고 생각해서였는지 비잔틴 황제처럼 제3의 족속을 마자르족에 대한 공격에 끌어들였다. 마자르족의 동쪽에 살던 페체네그족이다. 불가리아 군대와 페체네그족의 양면공격으로 참패한 마자르족은 자신들이 살던 다뉴브 하류 지역을 버리고 서쪽으로 이주를 감행해야 하였다. 895년에 있었던 마자르족의 판노니아 정복은 이렇게 해서 시작되었다.

헝가리인으로도 불리는 마자르족은 어족 분류상으로는 우그르어족에 속한다. 우그르어는 핀란드인들이 사용하는 핀어와 함께 우랄어족에 속하는 언어이다. 우그르어에서 나온 오늘날의 헝가리어는 유럽인들이 사용하는 언어들과는 전혀 다른 이질적인 언어이다. 그래서 마자르족의 헝가리를 언어학상의 고립된 섬이라고 부른다. 마자르족은 우랄어라는 명칭에서 짐작할 수 있듯이 원래는 우랄 산맥 동쪽에서 살던 수렵민족이었다. 이들은 차츰 유목민의 생활방식을 받아들여 유목민이 되어갔다. 그들에게 가장 큰 영향을 주었던 사람들은 투르크 유목민들이었던 것으로 추정되는데 이는 목축과 관련된 헝가리어 단어들이 대부분 투르크어로부터 왔다는 것에서 확인할 수 있다.* 마자르인들은 우랄 산록의 삼림지대로부터 남하하여 카프카즈 산맥 북쪽의 초원지대로 이동하였다. 당시 이 지역은 서투르크계의 카자르 제국이 지배하고 있었다. 기마전사로서 마자르인들은 카자르 제국의 북쪽 국경을 지키는 울타리 역할을 하였다.

　판노니아 정복 이전 마자르족의 초기 역사에 대해서는 비잔틴 제국의 유명한 학자 황제 콘스탄티노스 7세가 쓴 《제국통치론》에 비교적 상세히 기술되어 있다.** 10세기 중반에 씌어진 이 책은 황제가 그의 아들이 황제가 되었을 때를 대비하여 제국 주변의 다양한 족속들과 어떠한 관계를 유지하고 그들을 어떻게 다루어야 하는지를 기술한 책이다. 페체네그, 카자르, 마자르 등 다양한 종족들에 대한 귀중한 정보를 담고 있어 일급 사료의 가치를 지닌 책이다. 그런데 이 책에서 저자는 마자르족에 대해 '마자르'나 '헝가리인'이라는 말을 쓰지

---

* András Róna-Tas, *Hungarians and Europe in the Early Middle Ages,* p.321.
** R. Jenkins, *Constantine Porphyrogenitus : De Administrando Imperio,* Dumbarton Oaks Center for Byzantine Studies, 1967. 38, 40. 이 책의 그리스어 원제목은 '나의 아들 로마노스에게'라고 되어 있다. 아들의 제왕교육을 위해 쓴 책임을 알 수 있다. 라틴어 제목은 17세기에 붙은 것이다.

않고 '투르크인'이라고 부르고 있다. 콘스탄티노스 황제만 그렇게 쓴 것이 아니고 당시 비잔틴 제국 사람들은 모두 마자르족을 투르크족이라 불렀는데 이는 마자르족이 투르크족이 세운 카자르 제국에서 갈라져 나온 사람들이라는 사실에 기인한 것이다.

콘스탄티노스 황제에 의하면 마자르족은 페체네그족의 공격으로 살던 곳에서 쫓겨났는데 두 쪽으로 갈라져 한쪽은 카프카즈 산맥을 넘어 페르시아쪽으로 이동하였고 다른 한쪽은 서쪽으로 도망쳐 "에텔쿠즈" 지역에 정착하였다. 동쪽으로 간 사람들을 《제국통치론》에서는 그리스어로 '사바르토이 아스팔로이'라고 불렀는데 마자르족이 아니라 투르크 계통의 사비르족이었던 것 같다. 에텔쿠즈는 이 책에 의하면 에텔과 쿠즈라는 이름의 두 강에서 온 것인데 오늘날의 드네프르 강 서쪽의 흑해 북안 지역에 해당한다.

당시 마자르 연합은 '헤트마자르'라고 불렸다. 헤트마자르가 일곱 부족을 의미하지만 로나타스 교수에 의하면 정복 당시 마자르 연합이 반드시 일곱 부족으로 이루어져 있었던 것을 아니었다고 한다.* 정복 원정 당시 카자르 제국에서 떨어져 나온 '카바르족'도 일곱 부족에 속하지는 않았지만 마자르 연합에 합류하였다. 당시 이러한 여러 부족들을 모두 통할하는 왕은 없었으며 부족마다 전쟁지휘관에 해당하는 사람이 있었다. 콘스탄티노스 황제는 이러한 전쟁지휘관을 '보이보데'voivode라 부르는데 이 칭호는 슬라브족들이 우두머리를 지칭하는 말에서 온 것이다. 그러므로 정복 시기에 마자르인들에게는 아직 국가라고 할 만한 조직은 없었다고 하겠다. 물론 마자르 부족연합 전체

* Róna-Tas, *op. cit.* p.340.

를 대변하는 사람은 있었다. 아마 다른 부족보다 더 우월한 부족의 우두머리였을 것이다. 콘스탄티노스 황제에 의하면 최초의 마자르족 우두머리의 첫 번째 인물은 아르파드Árpád였다. 헝가리인들이 시조처럼 여기는 사람인데 이 아르파드 가문이 전체 연합의 지도자 자리를 세습하였다. 그래서 이 아르파드 후손들로부터 자연스럽게 헝가리의 왕권이 형성되어 갔다. 역사서에 의하면 서기 1000년 아르파드의 후손 바지크가 기독교를 받아들이고 로마 교황으로부터 왕이라는 칭호와 왕관을 받았다고 한다. 세례명은 '스테파노'인데 헝가리어로는 '이스트반'István이라고 한다. 이스트반 왕은 죽은 후에는 가톨릭 교회의 성인으로 추존되었다. 그의 축일인 8월 20일은 헝가리의 건국기념일이 되었을 정도로 이스트반 왕은 헝가리인들에게 인기 있는 왕이다.*

마자르인들은 카르파티아 분지 정복 이전에 이미 그곳을 잘 알고 있었다. 860년대에 프랑크족과 대립하고 있던 모라비아 대공이 마자르족을 지원군으로 불러들여 마자르족이 비엔나 근처까지 진출하여 싸운 적도 있었다. 마자르족의 원정이 시작된 894년에도 모라비아 대공은 프랑크-불가리아 동맹에 대항하기 위해 마자르족을 불러들였다. 이러한 여러 차례의 원정경험을 통해 마자르족은 당시 카르파티아 분지를 둘러싼 여러 세력들의 복잡한 관계와 그곳의 사정을 훤히 알고 있었던 것이다. 그들은 이러한 여러 세력들 간의 다툼을 적절히 이용하여 정복사업을 용이하게 완수할 수 있었던 것으로 보인다.

마자르족의 헝가리 원정은 다뉴브 강을 따라서 서진하는 루트를 취

* 이스트반 왕은 비잔틴 황제나 독일 황제가 아니라 로마교황 실베스터 2세를 통해 기독교를 받아들임으로써 두 제국으로부터 정치적인 독립을 확보할 수 있었다고 한다. Denis Sinor, *History of Hungary*, Greenwood Press, 1976. p.37.

한 것이 아니라 그보다 훨씬 북쪽에 위치한 카르파티아 산맥의 고개를 넘어가는 루트를 취했다. 베레크 고개가 그곳으로서 오늘날 폴란드와 우크라이나, 슬로바키아 국경이 만나는 곳이다.

마자르족의 원정은 895년부터 902년까지 진행되었다. 판노니아 정복 이후에는 판노니아 평원에 인접한 모라비아 공국을 공격하여 마침내 그곳까지 정복하였다.(906년) 그후 마자르족의 원정은 정복이 아니라 약탈을 목표로 하였다. 서쪽의 독일과 이탈리아 북부, 심지어는 프랑스까지 약탈원정의 목표가 되었다. 프랑스의 저명한 중세사가인 마르크 블로크에 따르면 이 시기에 이 지역들에서 작성된 연대기에는 '헝가리인들의 약탈'에 대한 기록이 없는 해가 거의 없다고 한다.* 924년에는 남프랑스의 도시 님을 공격하기 위해 이탈리아 북부에서 알프스를 넘기도 하였다. 또 시메온 칸이 죽어 불가리아가 약화되자 (927) 비잔틴 제국의 트라키아 지방까지 멀리 진출하기도 하였다.

독자들은 여기쯤 와서는 궁금할 것이다. 마자르족이 세운 나라 헝가리라는 국명은 도대체 어디서 온 것인가? 일부 사람들은 헝가리를 그곳에 본영을 두었던 훈족과 연관시켜 '훈'에서 온 것이라고 한다. 이는 요즘에만 그런 것은 아니고 그렇게 믿었던 사람들이 중세 때부터 적지 않았다. 특히 마자르인들 사이에서 자신들을 훈족의 후예로 믿는 사람들이 많았다. 아틸라 이야기는 동유럽의 유목민들 사이에 널리 퍼져 있었던 것이다.

그러나 오늘날 전문가들의 생각은 좀 다르다. 로나타스 교수의 말에 따르면 당시 슬라브어 문헌에는 마자르족을 '오노구르' 혹은 '오'

* 마르크 블로크, 한정숙 역,《봉건사회》, 한길사, 1986. 1권 p.34.

라는 발음이 생략된 '온구르'라고 하였다고 한다. '온'은 투르크어로 10을 뜻하고 '오구르'(혹은 '오구즈')는 부족이름이다. 즉 온구르는 10개의 부족이 연합한 투르크 부족연합을 가리키는 말이었다. 7세기경 슬라브인들은 이 투르크 유목민과 비슷한 생활을 하던 흑해 북부의 족속들에게도 '오노구르' 혹은 '온구르'라는 명칭을 붙였다. 심지어는 불가르족에 대해서도 그 명칭을 썼다고 한다. 슬라브인들이 쓰던 유목인들에 대한 이 포괄적인 명칭은 서유럽에도 전파되었다. 그리하여 마자르인들이 서유럽에서 '웅가리'가 된 것이다.* 예를 들어 마자르인들의 정복이 시작되기 전인 860년 동프랑크 왕국의 루드비히 왕이 오스트리아의 한 수도원에 토지를 기증한 문서에는 '웅가리인들의 변경'(ungariorum marcha)이라고 마자르인들을 '웅가리'라 지칭하였다.

서유럽의 기록들에서는 차츰 '웅가리'가 '훙가리'로 되어 갔다. 로마타스 교수에 의하면 당시 프랑스어에서는 'h'가 음가를 상실하여 묵음화 되기 시작하였는데 이 때문에 기록하는 사람에 따라 '웅가리'에 원래 'h' 자가 있다고 생각하여 '훙가리'라고 'h' 자를 붙여 표기하였다고 한다. 그래서 마자르 왕국은 '훙가리의 왕국'(Hungarorum regnum)이 된 것이다.

9세기 초 프랑크 왕국의 카를로스 대제(샤를마뉴)는 서로마 제국의 계승자로 자처하기 시작한 최초의 프랑크 왕인데 헝가리 땅의 아바르 제국을 정복하여 그곳을 프랑크 제국의 지배하에 편입시켰다. 그런데 후대 중세 서유럽 사료들은 샤를마뉴가 '훙가리의 왕국을 정복하였다'(Karlus Hungarorum regnum vastat)고 기록하였다. 샤를마뉴 당시에는

* Róna-Tas, *op. cit.* pp.211-212.

마자르족이 그곳에 살지도 않았기 때문에 이는 엄밀히 말해서 시대착오적인 기록이다. 헝가리인들의 왕국은 아바르인들의 왕국이라고 해야 옳을 것이다.

29
마자르족의 스페인 원정과 레흐펠트 전투

마자르족은 헝가리 평원에 자리 잡은 후 서유럽 지역에 대한 원정을 계속 하였는데 그것은 헝가리 원정과는 달리 영토를 점령하여 지배하기 위한 것이 아니라 순전히 약탈을 위한 원정이었다. 인근의 오스트리아 지역과 체코슬로바키아 지역은 말할 것도 없고 이탈리아 북부와 독일, 프랑스가 빈번한 침략의 대상이 되었다. 당시 독일과 이탈리아의 군주들은 마자르족을 격퇴하기 힘들어 이들에게 공납을 약속하고 퇴각하게 만들기도 하였다. 물론 마자르족은 공납의 약속이 지켜지지 않으면 다음해 다시 공격을 하고 그 대가를 받아내었다.

마자르족의 원정은 모두 45회 정도 있었는데 그 성공률이 80퍼센트가 넘었다고 한다. 서유럽으로의 원정은 955년 오토 1세의 동프랑크 왕국 군대에 의해 마자르족이 패배할 때까지 계속되었다.

이러한 원정 가운데 가장 장거리 원정은 942년의 스페인 원정이었다. 근 2,000킬로미터에 달하는 거리로 거리만으로 봐서는 451년 훈족의 갈리아 원정에 앞선다. 당시 스페인은 북아프리카에서 건너온 회교도들이 지배하고 있었는데 이 원정에 대한 기록은 유럽측 사료에는 없고 오로지 '이븐 하얀'Ibn Hayyan(987-1075)이란 회교도 역사가가 남긴 사서에서만 찾아볼 수 있다.* 그는 스페인의 태반을 통치하던 코

* Róna-Tas, *op. cit.* p. 73.

르도바 왕국의 고위 관리를 지낸 인물로 코르도바 왕국에 대한 역사서를 여러 권 남겼다고 하나 지금은 그 단편들만이 전한다.

그의 기록에서 우리는 먼저 당시 마자르 기마군단이 이용한 루트를 알 수 있다. "안달루시아에 이르기 위해 그들은 먼 거리를 지나왔는데 그 일부는 사막이었다. 그 여정은 롬바르디아를 거쳤다. 그들의 나라에서 롬바르디아를 가기 위해서는 8일간을 가야 한다." 마자르인들은 예전의 훈족처럼 헝가리에서 독일을 거쳐 프랑스로 온 것이 아니라 알프스를 넘어 이탈리아 반도로 들어가 거기서 남프랑스로 갔던 것이다. 남프랑스로부터 어떠한 루트를 거쳐서 스페인 땅으로 들어갔는지는 알 수 없다.

마자르족은 코르도바 왕국의 심장부인 안달루시아 지방까지는 가보지도 못하고 피레네 산맥에 가까운 북부의 레리다, 우에스카, 바르바스트로 등의 도시들을 공격하는 데 그쳤다. 이 도시들은 프랑크 왕국과 가까운 변경도시들이었다.

942년 여름에 도착한 마자르족은 스페인 땅에서 오래 머물지 못했다. 말에게 먹일 꼴과 식량, 물이 부족하여 며칠 만에 퇴각하였다고 한다. 병참에 실패했던 것이다. 스페인의 회교도들에게 이들 마자르족은 완전히 낯선 사람들이었다. 느닷없이 들이닥쳤다가 바람 같이 사라진 이들 마자르족의 일부 병사들이 잡히지 않았더라면 이들이 어디서 온 사람들이었던지 전혀 몰랐을 것이다. 다섯 명의 포로가 잡혔는데 이들을 심문하여 마자르족이 어디서 사는 사람들이고 그들의 통치자들이 누구라는 것을 알아내었다. 또 앞에서 말한 것처럼 이탈리아 북부를 거쳐 스페인을 침략하였다는 것도 이들 포로들을 통해 알아내었다. 하얀에 의하면 이들 포로들은 모두 이슬람으로 개종하고 칼리프의 호위병이 되었다.

그 이후에도 마자르인들의 공격은 끊이지 않았다. 954년에도 마자르 군대는 독일을 침공하였다. 당시 독일(동프랑크 왕국)에서는 로렌(로트링겐) 공과 슈바벤 공 등 여러 제후들이 국왕 오토 1세에게 반란을 일으켰는데 이 반란 세력이 외세인 마자르족을 불러들인 것이다. 마자르족은 동맹 제후들의 적들을 공격하고 약탈하였다. 라인 강 너머의 동프랑크 왕국과는 무관한 벨기에와 프랑스 땅도 공격의 대상이 되었다. 도시들과 수도원이 약탈의 대상이 되었다. 부르고뉴를 따라 남하한 마자르 부대는 프로방스까지 진출하였다. 당시 프로방스의 해안가 지역인 프락시네트(오늘날의 라 가르드-프레네)는 사라센이 점령하고 있던 곳인데 이곳에서 마자르족은 회교도들과도 싸웠다.

다음 해인 955년 여름에는 다시 반란 지도자들의 호소에 응하여 독일을 침공하였다. 마자르족은 바이에른과 그 북쪽에 인근한 프랑코니아(프랑켄) 지방을 공격하고 8월에는 슈바벤 지방의 중심도시 아우크스부르크를 공격하였지만 함락시키지 못했다. 8월 10일 아우크스부르크 남쪽 레흐 강변의 벌판에서 마자르족과 오토 1세의 독일 군대 사이에 결전이 벌어졌다. 오토 1세는 수적인 열세에도 불구하고 근접전으로 맞붙은 싸움에서 대열을 성공적으로 잘 유지하여 마자르 기마군단을 물리치는 데 성공하였다. 이러한 근접전에서 기마궁수인 마자르족은 자신들의 장기인 치고 달아나는 식의 전술을 마음대로 구사할 수 없었다.

마자르족은 많은 희생자를 내고 흩어져 달아났다. 포로로 붙잡힌 자들은 귀와 코를 베인 후 헝가리로 보내졌다. 말이 지쳐서 더 도망갈 수 없었던 자들은 인근의 마을에 숨었다가 불에 타 죽기도 하고 주민들에게 잡혀서 죽기도 하였다. 이 전투에서 마자르족은 5천 명의 희생자를 내었다. 불크수를 비롯한 세 명의 마자르족 족장도 잡혀서 처형되었다.

레흐펠트 전투 이후 마자르족은 더 이상 서유럽을 공격하지 않았다. 대신 동쪽의 비잔틴 제국의 영토로 공격의 방향을 바꾸었는데 959년의 비잔틴 침략은 비잔틴 제국이 약속한 공납을 지불하지 않았던 것이 구실이 되었다. 콘스탄티노플까지 진출하며 약탈을 행한 마자르족은 귀환하던 중에 비잔틴 제국 군대의 매복공격으로 패주하였다. 마자르족의 비잔틴 공격은 970년경까지 계속되었다. 그리고 마자르족은 10세기 말 이후 유럽 나라들에 대한 약탈원정 습관을 버리고 유럽인들에 동화되어갔다. 앞에서 말한 것처럼 신실한 이스트반 왕이 기독교를 받아들인 것은 그러한 동화과정의 정점이었다. 마자르인들의 기독교 헝가리 왕국 건설과 더불어 370년경 훈족의 이동으로부터 시작된 '민족이동의 시대'는 막을 내리게 되었다. 유럽의 진정한 탄생이 이 때부터였다고 할 수 있을 것이다.

30
마자르 정복사를 담고 있는
《헝가리인들의 행적》

마자르족의 초기 역사에 대해서는 앞에서도 소개한 비잔틴 황제인 콘스탄티노스 7세의 《제국통치론》 외에도 13세기 초에 헝가리인 관료가 저술한 책이 있다. 라틴어로 된 이 책의 제목은 'Gesta Hungarorum'인데 우리말로는 '헝가리인들의 행적' 정도가 될 것이다.* 책의 저자는 자신의 이름을 밝히지 않고 헝가리 왕 벨라 3세(재위 1172-1196) 때 공증업무를 담당하던 관리라고만 밝히고 있다. 그 수사본이 17세기에 오스트리아 인스브루크에서 발견되었다.

《헝가리인들의 행적》은 마자르인들의 옛 거주지였던 스키티아에 대한 이야기로 시작된다. 스키티아의 주민들은 '덴투모게르'라고 불렸는데 그 초대 왕은 성서에 나오는 인물 야벳의 아들 마곡이었다. "스키타이인들은 마곡이라는 이름을 좇아 '모게르'라고 불렸다." 우리의 관심을 끄는 서술이 그 뒤를 이어 나온다. "그 혈통에서 나온 가장 유명한 인물이 아틸라 왕이다." 그러나 익명의 이 저자는 약간의 시대착오를 범한다. 아틸라가 451년에 스키티아에서 나와 판노니아로 들어갔다는 것이다. "그는 다뉴브 강 옆의 온천 위에다 왕의 처소를 지었

---

* Anonymus Belae Regis Notarius, tr, by Martyn Rady, *Gesta Hungarorum : The Deeds of the Hungarians,* Central European University Press, 2010.

다. 그곳에서 발견한 모든 오래된 건물들을 복구하라고 명했는데 원형의 튼튼한 성벽 안에 건물들을 지었다. 이 성벽을 오늘날 헝가리어로 '부다바르' 혹은 독일말로는 '에첼부르크'라고 부른다." 저자는 헝가리의 정복자 아르파드 가문이 바로 이 아틸라 왕가에서 나왔다고 한다.

그리고 이어서 고대 스키타이족의 용맹을 자랑한다. 스키타이인들은 페르시아의 다리우스 대왕과 퀴로스 대왕은 말할 것도 없고 알렉산더 대왕까지 물리쳤다는 것이다. 그런데 스키타이의 후손인 헝가리인들이 왜 좋은 땅 스키타아를 버리고 판노니아로 오게 되었는가? 스키타아는 넓은 곳이기는 하지만 늘어난 인구를 부양하기에는 부족하였다. 그리하여 일곱 명의 지도자 즉 '헤투모게르'가 모여서 의논한 끝에 고향을 떠나 다른 곳으로 이주하기로 결정하였다.

우리의 저자는 또 헝가리라는 이름이 나오게 된 연유를 설명한다. 마자르인들이 슬라브족을 정복한 후 처음으로 판노니아에 발을 들여놓았을 때 며칠 간 머문 곳이 '훈구'Hungu 성이었다는 것이다.

판노니아로 가는 여정 중에 일곱 족장들은 알모스를 마자르 전체의 우두머리로 추대하고 그와 그 후손들에 대한 충성을 선서하였다. (아르파드는 바로 이 알모스의 아들이다) 일곱 족장들은 후대의 유력 씨족들의 조상이 되었다.

저자는 884년에 고향 땅을 출발한 마자르 조상들이 지나간 여정을 구체적으로 서술한다. 먼저 에틸 강(오늘날의 볼가 강)을 건넌 후 러시아 땅인 수즈달을 거치고 드네프르 강을 건너 키예프 땅으로 들어갔다. 키예프 공은 알모스가 그들의 조상들이 매년 공납을 바치던 아틸라 왕의 후손이라는 것을 들어서 알고 있었기 때문에 공포에 사로잡혔다. 키예프 지도자들은 자신들의 힘만으로 당할 수 없어 주변에 살던 유목민인 쿠만족을 불러들였다. 당시 쿠만족 역시 마자르족처럼 일곱 부족으로 이루어져 있었던 것 같다. 일곱 부족의 우두머리 명단이 적혀 있는 것으로 보아 저자의 기록은 신빙성이 있다고 보인다.

그러나 루테니아인들(루스족)과 쿠만족 연합군은 마자르족을 이길 수 없어 키예프 성으로 도망가서 농성을 하였다. 마자르족이 사다리를 이용하여 성을 공략하려고 하자 루테니아인들과 쿠만족은 알모스에게 강화를 요청하였다. 알모스는 그들의 아들들을 볼모로 보내라는 요구와 함께 돈과 식량, 의복 등을 공물로 요구하였다. 패자들은 이 요구를 거부할 수 없었다. 루테니아인들은 마자르족에게 판노니아가 원래 아틸라 왕의 땅으로서 비할 바 없이 좋은 곳이라고 하면서 그곳으로 갈 것을 권유하였다. 그런데 당시 판노니아에는 스클라비인, 불가르족, 블라크족 뿐 아니라 목축을 하는 로마인들이 살고 있었다고 한다. 스클라비는 슬라브족이고 블라크족은 라틴어에서 나온 로망스어를 사용하던 주민들을 일컫는 명칭으로 생각된다. '목축을 하는 로마인'이라는 말은 판노니아에 정착하여 유목민 방식으로 가축을 사육하던 로마인들의 후손을 말한다.

쿠만족의 일곱 족장들은 알모스가 루테니아인들에게 친절하게 대하는 것을 보고 감명을 받아 알모스를 주군으로 섬겨 그가 가는 어느 곳이건 따라가겠다고 맹세하였다. 쿠만족 뿐 아니라 일부 루테니아인들도 판노니아 정복에 따라 나섰다고 한다.

이후 이 책의 대부분은 판노니아 정복사 서술에 할애되어 있는데 구체적인 지명을 들면서 정복과정을 상세하게 서술하고 있다. 정복은 알모스의 아들인 아르파드의 주도 하에 이루어졌는데 그는 다뉴브 강

가에 있는 '아틸라의 도성'에 들어가는 감격을 맛보았다. 그곳에는 아틸라의 궁전이 일부 남아 있었다고 한다. 20일 동안 아르파드 휘하의 헝가리 군사들은 아틸라의 도성에 머물며 정복의 성공을 축하하는 큰 축제를 벌였다.

헝가리인들이 성공적으로 판노니아를 정복하고 안정된 통치를 확립했다는 소문이 나자 여러 나라 사람들이 그곳에 터전을 잡기 위해 몰려왔다. 헝가리인들과 마찬가지로 유목민 전사들이었던 페체네그인들 뿐 아니라 놀랍게도 회교도들도 있었다. 헝가리의 제 4대 통치자 토크순(탁소니) 때 '이스마엘 후손들'의 많은 무리들이 왔는데 그 우두머리인 빌라와 보크수라는 사람에게 토크순은 헝가리 여러 곳의 땅과 페스트 성을 주었다고 한다. 오늘날 헝가리 정부는 유럽으로 몰려오는 이슬람 난민들에게 매우 적대적인 태도를 취하는 것으로 알려져 있다. 헝가리인들은 헝가리가 근대에 들어와 오랫동안 투르크족의 공격으로 시달렸고 또 헝가리 땅의 일부가 투르크의 직접 지배를 받았던 쓰라린 역사를 기억하고 있기 때문일 것이다. 그러나 중세 때 판노니아를 성공적으로 정복한 그 조상들은 오늘날의 후손들과는 달리 중동에서 들어온 회교도들을 크게 환대하였다.

31
비잔틴 제국과 투르크 제국의 첫 접촉

로마 제국의 운명은 북방유목민과 밀접하게 연관되어 있다. 서로마 제국은 훈족에 의해 밀려난 게르만족에 의해 멸망하였다. 그 이후 천 년이나 살아남았던 동로마 제국 즉 비잔틴 제국은 동양에서 온 투르크족에 의해 멸망하였다. 1453년 비잔틴 제국을 멸망시킨 오스만 투르크의 출현 훨씬 이전에 비잔틴 제국은 투르크인들과 접촉하기 시작하였다. 568년 '마니악'이라는 이름의 소그드인이 이끄는 투르크 제국 사절단이 콘스탄티노플에 온 것이다.

투르크 사절단에 대한 기록을 남긴 것은 '메난드로스 프로틱토르' Menandros protiktor로 알려진 역사가이다. 그는 마우리키오스 황제(영어로는 Maurice : 재위 582-602) 때 군문에 있다가 황제의 후원으로 역사를 쓰는 역사가의 길을 걷게 된 사람이다. '프로틱토르'는 근위병을 뜻한다. 그러니까 근위병 출신의 메난드로스라는 사람이다. 그의 역사책은 현존하지 않지만 프리스쿠스처럼 그 단편들이 콘스탄티노스 7세 황제에 의해 편찬된 《사서초록》1권과 비잔틴 백과사전인 《수다》에 전해지고 있다.*

---

* 《사서초록》의 원제는 라틴어로 'Excerpta historica quae Constantini VII Porphyrogeniti dicuntur'(콘스탄틴 7세 황제께 말씀드린 사서초록)으로 되어 있다. 제1권은 이민족에게 보낸 외교사절단에 관한 것이다. Volumen I. De legationibus Romanorum ad gentes.

메난드로스가 투르크인들과의 접촉을 기록한 단편은 투르크에 대해 서양인들이 남긴 최초의 기록이다.* 유스티노스 2세 황제 4년(569) 초에 "투르크족의 카간 시자불Sizabul이 파견한 사절이 구름이 닿는 높은 산을 넘고 들과 숲을 가로지르고 늪지와 강을 건너 먼 길을 왔다." 시자불은 돌궐 제국의 건설자인 부민(한문사료에는 '토문土門'으로 되어 있다)의 동생으로서 서돌궐의 통치를 맡은 사람인데 중국 사료에 나오는 '실점밀室點密'이다.** 6세기 중엽 몽골 고원과 중앙아시아 일대를 지배했던 유목제국 유연의 지배 아래에 있던 부민이 이끌던 투르크족은 552년 유연을 멸망시키고 돌궐 제국을 세웠다. 돌궐 제국의 건설자인 부민은 스스로를 '이리 카간'이라고 하였는데 이는 건국자를 뜻한다고 한다.

부민은 그 다음해에 죽고 돌궐 제국은 두 사람의 후계자에 의해 계승되었다. 동쪽은 아들 무한(중국사료의 목한木汗)이 카간의 칭호를 갖고 통치하였으며 서쪽 절반은 부민의 동생 이스테미Ishtemi가 '야브구'라는 칭호를 갖고 통치하였다. 중국의 사서들은 '야브구'를 '엽호葉護'로 표기하였다. 물론 한자의 뜻이 아니라 음을 나타낸 것이다. 역사가들은 이 이스테미가 위에서 말한 시자불이라고 본다. 투르크식 이름인 이스테미가 한자 및 그리스식 이름과 크게 다른 것은 투르크어의 독특한 표기 방식 때문인지는 모르겠다.

여하튼 우리에게 중요한 것은 투르크인들이 비잔틴 제국에 사절을 파견하여 비잔틴과 우호관계를 맺으려고 한 이유이다. 그것은 메난

* R. C. Blockley, *The History of Menander the Guardsman,* Francis Cairns, 1985.
** 고마츠 히사오 외, 이평래 역, 《중앙아시아의 역사》, 소나무, 2005. p.80.

드로스의 기록에 의하면 비단무역을 놓고 일어난 페르시아와 투르크 사이의 외교적 갈등 때문이었다. 당시 중앙아시아의 소그드인들이 투르크인들의 지배 아래 있었는데 이들은 페르시아로 왕래하면서 비단을 수출하여 큰 이익을 보았다. 그러나 당시 페르시아 제국 내에서는 소그드인들의 상업활동을 허용하지 말아야 한다는 목소리가 높았다. 페르시아인들은 자신들도 비단무역의 이익에 한몫하기를 원했던 것이다.

페르시아에서 비단을 판매하는 사업이 어려워지자 소그드 상인들은 비단의 중요한 소비처인 비잔틴 제국과 직접 외교관계를 터줄 것을 시자불에게 요청하였다. 그리하여 마니악이라는 이름의 소그드인이 이끄는 사절단이 569년 험준한 카프카즈 산맥을 넘어 콘스탄티노플까지 온 것이다.

비잔틴 황제는 사절이 가져온 시자불의 서한을 읽고 사절에게 많은 질문을 하였다. 직접 국경을 접하고 있지는 않은 이 투르크가 어디에 있는 나라이며 통치제도는 어떻게 되는지 물었다. 사절은 투르크 제국은 네 개의 통치영역(hegemonia)으로 이루어져 있지만 전체 인민들에 대한 통치권은 시자불에게만 있다고 대답했다. 현대의 전문가들에 의하면 네 개의 통치역역은 킵차크, 칼라크, 캉클리, 카를룩의 네 집단이다.* 이들은 투르크 제국을 구성하는 주요한 부족들이었을 것이다. 유스티누스 황제는 또 페르시아인들과 싸웠던 에프탈인들에 대해서도 궁금했다. 에프탈은 2년전에 투르크인들과 페르시아의 협공에 의해 멸망했는데 과연 완전히 투르크에 복속이 되어 있는지 궁금하였

---

* Blockley, *The History of Menander the Guardsman*, p.263.

다. 투르크 사절은 그렇다고 자신 있게 대답하였다. 황제는 또 얼마 전에 다뉴브 강 너머에 나타나 골칫거리가 된 아바르인들에 대해서도 물었다. 얼마나 되는 아바르인들이 투르크의 지배를 피해 도망쳤으며 남아 있는 세력은 어느 정도인지 물은 것이다. 사절은 2만 명 정도가 도망했다고 답했다.

비잔틴 황제는 아바르를 쳐부순 투르크인들이 공수동맹을 체결하자고 제안했을 때 머뭇거릴 이유가 없었다. 그는 동부 전선의 장군 제마르쿠스로 하여금 마니악 일행과 투르크 제국으로 갈 준비를 하라고 명했다. 이리하여 569년 비잔틴 황제가 보낸 제마르쿠스 사절단이 먼 중앙아시아 지역까지 가게 된 것이다. 메난드로스에 의하면 투르크 카간의 본영은 '에크탁'이라는 산에 있었는데 이 말은 '금산金山'이라는 뜻이라 하였다. 중앙아시아사 전문가들에 의하면 서돌궐 카간의 본영은 천산산맥 북쪽의 율두스 초원 지대에 있었다고 한다.*

투르크로의 사절단은 그후로도 거의 매년 파송되었다. 사절단이 돌아올 때마다 여러 투르크 부족들이 보낸 투르크인들이 사절단을 따라 콘스탄티노플로 왔다. 576년 발렌티아누스 사절이 투르크로 출발할 때에는 비잔틴 제국의 수도에 와 있던 106명의 투르크인들을 모두 데리고 출발하였다고 한다. 발렌티아누스 사절은 서돌궐로 하여금 페르시아와 전쟁을 하고 있는 비잔틴 제국을 도와서 페르시아와의 전쟁에 나서도록 만드는 것을 과제로 삼고 있었다. 그러나 투르크로 가서 직면한 분위기는 싸늘하였다. 얼마 전 시자불이 죽고 그 아들 투르칸투스Turxanthus가 시자불의 자리를 계승하였는데 그는 비잔틴이 아바

* 고마츠 히사오 외, 《중앙아시아의 역사》, p.81.

르와 조약을 체결한 것을 맹렬히 비난하였다. 투르칸투스의 말에 따르면 이 아바르인들은 투르크의 적이자 노예였던 자들인데 이들과 우호적인 동맹을 체결한 것은 투르크인들을 배반한 것이며 협정위반이라는 것이었다. 서돌궐은 비잔틴의 이러한 배신에 대한 응징으로 크림반도의 보스포로스를 점령하였다. 오늘날 아조프 해로 들어가는 관문에 해당하는 곳이었다. 이곳의 점령으로 크림반도 일대가 위험에 처한 것은 물론이다.

32
카자르 제국

6세기 중반에 세워진 돌궐 제국은 오래 지속하지 못했다. 내부적 권력투쟁에 더해 중국의 분열정책이 돌궐의 운명을 재촉하였다. 초기에 돌궐 제국은 나름대로의 권력분할 제도를 마련해두었다. 앞서 본 것처럼 돌궐 제국 창건자 부민이 죽자 그를 계승한 아들 무한은 카간의 칭호를 갖고 부민의 동생 이스테미는 야브구라는 2인자 칭호를 갖고서 각기 동서 제국을 통치하였다. 그러나 서돌궐의 이스테미를 계승한 타르두(중국 사서의 달두達頭)는 야브구에 만족하지 못하고 스스로 카간을 칭하였다. 동돌궐의 카간과 서돌궐의 카간 사이에 싸움이 일어나지 않을 수 없었다. 당시 중국은 수나라에 의해 통일(581)된 직후였는데 동서 돌궐의 싸움에 개입하여 타르두를 지원하였다. 타르두는 일시적이기는 하지만(600-603) 대카간으로서 동돌궐까지도 지배하였다. 그러나 그의 사후 동돌궐은 중국의 신흥 왕조 당나라에 멸망당하였다.(630)

서돌궐 역시 비슷한 시기 이식쿨 호수를 경계로 서쪽의 노실필弩失畢과 동쪽의 돌육咄陸의 두 집단으로 분열되어 쇠퇴의 길을 걷게 된다. 두 집단은 각기 다섯 부족으로 이루어져 있었다. 그래서 투르크어로 '열 개의 화살'을 뜻하는 '온 오크'로 불렸다. 중국 사서에는 이를 '십성+姓' 혹은 '십성부락'이라 하였다. 당나라가 이러한 내부적 갈등을 이용하였던 것은 물론이다. 당나라가 돌육에 대항하여 노실필을 지원

하자 돌육은 박트리아 쪽으로 달아나 그곳에서 소멸하였다.(651)

이러한 돌궐 제국의 내부적 갈등의 시기에 일부 서돌궐에 속한 집단이 볼가 강 하류와 카프카즈 산맥 북부 지역에서 카자르를 세웠던 것으로 보인다. 우두머리의 칭호가 카간이었다는 것이 돌궐 제국과의 연관을 드러내준다. 카자르 제국을 세운 집단의 우두머리는 '아시나' 씨족 출신이라 알려져 있는데 아시나 씨족은 돌궐 제국을 세운 부민의 씨족이다. 테오파네스의 연대기에 의하면 카자르인들은 쿠브라트의 사후 쿠브라트의 장남 바트바얀이 이끌던 불가르족을 정복하고 동쪽의 볼가 강에서 서쪽의 드네프르 강에 걸친 남러시아 초원지대를 지배하였다.* 수도는 볼가 강이 카스피 해로 들어가는 하류에 위치한 이틸(일부 기록에는 '아틸'로 되어 있다)이었는데 최근 아스트라한 남쪽의 사모스델카 지역의 유적지가 이틸로 밝혀졌다.

카자르의 위치는 동서남북으로 유라시아 통상로들이 지나는 곳이었다. 카자르인들은 통과하는 교역상품에 매기는 세금으로 번창하였다. 물론 앞에서 말한 바트바얀 휘하의 불가르족은 말할 것도 없고 다수의 슬라브 부족들로부터 거둬들인 공납 또한 카자르의 중요한 수입이었을 것이다. 당시 러시아 땅에는 많은 슬라브 부족 집단들이 살고 있었지만 국가라고 할 만한 조직은 창출하지 못하고 있었다. 그렇기 때문에 카자르 제국은 이러한 슬라브 부족들을 쉽게 지배할 수 있었다. 러시아의 첫 사서라 할 수 있는 《루스 초기연대기》에서 그러한 사정을 엿볼 수 있다.**

---

* C. Mango et R. Scott, *The Chronicle of Theophanes Confessor*, p.498.
** S. Cross et O. Sherbowitz-Wetzor (tr.) *The Russian Primary Chronicle*, pp.58-59.

당시 키예프 지역에는 숲과 언덕에서 살던 폴리안족이라는 슬라브 부족이 있었다. 폴리안족은 데레블리족을 비롯한 주변의 다른 족속들의 지배를 받고 있었는데 카자르인들이 와서 폴리안족에게 공납을 요구하였다. 아마 데레블리족을 비롯한 다른 족속들로부터 지켜준다는 명목 하에서 공납을 받았을 것이다. 공납은 한 가구당 칼 한 자루씩이었다고 한다. 물론 카자르는 이 폴리안족만이 아니라 다른 슬라브 부족들에게도 공납을 강요하였다. 《루스 초기연대기》에 의하면 세베르족, 비아티치족 등에게는 흰다람쥐 가죽을 공납으로 거둬들였다고 기록하고 있다.

그러나 9세기 중엽 '바랑기'라고 불린 바이킹들이 들이닥쳤다. 스칸디나비아 반도에서 출발하여 러시아의 강을 따라 키예프 지역까지 온 이들은 슬라브 부족들의 또 다른 지배자가 되었다. 카자르와의 충돌은 불가피하였다. 《루스 초기연대기》에 의하면 884년 바랑기의 우두머리 올레그는 세베르 부족을 정복한 후 세베르인들이 카자르에 바치는 공납을 금지하였다. 올레그는 또 라디미크인들에게도 카자르에 바치는 조공을 자신에게 돌리라고 명령하였다. 슬라브족을 놓고 바이킹들과 유목민 전사들인 카자르인들이 충돌한 것이다.

결국 카자르는 '루스'라고 불린 이 바랑기인들에 의해 965년 정복되고 만다. 불가리아에 관해 언급할 때도 등장했던 루스의 정복군주 키예프 대공 스뱌토슬라프가 그 주인공이었다. 스뱌토슬라프가 카자르 정벌에 나서게 된 직접적인 계기는 크림반도에 살던 고트족이 카자르 유목민들의 약탈행각에 시달리자 스뱌토슬라프에게 도움을 요청한 것이다. 루스 군은 카자르 제국의 주요 요새인 사르켈 요새를 함락한 후 볼가 하구에 있던 수도 이틸을 정복하였다. 그리고 다시 볼가 강을 거슬러 올라가 볼가 불가르족의 수도 볼가까지 함락하였다. 카자르 제국은 키예프 루스에 의해 멸망한 후 여러 소집단으로 분리되었다가 주변의 투르크족에 흡수되었다.

볼가 강이 카스피 해로 빠지는 델타 지역에 있었다고 하는 수도 이틸은 성벽으로 둘러싸인 도시였다. 상업지구가 도시 내에 있었다는 사실은 카자르에게 교역이 상당히 중요한 활동이었음을 말해준다. 또 성문 가운데에는 초원으로 나가는 문과 강으로 나가는 문이 있었는데 강으로 통하는 문은 교역품들이 오가는 문이었다고 한다.

카자르는 비잔틴 제국의 입장에서 볼 때 매우 소중한 세력이었다. 무엇보다 중동에서 발원한 이슬람 세력이 북방의 초원 지대로 팽창하는 것을 막아주었다. 카자르 제국의 입장에서도 이슬람 세력을 막기 위해서는 비잔틴 제국과의 동맹은 긴요하였다. 비잔틴의 콘스탄티노스 5세가 카자르 제국의 공주 치자크와 결혼한 것은 두 나라간의 동맹을 다지기 위한 것이었는데 두 사람 사이에서 난 아들 레오 황제는 '카자르인 레오'라고 불려졌다. 그 다음 세기에 '슬라브 사도' 콘스탄티노스(성키릴)가 862년 모라비아로 파견되기 전 비잔틴 황제의 명으로 카자르에 파견된 일이 있다. 당시 카자르에는 적지 않은 수의 유대인들이 정착해 살고 있었는데 이들의 영향력으로 인해 유대교가 국교로 선포되려고 하였다. 성키릴은 이를 저지하고 기독교를 확산시키기 위한 목적으로 파견된 것이라 한다. 물론 그 시도는 실패로 돌아갔지만 당시 비잔틴 제국이 카자르의 종교정책에도 큰 관심을 갖고 있었음을 방증해주는 것이다.*

---

* P. Golden, 'The Peoples of the south Russian steppe' in D. Sinor, ed. *The*

830년대에 돈 강변에 세워졌던 사르켈 요새는 북방 유목민 페체네 그인들과 루스인들의 침략에 대비하기 위한 요새로 비잔틴 기술자들이 지어준 것이다. 콘스탄티노스 7세 황제의 《제국통치론》에 따르면 당시 비잔틴 황제는 이와 동시에 크림반도의 케르손에 총독을 파견하여 그 지역을 직접 지배하게 만들었다고 한다.* 당시 크림반도 지역은 카자르 제국의 세력권이었는데 비잔틴 제국의 이러한 조처를 카자르 측이 눈감아 준 것은 사르켈 요새 너머 북방민족들의 위협이 그만큼 심각했기 때문일 것이다.**

아랍과 북방 민족에 대한 튼튼한 장벽 역할을 하던 카자르가 키예프 공국에 의해 멸망하자 비잔틴 제국에게는 심각한 위협이 대두하였다. 새로운 위협은 오구즈 투르크인들이었다. 이들 역시 카자르인들과 마찬가지로 서돌궐에서 갈라져 나온 투르크인들이었지만 문명화가 덜 되어 있었을 뿐 아니라 이슬람의 전사로서 기독교 국가인 비잔틴 제국을 성전聖戰(지하드)의 대상으로 삼았기 때문에 기독교 국가인 비잔틴 제국에게는 단순한 북방유목민의 위협에 그치지 않았다.

Cambridge History of Early Inner Asia, p.267.
* R. Jenkins, *Constantine Porphyrogenitus : De Administrando Imperio*, p.42.
** 여기서 말하는 케르손은 드네프르강 하구에 있는 케르손이 아니라 크림반도 세바스토폴 근처에 있었던 '케르손 타우리케'를 의미한다.

33
페체네그족

앞에서 본 대로 마자르족을 그 원주거지에서 밀어내어 판노니아 평원으로 이주하게 만든 것은 페체네그인들이었다. 비잔틴인들의 기록에는 '파치나코이' 혹은 '파치나키타이'로 표기되어 있는데 '페체네그'라는 말은 동슬라브인들이 부른 이름이다. 콘스탄티노스 포르퓌로게네토스 황제는 그의 《제국통치론》에서 페체네그인들의 원주거지를 아틸 강(볼가 강)과 '게에크 강' 사이라고 하였다.* 게에크는 아틸 강과 마찬가지로 카스피 해로 흘러들어가는 우랄 강을 말한다. 9세기 말 페체네그인들과 같은 투르크 계통의 족속인 카자르인들과 우즈(오구즈)인들이 페체네그인들을 서쪽으로 쫓아내었다. 물론 이주하지 않은 일부도 있었지만 서쪽으로 이주한 페체네그인들은 마자르족을 내쫓고 드네프르 강을 중심으로 한 흑해 연안에 정착하였다.

페체네그인족의 나라 즉 '파치나키아'는 드네프르 강을 경계로 동서에 네 개씩 즉 모두 여덟 개의 주로 나뉘어 있었다. 또 주 밑에는 다섯 개씩의 군을 두어 모두 40개의 군이 있었다고 한다. 이러한 지방조직은 중앙집권적 국가조직이라기 보다는 유목민 국가에서 일반적으로 볼 수 있는 부족연합의 성격을 반영한 것으로 보인다.

페체네그인들의 뛰어난 전투력은 이들을 인기 있는 용병으로 만들

* R. Jenkins, *Constantine Porphyrogenitus : De Administrando Imperio*, p.37.

었다. 이이제이 정책을 통해 북방의 안전을 도모했던 비잔틴 제국은 말할 것도 없고 키예프 루시와 불가리아도 페체네그인들을 용병으로 이용하였다.

　페체네그인들이 정착한 지역은 키예프 루시와 인접한 곳이다. 페체네그인들에게 키예프 루시는 좋은 약탈 대상이었다. 968년 페체네그인들은 키예프 대공 스뱌토슬라브가 불가리아를 공격하러 다뉴브 전선에 가 있는 틈을 타서 키예프를 공격하였다. 키예프 시는 페체네그인들에 의해 포위되어 거의 아사지경에 이르렀다가 간신히 곤경을 벗어났다. 페체네그인들과 키예프 루시 사이의 이러한 관계에도 불구하고 양측 사이의 교역은 끊임없이 이루어졌다. 루스인들은 자신들의 지역에서 생산되지 않는 소와 말, 양을 유목민인 페체네그인들로부터 구입할 수 있었기 때문이었다.

　비잔틴 제국의 입장에서는 페체네그인들과의 우호적인 관계가 제국의 안보를 위해 무엇보다 중요하였다. 이는 콘스탄티노스 황제가 그의 《제국통치론》에서 누누이 강조하고 있는 점이다. 페체네그인들은 루스나 불가르, 마자르족을 견제하는 데 이용할 수 있기 때문에 중요하기도 했지만 크림반도 가까운 흑해 북안 초원지대를 지배하고 있었으므로 이들과의 관계가 악화되면 비잔틴의 요충지인 크림반도의 케르손이 공격을 받게 되기 때문이다. 비잔틴 시대 케르손은 상업 뿐 아니라 북방 민족과의 교섭에서 중요한 도시였는데 당시 비잔틴 사절은 이곳까지 배로 와서 북방 민족의 영토로 들어갔다.

　물론 페체네그인들을 비잔틴 제국의 용병으로 묶어두는 것은 가능하지 않았다. 1018년 비잔틴 제국이 불가리아를 멸망시키고 그 땅을 차지하자 비잔틴 제국은 다뉴브 강을 경계로 하여 페체네그와 국경을 접하게 되었다. 페체네그인들은 키예프 루시에 대해 하던 것처럼 비잔틴 제국으로도 빈번히 약탈원정을 감행하였다. 많은 민가들이 약탈되고 요새들이 파괴되었다. 페체네그족의 활동범위는 국경 부근을 넘어서 그리스의 주요 도시 테살로니카까지 미치기도 하였다. 비잔틴의 미카엘 4세 황제(1034-1042)는 이러한 침공을 막기 위해 국경지역에 시장을 개설하는 방안을 세웠다. 이는 페체네그인들이 약탈행각을 통해 얻는 물건을 시장에서 구입할 수 있게 함으로써 약탈행각에 덜 의존하게 만들려는 것이었다. 시장 개설과 함께 국경 남쪽에는 사람이 살지 않는 무인지대를 만들었다.

이러한 정책은 얼마 동안 효과를 발휘했지만 페체네그인들이 1046년 오구즈 투르크인들에 의해 북방 초원에서 밀려나 서쪽으로 대거 이주하자 다시 문제가 심각해졌다.* 당시에 케겐, 티라크 등의 우두머리들이 알려져 있는데 두 사람은 권력투쟁을 벌여 먼저 케겐이 휘하의 페체네그인들을 이끌고 비잔틴으로 망명하였다. 비잔틴 제국은 그에게 세례를 주고 '파트리키오스'라는 높은 관등과 함께 다뉴브 국경지역 요새 세 곳의 수비를 맡겼다. 비잔틴의 장수가 된 케겐은 다뉴브 강 너머의 페체네그인들을 공격하기도 하였다. 케겐 후에도 티라크를 우두머리로 한 집단이 또 강을 건너 비잔틴에 투항하였다. 티라크 집단도 니슈와 세르디카 사이를 지키는 수비병으로 배치되었다. 플로린 쿠르타스에 의하면 당시 다뉴브 국경지대의 수비대원들 상당수가 페체네그 병사들이었다고 한다.**

* C. Mango (ed.), *The Oxford History of Byzantium*, Oxford University Press, 2002. p.183.
** F. Curta, *Southeastern Europe in the Middle Ages 500-1250*, p.296.

그러나 지금도 마찬가지지만 난민들을 수용하고 그들이 불만 없이 살도록 하는 것은 쉬운 일은 아니다. 티라크 휘하의 페체네그인들은 소아시아 지역을 침략한 또 다른 투르크족인 셀주크족을 몰아내기 위해 소아시아로 보내진다는 말을 듣자 1048년 반란을 일으켰다. 이들은 케겐 집단과 손을 잡고 제국의 군대에 대항하여 싸웠다. 페체네그족은 제국의 종교정책에 대해 불만을 가진 이단 종파인 파울리키안파와 손을 잡았다. 이 이단세력의 우두머리들은 페체네그의 공주들과 결혼하여 초원 전사들을 자기들 편으로 끌어들였다. 그리하여 이러한 두 세력이 손을 잡으면서 다뉴브 강으로부터 그 남쪽의 하에무스 산맥(발칸 산맥) 일대지역이 페체네그인들의 수중에 들어갔다.

1087년에는 다뉴브 북방의 페체네그인들이 쿠만족 및 마자르족과 함께 비잔틴 제국을 침략하였다. 황제 알렉시오스 콤네누스 황제(재위 1081-1118)는 이들을 굴복시킬 수 없었다. 당시 페체네그 병력은 황제가 동원할 수 있었던 군대를 압도하는 8만 명에 달했다. 그들은 다뉴브 국경지역을 휩쓸고 트라키아를 거쳐 콘스탄티노플 성벽 밑까지 진격하였다. 그리고 콘스탄티노플을 협공하기 위해 소아시아의 셀주크족과 접촉하였다. 당시 셀주크족은 소아시아를 넘어 키오스, 미틸레네 같은 에게 해의 섬들까지도 점령한 상태였다. 그러나 이러한 풍전등화와 같은 위기로부터 제국을 구해준 것은 페체네그인들과 함께 쳐들어온 또 다른 북방 유목민 쿠만족이었다. 역사에서 '레부니온 전투'라고 불리는 1091년 4월 29일의 싸움에서 페체네그족은 쿠만족과 비잔틴 연합군에게 참패하였다. 여자들을 포함하여 사로잡힌 페체네그족 포로들은 대거 학살되었다. 요행히 살아남은 일부는 비잔틴 군

대에 편입되어 서유럽에서 온 십자군 군사들과의 전투에 투입되었다
고 한다.*

* F. Curta, *op. cit.* p.302.

34
러시아 연대기에 보이는 쿠만족

쿠만Cuman족은 페체네그족의 뒤를 이어 11세기 중반부터 13세기 초까지 흑해 북안과 남러시아 일대의 스텝 지역을 지배한 투르크계 유목민 집단이다. '쿠만'이라는 이름은 그리스와 라틴 사료에서 사용된 명칭이고 러시아인들과 폴란드인들은 그들을 '폴로베츠'라고 불렀다. 폴로베츠의 어원에 대해서는 중세 슬라브어의 '폴로비'가 노랗다는 뜻이므로 폴로베츠가 노랑머리를 한 사람이라는 주장이 있는데 확실하지는 않다. 쿠만이라는 말의 어원도 분명하게 밝혀져 있지 않다. 헝가리인들은 쿠만족을 '쿤'이라는 불렀는데 이는 쿠만과 같은 어원에서 온 것으로 보인다.* 아랍인들과 페르시아들은 쿠만족을 '킵차크'라고 불렀다. 주지하다시피 칭기즈칸 사후 몽골 제국이 분열되면서 생겨난 나라 가운데 하나가 '킵차크한국'Kipchak khanate이다. 몽골 이전에 남러시아 일대를 장악한 쿠만족의 이름을 따서 지은 나라 이름이다.

킵차크인들은 돌궐 제국의 일부로서 원래는 알타이 지역에 살았는데 돌궐 제국이 해체되면서 서진하였다. 이들은 중앙아시아 지역의 오구즈 투르크를 압박하여 오구즈인들로 하여금 남러시아 일대로 들

---

* P. Golden, 'The peoples of the south Russian steppes' in D. Sinor ed. *The Cambridge History of Early Inner Asia*, pp.277-278.

어가 페체네그인들을 밀어내게 만들었다. 이는 예전 훈족과 아바르족 등의 이동과 같은 아시아 유목민들의 연쇄적 서진 물결 가운데 하나였다.

킵차크인들의 대규모 이동은 중앙아시아 근처의 회교도들에 의해 포착되었다. 12세기 알 마르와지라는 회교도 학자의 책에 이러한 킵차크 즉 쿤족의 이동에 대한 기록이 남아 있다. 이 기록에 의하면 쿤족은 원래는 중국 북변에 살았는데 키타이(거란)족에 대한 두려움과 초지의 부족으로 서쪽으로 이동하게 되었다고 한다.*

남러시아 일대에 쿠만족이 도착한 것은 11세기 중엽이었다. 키예프의 역사를 기록한 《루스 초기연대기》에 의하면 1061년 폴로베츠인들이 이스칼이라는 이름의 두목 지휘 하에 루스 땅을 공격하고 루스 군을 격파하였다. 그러나 쿠만인들은 곧 퇴각하였다. 아마 이 원정은 약탈을 목적으로 한 원정이었을 것이다. 이후 쿠만족의 침공은 끊이지 않고 계속되었다. 《루스 초기연대기》에는 이들의 침공에 맞서 싸운 키예프인들의 이야기가 장황할 정도로 상세히 실려 있다.** 당시 키예프 국가는 바이킹의 후예인 루릭 가문의 사람들이 키예프 대공 자리와 다른 주요 공령의 지배권을 하나씩 맡아서 통치하는 분할통치 방식을 채택하였다. 그러나 장자상속제가 확립되어 있지 않아서 형이 죽으면 동생이 그 자리를 계승하는 형제상속이 빈번하게 시행되었기 때문에 형제간 및 조카삼촌 사이의 투쟁이 자주 일어났다. 이러한 빈번한 상층부의 권력투쟁 때문에 루스인들은 쿠만족에 대해 일사불란

* *Ibid.* p.279.
** *The Russian Primary Chronicle*, pp.143-181.

하게 대응하지 못했다. 때로는 일부 공들이 쿠만족과 동맹을 맺고 그들을 권력투쟁에 끌어들였다.

체르니고프공 올레그의 이야기는 당시 루스의 사정을 잘 말해준다. 그는 러시아 최초의 법전을 제정하였던 현자 야로슬라브의 손자이다. 야로슬라브에게는 여러 아들이 있었는데 그 중에서 이쟈슬라브와 스뱌토슬라프 2세, 그리고 브세볼로드 세 명이 아들들이 차례로 키예프 대공을 역임하였다. 올레그는 스뱌토슬라프 2세의 아들이다. 그는 삼촌들이 자기가 차지했던 블라디미르 공령을 빼앗자 동생인 트무타라칸 공 로만에게로 도망갔다. 트무타라칸은 크림반도에 위치한 도시로 예전에는 카자르 제국이 다스리던 요새도시였다. 올레그는 사촌인 보리스와 함께 쿠만족에게로 가서 그들과 동맹을 맺고 루스 땅으로 쳐들어가 삼촌 브세볼로드를 격파하고 체르니고프를 점령하였다. 체르니고프는 키예프 공령 다음으로 중요한 영지였는데 패배한 브세볼로드는 형인 키예프 대공 이쟈슬라브와 손을 잡고 이 못된 조카를 체르니고프로부터 쫓아내었다.(1078) 간신히 탈출한 올레그는 다시 트무타라칸으로 도망갔다. 그러나 그곳의 카자르인들이 그를 붙잡아 콘스탄티노플로 보내버렸다. 동생 로만 역시 카자르인들에 의해 축출되었다. 비잔틴 황제에 의해 로도스 섬에 유배되었던 올레그는 몇 년 후 트무타라칸으로 돌아가 그곳의 통치자가 되었다. 아마 옛 동지였던 쿠만족의 도움을 받았을 것이다.

1094년 올레그는 쿠만족의 군대를 이끌고 체르니고프로 진격하였다. 그는 사촌인 블라디미르가 차지하고 있던 체르니고프, 자기 부친의 영지였던 이 체르니고프를 유목민 전사들의 힘을 빌려 탈환한 것이다. 그러니 올레그가 쿠만족에 대해 우호적인 태도를 취한 것은 지극히 자연스런 일이었다. 그는 쿠만족의 약탈원정을 적극적으로 제지하려고 하지 않아 《루스 초기연대기》 저자의 분노를 샀다.

올레그는 또 쿠만인들에 대한 공격에 참여하라는 사촌들의 요청에도 소극적으로 응하고 자기에게 볼모로 와 있던 쿠만족 족장 이틀라의 아들을 죽이라는 요청도 거부하였다. 이러한 올레그의 태도 때문에 사촌들과의 적대적 관계도 해소되지 않았다.

1096년에는 투고르칸Tugorkhan 휘하의 쿠만족이 페레야슬라블을 공격하였는데 당시 쿠만족의 공격을 퇴치하러 나선 것은 키예프 대공 스뱌토폴크(이쟈슬라브의 아들)와 페레야슬라블 공 블라디미르 2세(브세볼로드의 아들)였다. 그런데 투고르칸은 스뱌토폴크의 장인이었다. 스뱌토폴크는 2년 전에 투고르칸의 딸과 결혼했는데 이는 쿠만족과의 우호적인 관계를 위해서 한 정략결혼이었음은 말할 나위도 없다. 장인과 사위의 관계도 루시와 쿠만족의 싸움을 막지 못했다. 투고르칸은 페레야슬라블 전투에서 죽었는데 사위는 그의 시체를 키예프로 옮겨 장례를 치러주었다.

투고르칸은 앞에서 언급한 1091년 콘스탄티노플 근처의 레부니온 전투에서 페체네그족을 격파하고 비잔틴 제국을 구해준 쿠만족의 우두머리 두 사람 가운데 하나였다. 그와 함께 쿠만 군대를 지휘하던 또 한 사람인 보냐크Bonyak는 투고르칸의 죽음에도 불구하고 키예프로 쳐들어가 키예프를 파괴하였다. 쿠만족 군대는 기독교로 개종하였던 블라디미르 공(블라디미르 1세, 958-1015)이 세운 크립트 수도원을 약탈하고 성상들을 대거 파괴하였다.

《루스 초기연대기》는 이토록 빈번하게 루시를 침략한 쿠만족의 출처에 대해 그들이 북동쪽에 있는 '야트리브' 사막에서 왔다고 말한다.

이곳이 어딘지는 분명하지 않지만 아마 카스피 해 근처의 사막 지역이었던 것 같다. 토르크멘과 페체네그, 토르크, 폴로베츠가 모두 이곳에서 나왔다고 우리의 연대기 저자는 말한다.*

《루스 초기연대기》에는 성서의 이야기가 많이 삽입되어 있다. 저자는 자신이 성미카엘 수도원 원장 실베스터라고 밝히고 있다. 이 연대기는 블라디미르 2세가 키예프 대공으로 다스리던 1116년에 썼다고 한다. 수도사라서 그런지 그의 서술 가운데에는 성서의 기록에 끼워 맞춘 것이 더러 있다. 예를 들어 구약성서 창세기에 나오는 인물들을 여러 유목민 종족의 조상으로 설정하고 있다. 카스피 해 지역 인근의 족속들은 모압의 후손이고 불가르족은 암몬의 후손이라고 한다. 모압과 암몬은 아브라함의 조카 롯이 그 두 딸과 교합하여 낳은 아들이라고 〈창세기〉에는 기록되어 있다.(창세기 19:36-38) 쿠만족에 대해서는 '하느님을 믿지 않는 이스마엘 자식들'이라고 불렀는데 이스마엘은 아브라함이 여종 하갈에게서 낳은 아들이다. 이스마엘에게는 모두 12명의 아들이 있었는데 토르크멘과 페체네그, 토르크, 폴로베츠가 모두 그 후손이었다고 한다. 팔레스타인의 유목민과 러시아 초원의 유목민을 합리적 근거 없이 마구 연결하고 있는 것이다.

* *Ibid.* p.184.

35
셀주크 투르크의 기원을 찾아 : 오구즈 투르크

921년경 아랍인 이븐 파블란은 볼가 강 중류 지역의 불가리아(불가르) 왕국으로 여행을 하였다. 불가리아 왕이 이슬람 제국의 칼리프인 압바스 왕조의 알 무크타디르에게 이슬람에 대해 가르쳐줄 사람을 보내주고 또 요새를 지을 자금도 지원해달라는 요청을 하였기 때문이다. 이븐 파블란은 이러한 요청에 답하여 칼리프 알 무크타디르가 파견한 사절단의 일원이 되었다. 바그다드에서 바로 북쪽에 있는 카프카스 지방을 거쳐가면 불가르 왕국으로 갈 수 있지만 당시 그곳은 카자르 제국이 점령하고 있어서 그를 피해 돌아가야만 하였다. 동쪽으로 무려 2천킬로미터 정도를 이동한 후 아무다리야 강을 건너 초원길을 가는 여정이었다.

불가르로 가기 위해서는 오구즈, 페체네그, 바쉬키르 등 여러 투르크 부족들의 영역을 지나야 하였다. 사절단이 호라산 지역에서 아무다리야 강을 건너 처음 만난 투르크 부족이 오구즈였다. 당시 오구즈인들은 아랍인들로부터 이슬람에 대해 들어 "알라 외에는 신이 없다. 무하마드는 알라의 선지자이다."라는 이슬람의 근본교리 정도는 알고 있었지만 이슬람교를 믿었던 것은 아니고 여전히 텡그리 신앙을 고수하고 있었다. 이븐 파블란에 따르면 오구즈인들은 어려운 일이 생기면 '비르 텡그리'라는 말을 자주 내뱉었다고 한다. 텡그리는 투르크인들이 믿는 천신을 말하는 것으로 '비르 텡그리'는 '한 분 하느님'

이라는 뜻이다. 이븐 파블란은 오구즈인들이 용변을 본 다음이나 성교를 한 다음에도 씻지 않는다고 비난하였다. 그는 어느 오구즈인을 방문했을 때 그 부인이 손님들 앞에서 음부를 드러내놓고 긁어대는 것을 보고 기겁을 하였다. 오구즈 여인들이 무슬림 여인들처럼 몸을 가지리 않는 것도 그에게는 놀라운 일이었다.*

이븐 파블란에 따르면 10세기 초 오늘날의 중앙아시아 초원에서 이렇게 '야만적인' 상태에서 살던 오구즈인들은 11세기에는 소아시아 땅으로 몰려들게 된다. 오늘날 터키 공화국이 위치하고 있는 곳인 소아시아를 고대 그리스인들은 '아나톨리아'라고도 불렀다. 아나톨리아는 해가 뜨는 땅이라는 그리스말이다. 그리스인들이 볼 때 소아시아 지역은 그들의 동쪽에 위치해 있었으니 말이다. 소아시아 지역은 로마 제국시대에 기독교가 처음 전파되어 자리 잡은 기독교의 고향과 같은 곳이다. 신약성서의 〈요한계시록〉에 나오는 아시아의 일곱 교회가 모두 이곳에 있었다. 오늘날 유명한 성지순례 대상의 하나가 된 에페수스는 그 가운데 으뜸이었다. 비잔틴 제국 하에서도 오랫동안 번창하였던 소아시아 지역은 11세기 중엽 이후 급속히 투르크족의 수중으로 넘어갔다. 이란과 이라크 지역을 점령한 셀주크 투르크 제국이 아르메니아를 공격하고 소아시아로 세력을 뻗쳐왔던 것이다.

1071년 만치케르트 전투는 셀주크 투르크 제국과 비잔틴 제국의 한판 승부였다. 유럽사 뿐 아니라 세계사의 흐름을 바꾸어 놓았던 전투 가운데 하나로 꼽히는 이 전투는 아나톨리아 동북부에 위치한 곳

---

* Frye Richard. *Ibn Fadlan's Journey to Russia*, Markus Wiener, 2010. p.34.

에서 벌어졌는데 비잔틴 제국은 셀주크 제국 군대에 대패하고 말았다. 심지어 비잔틴 제국의 황제 로마노스 디오게네스가 포로로 잡혔다. 셀주크 제국 황제 알프 아르슬란은 로마노스 황제를 살려주었다. 단지 셀주크 제국과 평화조약을 체결할 것, 몸값으로 약속된 액수를 매년 지불할 것 등을 요구하고 8일 만에 풀어주었다. 어떠한 영토상의 요구도 없었다고 한다.

그러나 이 이 전투를 계기로 소아시아 지역은 투르크인들로 넘쳐나게 되었다. 투르크족의 소규모 집단들이 대거 이주하여 정착하였는데 물론 만치케르트 전투 이후 내분에 빠진 비잔틴 제국은 이러한 투르크족의 이주를 통제할 수 없었다. 밀려온 투르크족은 소아시아를 점령하고 얼마 후에는 중동 전체를 지배하였다.

11세기에 소아시아로 몰려든 이러한 투르크족이 바로 앞에서 언급한 오구즈 투르크족이다. 이들은 몽골 초원지대에서부터 온 사람들로서 돌궐 제국의 해체 후 초래된 혼란 속에서 서진하여 8세기경에는 아랄 해 동쪽의 초원지대인 시르다리야강 주변에 정착하였다. 돌궐 제국이 무너진 7세기 중반 이후 중앙아시아 초원지대에는 오구즈, 카를룩, 위구르, 키르키즈 족 등 다양한 족속들 내지 부족연합들이 서로 각축하였는데 오구즈 투르크는 그러한 경쟁에서 밀려 서쪽으로 이동하였던 것이다. 오늘날의 우즈베키스탄과 카자흐스탄 서남부에 해당하는 지역이다. 옥수스 강 즉 아무다리야 강 동쪽이라서 '트란스옥시아나'라고도 부른다.

오구즈 투르크인들은 러시아의 사서 《루스 초기연대기》에는 '토르키'로 나온다. 그 985년조에 의하면 블라디미르 공이 볼가 불가르를 공격하였을 때 이들을 동맹으로 동원하였다고 한다.* 블라디미르 자신은 배를 이용하여 강으로 진격하였고 투르크인들은 말을 타고 육로로 진격하였다. 수륙병진 작전이었다. 그러나 그로부터 70여년 뒤인 1060년 야로슬라블 공의 세 아들은 수륙 양면으로 이 투르크인들을 쫓아내었다.

오구즈인들은 북쪽으로는 키예프에 막히고 동쪽으로는 같은 투르크계이지만 훨씬 강한 카를룩에 의해 막힌 상태에 처하게 되었다. 서쪽에는 카스피 해가 있어 이제 그들에게 남겨진 출구는 남쪽 밖에 없었다. 11세기 초 거란족의 공격으로 촉발된 유라시아 초원의 연쇄적 이동의 충격은 오구즈 투르크인에게까지 미쳐 이들로 하여금 트란스옥시아나에서 남쪽, 즉 이란 지역으로 향하게 만들었다.

당시 오구즈 연합은 야브구의 칭호를 가진 사람이 통치하였는데 20여 부족들로 이루어진 오구즈 연합의 결속력은 느슨한 편이었다. 셀주크 왕조의 조상인 셀주크 벡은 이러한 야브구 산하에 있던 장군이었다.(벡은 그러한 장군의 관직명이다) 그는 어떤 이유에서인지 야브구와 사이가 나빠져 시르다리야 강변의 젠드로 피신하였다. 그곳에서 셀주크는 985년경 이슬람으로 개종하였다고 한다. 그러나 그의 네 아들들 이름은 이상하게도 미하일, 이스라엘, 모세, 요나 등으로 구약성서에 나오는 유대인 이름이다. 이는 셀주크가 이끌던 집단이 그 인근의 카자르 제국을 통해 유대교의 영향을 받았기 때문으로 보인다. 그가 야브구 군대의 장교가 아니라 카자르 군대의 장교였다는 주장도 있다.

---

* *The Russian Primary Chronicle*, p.96.

셀주크 뿐 아니라 그 아들들도 함께 이슬람으로 개종하였다. 이들은 이제는 이슬람의 전사로서 이슬람의 확대를 위한 싸움에 앞장섰다. 이는 이슬람을 믿지 않는 인근의 주민들에 대한 약탈을 거리낌 없이 자행할 수 있음을 의미한다. 이러한 약탈을 통해 집단의 부와 힘은 점점 커져갔을 것이다. 또 당시 트란스옥시아나 지역을 두고 이란계의 사만 왕조, 투르크계의 가즈나 왕조 및 카라한 왕조 등이 서로 경쟁하고 있었는데 이러한 경쟁도 셀주크의 세력확대에 일조하였다. 셀주크 집단은 결국 가즈나 왕조의 땅을 빼앗고 그를 기반으로 1040년 셀주크 제국을 세웠다. 셀주크 제국을 세운 사람은 셀주크 벡의 손자인 토그릴(990-1063)이다. 그는 1055년 이슬람 제국의 수도인 바그다드까지 쳐들어가 칼리프를 명목상의 허수아비 통치자로 만들어버렸다. 그리하여 이슬람 제국 군대의 지휘권이 그에게 넘어갔다. 그의 칭호는 '술탄'이었다. 술탄은 아랍어로서 강자, 권력자를 뜻하는 말인데 이슬람의 영역에 들어온 투르크족 우두머리에게 이슬람의 수장인 칼리프가 수여한 칭호였다. 이제 투르크의 지배자인 술탄이 이슬람 세계의 실질적 지배자가 되었다. 이러한 투르크 술탄국은 셀주크 왕조로부터 오스만 왕조로 이어졌다. 오스만 술탄은 15세기 중엽에는 비잔틴 제국을 멸망시키고 곧 유럽과 아시아 그리고 북아프리카에 걸친 대제국을 수립하였다. 유럽인들에게는 오랫동안 큰 위협이 되었던 이러한 오스만 투르크 제국의 뿌리는 트란스옥시아나의 오구즈 투르크였다.

36
몽골의 서방 원정 1

몽골족이 처음부터 유럽을 공격하려고 했던 것은 아니다. 칭기즈칸은 금나라를 멸망시키고 곧 중앙아시아 지역의 카라키타이(중국 사서에서는 '서요西遼'라고 한다)를 정벌하였는데 원래 카라키타이는 거란족이 세운 나라였지만 칭기즈칸 당시에는 그 지배자가 칭기즈칸의 원수인 나이만 부족의 쿠츨룩이었다. 1218년 몽골이 카라키타이를 멸망시키자 몽골의 영역은 호라즘 왕국과 접하게 되었다. 호라즘 왕국의 샤는 바그다드에 있던 칼리프로부터 임명받은 총독과 같은 존재였지만 실제로는 칼리프의 권력으로부터 독립을 누리고 있었다. 이란 북부 및 오늘날의 우즈베키스탄과 카자흐스탄 일대에 걸친 넓은 지역을 통치한 호라즘 왕국은 국제교역로가 교차하던 곳으로 무역으로 번창하고 있었다. 칭기즈칸은 호라즘 상인들로 외교사절을 구성하여 호라즘 샤에게 보냈는데 국경 근처의 오트라르 총독이 사절단을 죽이고 그들의 선물을 탈취하였다. 소식을 접한 칭기즈칸은 오트라르 총독을 넘겨줄 것을 호라즘의 무함마드 샤에게 요구하였으나 샤는 거절하였다. 그는 이번에 온 사절도 죽이고 그 수행원들은 수염을 잘라서 돌려보냈다. 분노한 칭기즈칸은 비상 쿠릴타이를 소집하였는데 이 쿠릴타이에서 호라즘에 대한 원정에 필요한 모든 조처들을 검토하고 실행할 것을 결의하였다.

호라즘 군대는 몽골 군보다 두 배 이상 병력이 많았으나 샤는 부하라, 사마르칸트 등의 대도시들에 병력을 분산 배치하여 도시들을 지키게 하였다. 호라즘 샤는 유목민인 몽골족이 성벽으로 에워싸인 도시들을 쉽게 무너뜨리지 못할 것으로 생각한 것이다. 그러나 이는 착각으로 드러났다. 몽골 군대는 성을 공략할 수 있는 장비와 그런 장비를 운용할 중국인 기술자들을 데려왔던 것이다. 부하라로 가는 길에 있던 작은 도시의 주민들은 대부분 투항하였으나 부하라는 항쟁을 선택하였다. 12일 간의 저항 끝에 성이 무너진 후 부하라는 약탈되고 주민들은 끌려갔다. 성벽은 파괴되고 도시는 불탔다. 부하라는 항복하지 않는 도시들의 좋은 본보기가 되었다.

칭기즈칸은 호라즘 왕국을 정복한 후 무함마드 샤의 아들 잘랄 앗딘을 추격하다가 중단하고 파키스탄과 트란스옥시아나를 거쳐 몽골로 돌아갔다. 그러나 그의 부장인 제베와 수부타이는 서쪽으로 원정을 계속하였다. 경로는 이란과 이라크를 거쳐 카프카즈로 가는 방향이었다. 카프카즈 산지에는 무슬림 국가인 아제르바이잔과 기독교 국가인 그루지야가 있는데 아제르바이잔은 공납을 받고 그냥 통과하였지만 그루지야는 기독교 왕국이었기 때문에 사정이 좀 달랐다. 몽골군에 소속되어 있던 투르크족과 쿠르드족 병사들은 무슬림이라서 기독교도들에 대한 성전을 구실로 그루지야를 마구 약탈하였다. 그후 몽골군은 카프카즈 산중 좁은 골짜기에 갇혀서 큰 위기에 봉착하였으나 적들 가운데 일부를 차지하고 있던 킵차크인들(폴로베츠)에게 같은 투르크족임을 내세워 탈출할 수 있었다고 한다.*

---

* Henry Howarth, *History of Mongols from the 9th Century to the 19th Century. Part I The Mongols Proper and the Kalmuks*, 1876. p.94.

몽골 군대는 카프카즈 산맥 북쪽으로 넘어가자 킵차크족의 본대를 만나게 되었다. 넓은 초원에서 몽골 군대는 역량을 마음껏 발휘할 수 있었다. 두 부분으로 나뉘어져 한 부대는 볼가 강과 돈 강 유역에서 폴로베츠 본진을 공격하고 다른 한 부대는 바닷길로 아조프 해로 들어가는 입구에 있는 보스포로스 해협을 건너 크림반도로 들어갔다. 크림반도에는 제노바인들의 부유한 무역항 수닥을 약탈하였다. 몽골인들의 공격을 받은 킵차크족은 어쩔 수 없이 서쪽의 키예프 쪽으로 달아났다.

루스인들은 자신들이 들어본 적도 없는 무서운 적이 진군해온다는 말을 듣고 그들과 맞서 싸우기로 하였다. 이들이 각지에서 파견된 병사들을 모으고 있을 때 몽골 사절단이 도착하였다. 사절단은 루스인들이 몽골의 적은 아니며 몽골은 단지 자신들의 노예인 킵차크인들을 징벌하려고 한다고 말하면서 루스인들로 하여금 킵차크족을 공격하여 그들의 재물을 약탈하라고 부추겼다. 그러나 루스인들은 이것이 속임수라고 보고 10명의 사절들을 모두 죽여버렸다.

루스 군은 폴로베츠족 족장의 사위인 갈리치아공 미티슬라브를 선두로 하여 몽골족에게로 향했다. 전투는 1223년 5월 31일에 있었는데 오늘날의 우크라이나 동부의 칼카 강변에서 벌어진 전투이다. 이 전투는 루스의 완전한 패배로 끝났다. 폴로베츠인들도 함께 싸웠지만 먼저 달아나는 바람에 루스 군 진영은 쉽게 무너져 버렸다. 도망가는 루스족을 추격한 몽골군은 그러나 오랫동안 루스 땅에 머물지 않았다. 볼가 강을 거슬러 올라간 몽골군은 중류 지역에 있던 볼가 불가르 국을 공격하여 많은 전리품을 취하고 전에 호라즘을 돕던 캉글리족도 정벌하였다.

1222-1223년 몽골의 러시아 원정은 그 경로를 계산해 볼 때 카스피 해를 한 바퀴 돈 셈인데 물론 크림반도와 드네프르 강변까지 간 것을 계산하면 그 원정거리는 훨씬 길다. 이 원정에 칭기즈칸의 장자인 주치는 참여하지 않았다. 주치는 호라즘 원정 때 두 동생과 다툼을 벌이는 바람에 자신의 진영으로 돌아가 버렸기 때문이다. 제1차 러시아 원정은 명장 제베와 수부타이 두 사람이 지휘하였다.

칭기즈칸은 몽골 초원으로부터 시작하여 중국 북부를 지배하던 금나라와 중앙아시아의 카라키타이, 이란 북부와 트란스옥시아나의 호라즘 왕국을 정복하여 몽골로부터 카스피 해에 걸친 광대한 제국을 세웠다. 정복과정에서 정복한 적들의 부인과 딸들을 차지하여 많은 여자를 거느렸다. 칭기즈칸 자신이 정복의 큰 기쁨이 그런 여자들과 자는 것이라고 스스럼없이 밝힌 바 있다. 그는 생전에 자신이 세운 제국을 아들들에게 분할해 주었는데 정부인인 부르테에게서 난 아들들만이 상속의 대상이 되었다. 정부인 출생 아들들은 넷이었는데 첫째는 주치, 둘째는 차가타이, 셋째는 오고타이, 넷째는 톨루이였다. 막내아들 톨루이에게는 몽골 지역, 차가타이에게는 예전의 카라키타이 지역, 셋째 오고타이는 이르티쉬 강 유역과 중가리아 지역을 받았다. 장남 주치는 새로 점령한 트란스옥시아나를 받았다. 오늘날의 카자흐스탄, 우즈베키스탄이 위치한 곳이다. 아랄 해로 흘러들어가는 시르다리야 강과 러시아 초원을 거쳐 남쪽으로 카스피 해로 유입되는 우랄 강, 아무다리야 강이 흐르는 비옥한 땅이었다.*

* Henry Howarth, *History of Mongols from the 9th Century to the 19th Century. Part II The so-called Tartars of Russia and Central Asia*, 1880. p.35.

주치는 이 영지에 만족해서인지 호레즘 원정 이후 좋아하는 사냥만 즐기면서 영지에 틀어박혀 부친이 부를 때에도 잘 나타나지 않았다. 그래서 칭기즈칸은 장남이 딴 마음을 품고 있는 것이 아닌지 의심하여 차가타이와 오고타이를 군대와 함께 파견하였다. 동생들은 주치의 본영으로 가던 중에 형의 사망 소식을 접하였다.(1227)

주치가 죽은 지 몇 개월 지나지 않아 칭기즈칸도 낙마 사고의 후유증으로 죽었다. 주치에게는 부인만 넷이 있었다. 라시드 앗 딘에 의하면 아들들은 모두 40명에 달했다고 한다. 장남인 오르다와 차남인 바투가 그 영지를 상속하였는데 오르다는 동편, 바투는 서편을 차지하였다. 이는 흉노, 돌궐 등 유목민들에게 일반적으로 보이는 동서분할 통치방식의 일환이다. 바투의 영지는 러시아와 근접해 있었다. 그 때문에 1235년 쿠릴타이(족장회의)에서는 바투에게 유럽원정의 과업을 맡겼다. 그런데 바투에게는 병력이 많지 않았다. 칭기즈칸이 네 아들에게 유산을 배분할 때 병력도 나눠주었는데 막내 톨루이에게는 10만 이상의 몽골군을 주었지만 주치에게는 불과 4천 명만 주었다고 한다. 이 병력으로는 원정이 어려워 그는 비몽골족을 대거 받아들였다. 그 가운데 투르크족이 많았는데 후일 바투 울루스가 타타르의 나라로 일컬어진 것은 이 때문이다.

1235년 쿠릴타이에서 바투가 유럽원정군 사령관을 맡되 그 혼자의 힘으로는 어렵기 때문에 모든 '울루스'(몽골제국을 구성하는 나라들)가 참여하도록 결정하였다. 그리하여 1236년부터 1242년까지 계속된 유럽원정은 흔히 '바투의 원정'이라고 불리기는 하지만 실은 칭기즈칸의 손자들이 대거 참여한 몽골 제국 전체의 원정이었던 것이다.

37
몽골의 서방 원정 2

주치의 차남 바투에게 주어진 땅은 엄밀하게 경계가 확정되어 있지 않았다. "볼가 강 너머 몽골군의 말발굽이 닿는 데까지"라고 한 것에서 알 수 있듯이 적어도 서쪽 경계는 매우 막연하였다. 그것을 확실한 지배영역으로 만들기 위해서는 몽골군이 가서 직접 정복하여야만 하였다. 바투의 사촌들이 대거 참여한 이 서방 원정은 원정군이 1236년 봄 서시베리아를 출발하면서 막을 올렸다.

15만 명에 달하는 원정군이 처음 맞닥뜨린 것은 불가리아였다. 다뉴브 강변에 있던 불가리아가 아니라 볼가 강 상류에 있던 불가리아였다. 명장 수부타이가 지휘하던 몽골군 우익은 이 불가리아를 공격하여 쉽게 정복하였다. 볼가 불가리아는 투르크어를 하는 유목민들이 주민의 대다수를 이루고 있었던 유목국가였다. 물론 이슬람 지역으로부터 러시아 북부로 가는 통상로에 위치해 있었기 때문에 도시도 없지 않았다. 수도인 '볼가'는 오늘날 카잔 시에서 멀리 떨어지지 않은 볼가 강과 카마 강 합류 지역에 있었다고 하는데 몽골군에 의해 파괴되었다.

불가리아를 정벌한 다음 몽골군은 러시아로 들어갔다. 당시 키예프 루스인들은 여전히 내분에 빠져 있었다. 14년 전에 몽골군에 패했던 쓰라린 기억에도 불구하고 공들은 서로 싸우느라 하나의 단일한 군대를 건설하지 못했다. 결과는 몽골군의 파죽지세. 모스크바 남동쪽

200킬로미터 거리에 위치한 랴잔 공국, 그리고 랴잔 공국과 모스크바 사이에 있는 콜롬나 공국이 차례로 함락되었다. 그리고 북쪽의 블라디미르도 함락되었다. 당시 블라디미르 공국의 공이 대공의 지위를 갖고 있었는데 블라디미르는 대공이 다스리던 수즈달과 함께 모두 함락되고 대공의 가족을 포함한 많은 주민들이 학살되었다. 1238년 2월의 일이었다.*

몽골 원정군 총지휘관 바투는 일부 부대만을 이끌고 다시 발틱해 연안에 위치한 상업도시 노브고로드를 향해 북진하였다. 그러나 날씨가 갑자기 따뜻해지면서 눈이 녹아 노브고로드 주변이 늪지대로 변해버렸다. 바투는 진군을 멈추고 군대를 남쪽으로 돌렸다. 돈 강까지 진출한 몽골군은 돈 강 부근의 스텝 지역에서 느긋하게 휴식을 취하며 1239년을 보냈다. 그 동안의 전투에서 상실된 병력은 킵차크족에게서 징집한 인원으로 벌충하였다.

당시 몽골군 좌익은 칭기즈칸의 4남 톨루이의 장남인 몽케가 이끌었는데 몽케는 후일 4대 대칸이 되는 사람이다. 그의 부대는 남쪽의 볼가 하류로 향했다. 카스피 해 북쪽의 초원지대는 우리가 앞에서 본 폴로베츠의 영역이었다. 이들을 몽골인들은 '킵차크'라 불렀다. 그런데 이 킵차크족은 쉽게 항복하지 않았다. 그들은 우두머리인 바흐만이 도망 다니다 잡혀서 죽기까지 저항하였으며 일부 주민들은 산 넘고 물 건너 헝가리 평원까지 도주하였다. 당시 킵차크 연맹은 다른 유목민들이 그러하듯 여러 부족으로 이루어져 있었는데 헝가리로 도망

* J. Saunders, *The History of Mongol Conquests,* University of Pennsylvania Press, 2001. p.83.

간 족속은 쿠툰(기록에 따라서는 쿠텐이라고도 되어 있다)이라는 사람이 이끌던 4만 명에 달한 집단이었다. 헝가리인들은 예전에 자신의 조상들을 그 땅에서 쫓아냈던 킵차크인들의 후예에게 기꺼이 피난처를 제공하였다. 그 이전에도 헝가리는 스텝 지역에서 이주해오는 소규모 유목민 집단들을 많이 받아들였는데 이 때도 그러한 전례를 따른 것이었다. 헝가리 왕 벨라 4세의 입장에서도 자발적으로 헝가리 땅으로 들어와 자신을 주군으로 섬기겠다는 킵차크인들을 마다할 이유가 없었다. 그들은 자신의 충실한 병사들이 될 수 있을 것이다. 게다가 헝가리인들처럼 기독교도로 개종하겠다는 약속도 하였다. 벨라 왕은 그 약속에 감동하였던지 그들을 맞으러 몸소 국경까지 행차하였다고 한다. 그러나 바로 이것이 몽골군으로 하여금 헝가리를 공격할 정치적 명분을 제공하였다.

몽골군의 좌우익은 다시 하나로 합쳐서 드네프르 강변에 위치한 루시의 수도 키예프를 공격하였다. 키예프는 항복하라는 요구를 거부하고 심지어는 사절까지 죽여버렸던 것이다. 몽골군의 복수는 피할 수 없었다. 1240년 12월 키예프는 함락되었다. 일부 키예프 지도자들이 폴란드와 헝가리로 도주하였는데 이것이 또 폴란드와 헝가리에 대한 침략 구실이 되었다.

키예프에서 몽골군의 일부는 계속 서진하여 폴란드의 서부에 위치한 실레지아 지방까지 진격하였다. 리그니차 전투(1241년 4월 9일)에서 실레지아 공작 하인리히는 몽골군에 참패하였다. 공작도 붙잡혀 살해되었다. 전사한 폴란드 군사들의 잘린 귀가 아홉 부대나 되었다고 한다. 남쪽 모라비아 지방도 공격을 받아 많은 곳이 폐허로 변했다.

헝가리에 대한 공격은 훨씬 더 대규모 병력으로 이루어졌다. 몽골 군은 세 방면으로 나뉘어 수도를 향해 진격하였는데 결전은 부다페 스트가 아닌 동북쪽의 '무히'라는 마을 부근에서 이루어졌다. 리그니 차 전투가 있은 후 불과 이틀만인 1241년 4월 11일에 벌어진 전투인 데 이 전투에서 벨라 왕의 군대는 바투와 수부타이가 지휘하는 몽골 군에 참패하였다. 전투에서 태반의 병력을 잃은 벨라 왕은 서쪽 오스 트리아로 도주하였다. 그런데 당시 오스트리아 공작 프리드리히는 헝 가리 왕의 곤경을 이용하여 오스트리아 영토를 넓히려는 속셈이 있었 다. 그가 영토를 요구하고 돈을 요구하자 벨라 왕은 오스트리아에 더 머물 수 없었다. 그는 다시 헝가리 남쪽의 크로아티아로 갔다. 그곳에 서 로마 교황에게 십자군을 일으킬 것을 호소하고 또 신성로마 제국 황제 프리드리히 2세에게는 독일 제후군을 조직하여 헝가리를 도와 줄 것을 호소하는 서한을 발송하였다. 물론 이러한 외교적 노력은 결 실을 보지 못했다. 교황청은 기껏해야 이교도인 몽골군에 대항할 십 자군을 조직하라고 군주들에게 호소할 수 있을 뿐이었는데 십자군도 교황 그레고리우스 9세가 8월에 죽는 바람에 무산되고 말았다. 당시 이탈리아에서 교황당과 싸우고 있었던 황제 프리드리히 2세는 독일 왕으로 있는 아들 콘라드에게 독일 제후군을 조직하여 도와주라고 했지만 소규모 독일군도 '타타르 군대'가 다뉴브 강에서 진격을 멈추 었다는 소식에 해산하고 말았다. 그러나 12월 몽골군은 얼어붙은 다 뉴브 강을 건넜다.

　그런데 카단(차가타이의 아들) 휘하의 몽골군 파견대가 벨라를 잡으러 오고 있다는 정보가 벨라에게 전해졌다. 벨라는 자그레브에서 달마티 아 해안 지방으로 도주하였다. 쫓고 쫓기는 작전이 개시되었는데 몽골군은 결국 벨라 왕을 체포하지 못했다. 크로아티아의 해안 지방은 주지하다시피 풍광이 좋아 요즘은 유명한 관광지가 되어 있다. 몽골 부대는 왕은 붙잡지 못하고 이 경치 좋은 해안을 따라 오늘날의 알바니아 국경까지 내려갔다. 뜻하지 않게 몽골군은 초지도 없고 산지가 많아 초원의 전사들이 작전을 펼치기에는 좋지 않은 달마티아 지방까지 온 셈인데 이곳이 몽골군이 진격한 최남단이었다. 벨라를 찾지 못한 카단 부대는 알바니아에서 발칸반도 내륙으로 들어가 불가리아로 향했다. 필자도 헝가리에서 크로아티아, 알바니아, 마케도니아를 거쳐 불가리아로 육로여행을 한 적이 있는데 마치 우리나라 강원도나 경상북도 산골을 여행하는 기분이었다. 넓은 초원에 익숙한 몽골 군대가 어떻게 이러한 루트를 통해 불가리아까지 갔는지 놀랍기만 하다.

몽골군은 헝가리 공격을 마지막으로 더 이상 서진하지 않았다. 물론 일부 전초부대가 독일까지 갔던 것은 사실이지만 본격적인 원정이라고는 할 수 없다. 확실한 것은 몽골군이 서유럽을 공격하지 않아 서유럽은 전혀 피해를 입지 않았다는 것이다. 몽골군이 서유럽 공격을 단념하고 헝가리에서 철수한 것은 1242년 봄에 전해진 대칸 오고타이의 사망소식 때문이었다. 오고타이 칸은 1241년 12월에 사망했는데 그 소식이 헝가리 주둔군에 봄에 전해졌던 것이다. 몽골족은 대칸의 계승원칙이 따로 정해져 있지 않았다. 칭기즈칸 집안의 사람들이 모여 쿠릴타이를 열고 대칸을 선출해야 하는 것이다. 그런데 당시 돌아가는 분위기가 오고타이의 장자 쿠육이 대칸으로 옹립될 가능성이 높았다. 오고타이 집안과 사이가 나쁜 바투의 입장에서는 원정 때문에 유럽에 머무는 것은 정치적으로 위험하다고 판단하였을 것이다.

　바투는 그 휘하의 몽골 군대를 볼가 하류 지역으로 이동시켰다. 그는 더 이상 유럽을 상대로 원정을 계속할 이유를 찾지 못했다. 볼가 유역을 중심으로 광활하게 펼쳐진 남러시아 일대의 킵차크 초원 뿐 아니라 러시아도 그의 지배하에 들어 왔기 때문에 이 광대한 지역을 공고히 하는 것이 현명하다고 판단하였다. 그는 돌아가 볼가 하류에 수도 사라이를 건설하였다. 이곳이 유럽인들에게 '금장한국'金帳汗國, Golden Horde으로 알려진 바투 울루스의 중심지가 되었다.

　아드리아 해의 한 섬으로 도주했던 헝가리의 벨라 왕은 어떻게 되었을까? 그는 몽골군이 퇴각한 후 헝가리로 돌아와 열심히 요새들을 건설하였다고 한다. 평지에서는 몽골군과 싸워 이길 가망이 없지만 튼튼한 성벽을 가진 요새에 들어가서는 항복하지 않고 저항할 수 있다. 곳곳에 요새를 세우기 위해서는 지방 제후들의 협조를 얻어야 한다. 이러한 지방 제후들만이 요새건설에 필요한 인력을 동원할 수 있기 때문이다. 그리하여 왕은 제후들에게 토지를 양여하고 많은 특권을 부여하였다. 헝가리인들은 유목민의 후손이라서 그런지 도시생활을 좋아하지 않는다. 그래서 왕은 외국인들을 불러들였다. 폴란드인, 슬라브인, 루스인, 루마니아인, 심지어는 헝가리인들에 의해 몽골의 첩자로 오해받아 쫓겨났던 쿠만족들까지 널리 불러들였다. 데니스 시노르 교수는 헝가리인들의 인종적 다양성은 이렇게 몽골 침략의 한 결과로 생겨났다고 지적한다. 좌우간 군사적으로는 몽골의 침략을 격퇴하지 못해 도망 다니던 수모를 겪었던 벨라 4세는 몽골의 2차 침입에 대비한다는 명목으로 나라 곳곳에 요새를 건설하는 바람에 헝가리 '제2의 건국자'라는 이름도 얻

게 되었다.* 그러나 벨라 왕이 이렇게 몽골의 재침에 대해 열심히
준비하였지만 몽골족은 헝가리로는 한 동안 다시 오지 않았다.

* D. Sinor, *History of Hungary,* p.76.

38
킵차크한국

　몽골 제국에 속한 여러 한국들 가운데 가장 서쪽에 위치한 나라, 그러므로 유럽사와 직접적인 관계를 가졌던 나라가 킵차크한국이다. 킵차크한국은 앞서 본 칭기즈칸의 장남 주치의 영토 즉 '주치 울루스'로부터 나왔다.

　1227년 주치가 죽자 칭기즈칸은 주치의 장남 오르다에게는 볼가 강에서부터 발하슈 호수까지의 영역을, 차남 바투에게는 볼가 강 서쪽의 영토를 영지로 주었다. 바투의 영지는 서쪽 경계가 확정되어 있지 않아 바투가 정복하는 곳은 모두 그 영지에 편입되도록 되어 있었다. 바투 영지의 핵심 지역에는 투르크 계통의 킵차크인들이 살고 있었다. 물론 초원지대의 다른 유목민들처럼 킵차크도 여러 부족들의 연합이었다.

　러시아인들이 폴로베츠라고 부른 쿠만족을 위시하여 그들에게 정복당한 페체네그 및 오구즈, 키멕, 카를룩 등 다양한 투르크계 유목민 집단들이 속해 있었다.

　영어권에서는 바투의 킵차크한국이 '금장한국金帳汗國, Golden Horde'으로 알려져 있는데 중세 몽골족의 역사에 정통한 러시아 역사가 게오르기 베르낫스키에 의하면 원래 킵차크한국은 '백白한국'이었다고 한다. 몽골인들에게 백색은 서쪽을 상징하였기 때문에 가장 서쪽에 위치한 킵차크한국을 백한국이라고 하였다는 것이다.*

베르낫스키에 의하면 사정을 잘 알고 있었던 동양의 저자들은 킵차크한국을 금장한국이라고 부르지 않았다. 금장한국이라는 말은 킵차크한국이 15세기에 크림한국과 카잔한국으로 분할된 이후 카잔한국을 지칭하는 말이었다. 황금색은 동양의 오행론에 의하면 중앙을 뜻하므로 카잔한국은 주치 울루스에서 나온 세 한국 가운데 중앙에 위치한 나라였기 때문에 '황금 오르다', 즉 금장한국이라고 불린 것이다.

킵차크한국의 토대를 놓은 것은 물론 바투였다. 바투는 킵차크 유목민들은 직접 지배하였지만 루스족 즉 러시아에 대해서는 간접지배 방식을 취했다. 루스의 왕족들이 조공과 세금과 거둬들이는 역할을 맡고 킵차크 칸은 그들의 지위와 권력을 인정해주는 방식이었다. 이러한 통치방식에서는 러시아 왕족들의 협조가 필수적이다. 러시아 왕공으로서는 블라디미르 공국의 대공 야로슬라블이 1242년 처음으로 바투 진영으로 와서 충성을 맹세하고 그 지위를 승인받았다. 야로슬라블은 쿠육이 새로운 대칸으로 즉위할 때 몽골의 수도 카라코룸까지 가서 대칸 즉위식 행사에 참여하였다. 그는 불행히도 몽골에서 돌아오지 못하고 그곳에서 병사하였다. 그의 두 아들 즉 알렉산드르 네프스키와 안드레이는 킵차크 칸 바투에게 충성을 맹세하기 위해 사라이로 갔는데 바투는 대칸에 대한 그들의 존경의 마음을 증명하기 위해 카라코룸으로 가라고 명했다. 쿠육 칸은 카라코룸까지 온 알렉산드르를 키예프 대공으로, 동생 안드레이는 블라디미르 대공으로 임명

---

* 게오르기 베르낫스키, 김세웅 역, 《몽골제국과 러시아》, 선인, 2016. pp.204-206.

하였다. 이처럼 러시아 공들의 지위는 철저히 몽골 지배자에게 의존하였다.

이러한 몽골의 지배를 인정하지 않는 자에게는 가차 없는 제재가 가해졌다. 블라디미르 대공 안드레이가 바투의 아들 사르탁에 대한 충성선서를 거부하자 사르탁은 즉각 블라디미르로 징벌군을 파견하였다. 안드레이는 참패하여 노브고로드를 거쳐 스웨덴까지 도망하는 신세가 되었다. 몽골군은 그의 영지 수즈달을 무자비하게 약탈하였다. 사르탁은 블라디미르에 대한 안드레이의 통치권을 알렉산드르 네프스키에게 넘겨주었다. (몇 년 뒤 알렉산드르가 새로운 대칸인 울락치에게 동생을 용서해주도록 간청하여 안드레이는 다시 수즈달로 돌아올 수 있었다) 이후 알렉산드르와 안드레이 형제가 러시아의 병력징집과 세금징수에 적극 협력하였던 것은 두말할 나위도 없다.

알렉산드르 네프스키는 몽골에 협력하는 것만이 러시아인들이 살아남는 방법이라고 보았다. 당시 서북쪽에는 독일 튜턴기사단과 스웨덴 세력이 러시아를 향해 세력을 확대해오고 있었다. 몽골에 반기를 들면 결국 서쪽은 독일과 스웨덴 세력에 넘어가고 동쪽은 몽골에게로 넘어가게 될 것으로 알렉산드르는 보았던 것이다. 그와는 반대되는 입장을 취한 것이 서부 러시아의 갈리치아 대공 다니엘이다. 다니엘도 처음에는 사라이로 가서 바투에게 머리를 조아리며 충성을 맹세하였다. 그러나 마음속으로는 몽골의 지배를 분쇄하기 위한 계획을 세웠다. 그는 교황과 폴란드, 헝가리의 지원을 받기 위한 외교적 노력을 하였다. 또 자신과 협정을 맺고 있던 리투아니아 대공의 지원도 기대하였다. 이러한 지원을 염두에 두고 그는 1256년 몽골에 대한 반기를 들었다. 볼리냐에 주둔하던 몽골군을 공격하여 쫓아냈지만 그것은 잠깐 동안에 불과하였다. 몽골군은 곧 볼리냐와 갈리치아를 회복하고 항복을 거부하는 몇몇 지역들을 초토화시켰다. 다니엘은 폴란드와 헝가리로 도망쳤다가 자신이 지원을 기대하던 리투아니아인들이 오히려 볼리냐를 급습하고 자기 아들 로만 왕자를 죽이자 절망에 빠져 고향으로 돌아와 몽골의 지배에 굴종하였다.

다니엘의 저항은 러시아 지배계급의 반란에 속한다. 그러나 러시아 민중들의 순수한 저항도 있었는데 그것은 무거운 세금 때문이었다. 동부 러시아의 수즈달 지역에서 일어난 1262년의 반란이 그것이다. 당시 몽골은 세금체납자들을 세금징수 청부를 맡은 이슬람 상인들이 데려다가 체납의 대가로 일을 시키거나 노예로 팔아버릴 수 있도록 하였다. 세금징수를 맡았던 몽골인들과 러시아인들이 반도들에 의해 살해되는 사건이 일어났다. 민중들의 반란이 일어나자 블라디미르 대공 알렉산드르 네프스키는 입장이 매우 난처해졌다. 그는 반란이 성공할 가능성이 없다는 것을 누구보다 잘 알고 있었다. 그는 반란자들을 용서해주도록 칸에게 청원하기 위해 사라이로 갔다. 당시 킵차크 칸은 바투의 동생 베르케(재위 1257-1266)였다. 그는 1255년 바투가 죽고 그 뒤를 이은 바투의 두 아들인 사르탁과 울락치 사후 칸이 된 인물인데 상당한 야심가였다. 그래서 베르케가 조카들을 독살했다는 주장도 나돌았는데 진위는 알 수 없다. 좌우간 베르케에게 가서 반란을 일으킨 자신의 동족들을 용서해달라는 알렉산드르 네프스키의 간청은 성과가 있었다. 그는 수개월 간 베르케의 본영에 머물면서 베르케로부터 수즈달에 징벌군을 파견하지 않는다는 약속을 받아내었다.

그는 귀환하는 길에 병으로 사망했는데 후일 러시아인들을 그를 성인의 반열에 올렸다. 알렉산드르 네프스키는 몽골의 지배라는 현실을 받아들인 타협주의자, 나쁘게 말하면 몽골 지배자들의 앞잡이 노릇을 한 사람이다. 그러나 그는 자신의 사익이 아니라 러시아인들을 위해 그러한 타협적 입장을 취했는데 러시아인들도 그 점을 의심하지 않았던 것이다.

베르케는 최초로 이슬람으로 개종한 칸으로 알려져 있다. 그는 유럽 원정에서 돌아오던 길에 부하라에서 숙박하게 되었는데 그 때 부하라에 온 무슬림 카라반 상인으로부터 그들의 신앙에 대해 듣고 개종하게 되었다고 한다. 독실한 무슬림이 된 그는 사촌인 훌레구(칭기즈 칸 막내아들 톨루이의 3남)가 무슬림 제국의 수도 바그다드를 공격하고 칼리프를 죽인 것에 대해 분노하면서 무고하게 죽은 무슬림들을 위한 복수를 다짐하였다. 킵차크한국과 일한국 사이에서 수년 동안 지속된 분쟁에는 이러한 종교적 원인도 작용하였을 것이다.* 그러나 영토분쟁도 중요한 역할을 하였다. 두 울루스 사이에 있던 카프카즈 지역이 분쟁의 대상이 되었던 것이다. 베르케는 카프카즈 산맥 남부에 있는 오늘날의 그루지아와 아제르바이잔 지역이 주치 울루스에 속하는 땅이라고 믿고 있었는데 몽케 대칸이 들어서면서 그 땅을 훌레구의 땅이라고 판정한 것이다. 산맥의 남부와 북부를 가르는 분기점을 카스피해 연안에 있는 데르벤드 — 이곳은 산맥과 바다 사이의 매우 좁은 지역으로서 고대부터 방어하기 좋은 '철문'(Iron Gates)으로 불려진 곳이다 — 를 기준으로 삼았다. 그러나 이전에도 킵차크 군대가 데르벤드 남쪽에서 동영을 하였기 때문에 당연히 킵차크 땅이라는 것이 베

* Henry Howarth, *History of the Mongols from the 9th Century to the 19th Century, Part II The So-called Tartars of Russia and Central Asia, Division I,* 1880. p.111.

르케의 생각이었다. 또 킵차크한국의 입장에서는 소아시아 지역으로 진출하기 위해서는 카프카스 지역은 그 길목이니만큼 순순히 양보하기 힘들었다.

뒤에서 이야기 하겠지만 베르케는 훌레구와의 전쟁을 위해 다각적인 외교적 노력을 펼쳤다. 맘루크 왕조의 이집트, 비잔틴 제국 그리고 룸 술탄, 심지어는 헝가리 왕 벨라 4세에게도 사절을 파견하여 우호적 관계를 맺으려고 하였다. 그러나 1266년 카프카스 지역에서 벌어진 대규모 전투에서 베르케는 그만 전사하고 만다. 그루지아의 수도 트빌리시 근처에서 일어난 일이다. 그의 전사와 함께 킵차크 부대는 철수하고 전쟁은 끝이 났다. 후일 그의 후손들도 훌륭한 초지가 있는 아제르바이잔 영토를 차지하고 싶어 하였으나 그 꿈은 실현되지 않았다.

39
카르피니 사절

　바투가 금장한국을 통치하던 시기(1227-1256)에 교황 사절 카르피니가 몽골 제국에 파견되어 유럽에서 몽골의 수도가 있던 카라코룸까지 왕래하였다. 이탈리아인 요한 카르피니(이탈리아어로는 조반니 델 카르피네)는 교황 이노켄티우스 4세와 같이 프란체스코 수도회 초기 멤버로서 교황청의 전권대사를 맡고 있던 교황의 측근 가운데 한 사람이었다. 그는 교황의 친서를 휴대하고 몽골의 수도로 갔다. 1245년 봄부터 1247년 가을까지 왕복 2년이 넘게 걸린 여행이었다. 카르피니가 남겨놓은 여행기는 당시 몽골 제국의 사정을 알려주는 중요한 정보원이 되었다. 오늘날 역사가들에게도 몽골 제국과 유럽의 관계를 알려주는 중요한 사료로 평가받고 있다.*

　1245년 6월 28일 가톨릭 교회의 최고회의인 공회의가 프랑스 리옹에서 개최되기로 되어 있었다. 공회의는 통상적으로 교황청이 있는 로마에서 개최되지만 당시 이탈리아는 교황과 대립하던 신성로마 제국 황제 프리드리히 2세의 군대가 거의 점령하고 있어서 교황은 이탈리아에서 공회의를 열지 못하고 프랑스 리옹에 공회의를 소집한 것이다.

* C. Raymond Beazley (ed.) *The Texts and Versions of John de Plano Carpini and William de Rubriquis,* The Hakluyt Society, 1903. 우리말로도 번역되어 있다. 플라노 카르피니, 윌리엄 루브룩, 김호동 역주, 《몽골제국기행 : 마르코 폴로의 선구자들》, 까치, 2015.

당시 교회는 여러 가지 난제에 직면하고 있었다. 성직자들의 타락상이나 동서교회의 분열 같은 교회 내의 문제도 있었을 뿐 아니라 황제 — 황제는 물론 신성로마 제국 황제를 의미한다 — 프리드리히 2세에 의한 교황국에 대한 공격과 사라센인들의 예루살렘 성지 점령 같은 정치적 문제도 있었다. 또 수년 전 헝가리와 폴란드를 침공한 몽골족 문제도 심각한 문제였다. 몽골족이 언제 다시 유럽으로 쳐들어올지 모르기 때문이다. 그런데 연초에 러시아에서 도망쳐 온 베드로라는 이름의 성직자 한 사람이 교황과 추기경들을 면담하고 몽골족에 대한 정보를 제공해 주었다. 그는 일반적으로 유럽인들이 생각하는 것과는 달리 몽골족은 사절을 학대하지 않고 호의적으로 받아들인다는 점도 덧붙였다. 이러한 말을 들은 교황은 몽골 제국에 사절을 보낼 결심을 하게 되었다.

교황 이노켄티우스 4세는 공회의가 개회하기 몇 달 전 이미 네 개의 사절단을 파송하였는데 이는 교황이 당시 몽골족 문제를 얼마나 심각히 생각했던가를 드러내준다. 사절단은 모두 탁발수도회 수사들로 이루어졌는데 그 가운데 두 개가 프란체스코회 수사들이고 나머지 둘은 도미니크회에 소속된 수사들이었다. 프란체스코회 수사로는 포르투갈 출신의 로렌스와 카르피니가 선정되었는데 교황은 원래 로렌스 수사를 중동에 진출해 있는 몽골군에게 보내려 하였다. 그런데 무슨 이유에서였는지 마음을 바꾸어 그를 몽골군 대신 당시 레반트에 진출해 있던 유럽 십자군 세력에게 파견하였다.* 그를 대신하여 몽골에 파견된 것이 도미니크회 수사인 아르첼린과 앙드레가 각각 이끄는 사절

* P. Jackson, *The Mongols and the West 1221-1410*, Pearson, 2005. p.88.

단이었다. 이들은 모두 배편으로 레반트로 갔는데 그곳에서 아르첼린은 아르메니아로 가서 몽골 장군 바이추와 회견하였고 앙드레는 이란의 타브리즈로 가서 몽골 측과 접촉하였던 것으로 보인다.

요한 카르피니는 앞의 사절들보다는 한 달 정도 늦은 1245년 4월 16일 부활절에 출발하였다. 그의 여행경로는 해상이 아니라 육상으로 바투의 사라이로 가는 여정이었다. 독일, 보헤미아, 폴란드를 차례로 지나 러시아로 들어갔는데 도중에 보헤미아 왕, 실레지아 공작 등으로부터 호송원과 여행 물자를 제공받았다. 러시아에서는 볼리냐 공작 바실코의 도움을 받았는데 이 바실코는 앞에서 언급하였던 갈리치아 공작 다니엘의 동생이다. 당시 갈리치아 공작은 서방의 도움이 절실한 형편이라서 서방 교회의 우두머리인 교황 사절을 환대하였다.

카르피니는 다른 한 명의 수사를 동반하였는데 타타르인들의 땅 즉 킵차크한국의 영역에 들어서서는 거기서 파견한 안내인을 따라 하루에 서너 번씩 말을 갈아타며 동진하였다. 마침내 바투의 본영에 도착한 사절단은 바투를 알현하고 교황의 서한 — 앞에서 말한 도미니크 회 수도사들에게도 교황의 동일한 친서가 주어졌다 — 을 올렸다. 라틴어로 된 교황의 편지는 바투가 읽을 수 있도록 러시아어로, 또 러시아어에서 페르시아어로, 페르시아어에서 몽골어로 차례로 번역되었다. 교황의 서한은 몽골족이 유럽을 침략하여 파괴와 약탈을 자행한 것을 나무라며 더 이상 침략을 하지 말 것을 요청하는 내용이었다. 그리고 무엇 때문에 침략을 하였는지 또 앞으로는 어떻게 할 것인지를 물었다. 바투는 편지를 보고서 자신이 결정할 수 있는 내용이 아니라고 판단하여 카르피니를 몽골에 있는 대칸에게 보냈다.

그리하여 카르피니 사절은 리옹을 떠난 지 근 일년이 다 된 1246년

4월 8일 다시 길을 떠나야 하였다. 사라이에 도착한 지 불과 4일만이었다. 생사가 어찌될지 모르는 곳으로 눈물을 흘리며 바투의 본영을 떠났다. 두 사람의 몽골인이 안내자로 따라 붙었는데 몽골제국의 역참을 이용하여 하루에 5-7마리의 말을 갈아타며 가는 강행군이었다. 먹을 것이라고는 수수떡과 소금, 물 정도가 제공되었다.

러시아 땅을 벗어난 사절단은 곧 '코마니아'를 지나야 했는데 이는 쿠만족의 땅을 말한다. 쿠만족의 땅은 매우 길게 펼쳐져 있었는데 쿠만족의 땅을 지나자 '캉기타이'의 땅에 들어섰다. 중국 사서에서 '강거'康居로 지칭된 곳으로 오늘날의 우즈베키스탄 지역에 위치한 것으로 추정된다. 캉기타이족의 영토를 지나자 '비세르민'의 땅으로 들어갔는데 이곳에서 몽골족에 의해 폐허가 된 많은 도시들과 촌락들을 볼 수 있었다고 한다. 비세르민족에 대해서는 회교도를 뜻하는 '무술만'을 잘못 썼다는 주장도 있으나 어떤 족속을 지칭하는 지는 불분명하다. 그 다음은 카라키타이 땅이다. 중국사서에서 서요西遼라고 불린 나라가 카라키타이인데 이곳은 바투의 형인 오르다의 영지였다. 그 다음은 나이만족의 땅으로 높은 산이 있는 곳이라 6월 말이었는데도 무척 춥고 많은 눈이 내렸다고 한다. 사절단은 7월 22일 막달라 마리아 축일에 대칸의 본영에 도착하였다. 대칸은 수도인 카라코룸 근처의 초원에 텐트를 치고 있었다. 볼가 강변의 사라이로부터 이곳까지 3개월 반이 걸린 여정이었다. 카르피니의 말에 따르자면 상부에서 하달된 지시 때문에 굉장히 빠른 속도로 가야만 하였다. 역참에는 새로운 말이 준비되어 있어서 식사도 그른 채 하루 종일 말을 타고 가는 강행군이었다.

사절단을 이토록 서둘러 오게 한 것은 쿠릴타이 즉 대칸의 선출과 즉위를 위한 회의가 곧 열릴 예정이었기 때문이다. 그러나 새로운 칸은 이미 내정되어 있었는데 오고타이 칸의 아들인 쿠육이었다. 쿠육의 즉위식은 8월 15일로 예정되어 있었다. 즉위식을 위해 각국에서 축하사절들이 왔는데 그 수가 4천 명을 넘었다고 한다. 그곳에서 카르피니는 러시아의 수즈달 대공 야로슬라블은 말할 것도 없고 사라센 국가들의 술탄들, 중국과 고려의 왕족들도 보았다.(카르피니는 고려를 '솔랑게스'라 하였다)

그런데 몽골의 칸들은 더러 러시아인이나 헝가리인 등 서양인을 관리로 채용했는데 카르피니는 이러한 사람들로부터 새로운 대칸에 대한 여러 가지 사적인 이야기도 들을 수 있었다. 또 쿠육 칸 밑에서 일하는 기독교인들로부터 그가 기독교에 우호적이며 심지어는 기독교로 개종할 것이라는 확신에 찬 이야기도 들었다. 물론 이는 잘못된 정보였다.

쿠육 칸은 교황에게 보내는 답서를 사절 편으로 보냈다. 이 서한에서 대칸은 기독교로 개종하라는 교황의 권유를 단호히 거절하였다. 그는 자신만이 신의 은총을 독점하는 교황의 태도를 비난하면서 "해가 뜨는 곳에서 지는 곳까지 모든 나라가 나에게 복종하고 있다. 만약 내가 신의 명령에 거스르는 자라면 과연 이렇게 할 수 있겠는가?"라고 반문하였다.* 그는 또 교황에게 직접 자신의 궁정으로 찾아와서 머리를 조아리며 복속하라고 요구면서 "그대가 신의 명령에 따르지 않고 나의 명령을 무시한다면 나는 그대를 나의 적으로 알 것이며 그 점을 그대가 알도록 깨우쳐 줄 것이다. 만약 그대가 내 명령에 따르지

* 김호동, 《동방기독교와 동서문명》, 까치, 2002. p.56.

않는다면 신은 내가 무엇을 할지 아실 것이다."라는 위협으로 끝을 맺었다.

중앙아시아사 전문가 김호동 교수의 말에 따르면 이 편지는 "몽골 제국이 유럽 기독교권에 대해 어떻게 생각하고 있는지 확실히 보여주었다." 이제 "카르피니는 대칸을 만나고 난 후 몽골인들은 반드시 공격해 올 것이며, 유럽인들이 할 수 있는 일이라고는 단 한 가지, 그들과의 전쟁을 준비하는 것뿐이라는 점을 분명히 깨닫게 되었다."*

카르피니 일행은 대칸의 편지를 받아들고 1246년 11월 13일 다시 귀국길에 올랐다. 추위와 눈과 싸우며 왔던 길로 다시 바투의 영지로 돌아왔는데 도착하니 5월 9일이었다. 바투는 교황과 다른 유럽의 군주들에게 대칸이 한 이야기를 잘 전해주라고 하면서 안내인을 붙여주었다. 사절단은 그로부터 한 달 후인 6월 기독교도들의 도시 키예프에 도착하였다. 키예프인들은 이들이 마치 사지에서 살아 돌아온 것처럼 귀환을 축하해주었다고 한다.

* *Ibid.* p.57.

40
루브룩의 몽골 선교여행

    윌리엄 루브룩의 몽골 여행기는 카르피니의 여행기와 더불어 당시 몽골족에 대한 중요한 사료 가운데 하나로 꼽힌다. 루브룩은 프랑스령 플랑드르 출신의 프란체스코회 수사였다. 그는 1253년 5월 안티오키아를 출발하여 연말에 몽골 제국의 수도 카라코룸에 도착하여 그곳에 약 7개월 정도 머물다 1255년 8월 지중해 동안에 있는 트리폴리로 귀환하였다. 그는 자신이 본 것과 들은 것을 자기 나라 왕인 프랑스 왕 루이 9세에게 보고하는 형식으로 서술하였다. 이것이 오늘날 남아 있는 그의 여행기(Itinerarium)이다.*

    루브룩은 십년전의 카르피니와는 달리 교황의 사절이 아니라 프랑스 왕의 사절이었다. 그러나 엄밀하게는 외교사절은 아니고 선교사로 갔다고 해야 할 것이다. 4년 전인 1249년 초 루이 9세는 앙드레 드 롱주모를 사절로 몽골에 파견한 적이 있었다. (이 앙드레는 수년 전에 교황사절로도 페르시아 주둔 몽골군에 파견된 적이 있던 인물이다) 루이 9세가 십자군 원정을 위해 키프로스 섬에 주둔하고 있을 때 페르시아 주둔 몽골 장군 엘지기다이가 네스토리우스파 기독교도 두 사람을 사신으로 보내 놀라운 제안을 하였다. 그 사신들에 의하면 당시 대칸인 쿠육과 엘지기다

---

* 플라노 카르피니, 윌리엄 루브룩, 김호동 역주,《몽골제국기행 : 마르코 폴로의 선구자들》, 까치, 2015.

이가 모두 세례 받은 기독교인이며 엘지기다이는 프랑스 왕이 예루살렘을 이슬람 세력으로부터 탈환하는 것을 도와줄 것이라는 약속도 하였다고 한다. 이는 물론 대칸의 생각은 아니고 이슬람 칼리프 제국과의 싸움을 앞두고 있던 엘지기다이가 전략적인 차원에서 한 말이었을 따름이다. 실제로 쿠육 칸은 유럽원정을 염두에 두고 있었지만 엘지기다이는 루이 9세에게 보낸 서신에서 몽골인들이 "지금 이곳에 온 것은 오로지 기독교도의 이익과 안전을 위한 것"이라 선전하였다. 프랑스 왕은 이러한 엘지기다이의 달콤한 말에 넘어가 앙드레 수사를 몽골 대칸에게 사절로 파견했던 것이다.

예상할 수 있듯이 앙드레 사절은 프랑스 왕의 기대와는 달리 완전 실패였다. 왕은 쿠육 칸이 기독교도라고 믿고서 초원에서 사용할 수 있는 천막예배당과 성서 등 미사에 필요한 여러 가지 물건들을 선물로 보냈다. 그러나 쿠육 칸은 사절단이 출발하기 수개월 전인 1248년 4월 중앙아시아에서 급사하였고 그 미망인 오굴카이미시가 섭정을 맡고 있었다. 사절단이 이리 강(오늘날의 중국과 카자흐스탄의 경계를 가로지르는 강) 주변에 진을 치고 있던 오굴카이미시로부터 받아온 답서의 내용은 지극히 실망스런 것이었다. 프랑스 왕이 보낸 선물을 대칸에 대한 복속의 표시로 보내는 공납으로 간주하였을 뿐 아니라 "그대가 해마다 얼마간의 금과 은을 짐에게 보낸다면 짐은 그대와 벗이 될 것이다. 만약 그대가 그렇게 하지 않는다면 짐은 앞에서 말한 자들 모두를 절멸시킨 것과 마찬가지로 그대와 그대의 백성들을 없애버리겠노라." 고 노골적으로 위협하기까지 하였다.

프랑스 왕이 몽골 장군 엘지기다이의 편지와 그 사절들의 말을 순진하게 그대로 믿었던 것이 잘못이었다. 앙드레 드 롱주모 사절은 외교적으로는 실패였지만 그가 보고 들은 것들은 모두 이후의 사절들에게 도움이 되었다. 특히 루이 9세와 함께 십자군 원정에 동행하였던 루브룩에게 그러하였다.

루브룩이 몽골에서 돌아온 앙드레 사절단을 만난 것은 루이 9세의 십자군 부대가 팔레스타인의 항구도시 카이사레아의 요새화 작업을 하고 있던 1251년이었다. 몽골에는 기독교인들이 적지 않다는 것 뿐 아니라 심지어는 초대 칸인 칭기즈칸이 기독교로 개종했었다는 이야기도 들었다. 또 남러시아에 영지를 갖고 있던 바투의 아들 사르탁이 기독교도라는 이야기도 있었다. 루브룩은 이러한 정보에 기대를 걸었다. 몽골의 대칸은 기독교도들을 박해하지 않고 선교의 자유를 준다. 그렇다면 몽골에 가서 선교를 하는 것도 가능하지 않겠는가. 만일 몽골의 칸들이 기독교로 개종한다면 유럽은 몽골 제국의 침공 위협으로부터 벗어나 그들과 평화를 맺는 것도 가능하리라. 이것이 루브룩의 생각이었다.

루브룩 일행은 1253년 5월 7일 콘스탄티노플을 출발하여 바닷길로 크림반도의 주요 상업항인 수닥(그리스인들은 수달리아라 불렀다)으로 갔다. 그곳에서 콘스탄티노플 상인들을 만났는데 이들은 여행에 필요한 실제적인 정보와 조언을 해주었다. 그런 조언 가운데 하나는 프랑스 왕의 공식적인 사절이 아니라고 말하지 말라는 것이었다. 공식사절이 아닌 신분으로는 몽골에 들어갈 수 없다는 이유에서였다. 또 말에 짐을 싣고 가기보다는 소가 끄는 수레를 여러 대 구입하여 물건을 싣고 가는 것이 편하다고 하였다. 수레는 덮개가 있는 수레여서 거기서 잠도 잘 수 있고 한낮에는 그 밑에서 햇빛을 피할 수도 있다는 것이다.

일행은 바르톨로메라는 이름의 동료 수사 한 사람, 선물 관리인으로 고용한 고쎄라는 급사, 통역, 또 콘스탄티노플에서 구입한 젊은 청년 노예 한 명 등 다섯 명에다가 콘스탄티노플 상인들이 붙여준 수레 몰이꾼 두 사람을 더해 모두 일곱이었다. 이들이 타고 갈 '승용차' 즉 수레는 현지에서 구입한 것이 네 대, 빌린 것이 두 대 등 모두 여섯 대였다.

일행은 해안으로 난 길을 따라 크림반도 북쪽의 페레코프 지협을 지나 사르탁 칸이 있는 곳으로 향했다. 사르탁의 진영에 도착한 것은 7월 31일, 수닥을 출발한 지 두 달만이었다. 다음날 사르탁 칸을 알현할 때 사절단은 성서와 여러 가지 성물들을 보여주었는데 사르탁은 상당한 관심을 보였다. 그리고 아랍어와 시리아어로 번역된 프랑스 왕의 서신을 전했다. 물론 서기들이 이 서한을 사르탁이 읽을 수 있도록 다시 몽골어로 번역하였다. 그러나 서한에는 사르탁이 단독으로 결정할 수 없는 내용이 있어 사르탁은 사절단을 다시 자기 부친인 바투에게 보냈다.

바투에게 간 루브룩은 곧 바투를 면담할 수 있었다. 루브룩은 바투에게 지상의 행복보다 천상의 행복이 낫고 천상의 행복을 누리려면 기독교를 믿고 세례를 받아야 한다고 과감하게 말했다. 이러한 루브룩의 말에 바투는 반박하거나 화를 내지 않고 그냥 미소만 지었다고 한다. 아마 바투가 알고 싶은 것은 다른 것이었을 것이다. 그는 프랑스 왕이 누구와 전쟁을 하고 있는지 물었다. 또 바투는 프랑스 왕이 자신에게 사절을 파견한 적이 있는지를 물었다. 루브룩은 없다고 대답하였다. 면담이 끝나고 숙소로 돌아온 후 바투의 결정이 전달되었다. 자신은 기독교 선교를 위한 루브룩 일행의 체류여부를 결정할 권한이 없으니 몽케(기록에 따라서는 '망구'라고 되어 있다) 대칸에게 가야 한다는 것이었다. 루브룩과 통역 두 사람만 가라고 하였으나 루브룩은 동료 바르톨로메 수사의 동행을 주장하여 세 사람이 카라코룸으로 가게 되었다. 급사 고쎄와 젊은 종은 사르탁에게 돌아가 루브룩이 돌아올 때까지 기다리게 하였다. 루브룩 일행은 35일 정도 바투와 함께 지냈다. 바투의 무리는 오백 명 약간 안 되는 사람들로 이루어져 있었는데 이들과 함께 루브룩 일행도 에틸리아 강(볼가 강)을 따라 천천히 이동하였다. 그러다가 어느 날 천호千戶의 직책에 있는 몽골인이 와서 그에게 카라코룸으로 가는 여행을 자신과 함께 곧 떠날 것이라고 통고하였다. 그는 여정이 무려 4개월이나 걸린다고 하면서 자신이 없으면 여행을 포기하라고 하였다. 9월 15일 볼가 강변을 출발하여 12월 27일에 도착하였으니 실제로도 석달 반이 걸린 여정이었다. 물론 전처럼 소가 끄는 수레가 아니라 몽골 제국의 역참을 이용하여 말을 계속해서 갈아타고 가는 여정이었다.

41
네스토리우스파 기독교

　루브룩은 남쪽의 알타이 초원에 진을 치고 있던 몽케 대칸의 진영에 1253년 크리스마스 직후에 도착하였다. 그리고 며칠 후인 1254년 1월 4일 대칸을 면담할 수 있었다. 그는 대칸과 그 가족을 위해 자신이 하느님께 기도할 것이라며 체류를 간청하였다. 대칸은 그들이 겨울을 날 수 있도록 허락해주었다. 봄이 되어 하영지로 이동하는 대칸의 진영을 따라 루브룩은 카라코룸으로 갔는데 그곳에 있는 네스토리우스 교회에서 부활절 미사를 집전할 수 있었다.

　당시 중앙아시아와 몽골 일대에는 네스토리우스파 기독교가 상당히 전파되어 있었다. 네스토리우스파 기독교는 431년 에페수스 공회의에서 가톨릭 다수파에 의해 공식적으로 이단으로 정죄된 파이다. 알렉산드리아 대주교 네스토리우스(386-450)는 소위 기독론 즉 예수에게 인성과 신성이 어떻게 결합되어 있는가 하는 매우 추상적이고 신학적인 논쟁에서 다수파들과는 좀 다른 입장을 취했을 따름인데 당시 가톨릭 교회는 그런 차이를 용납하지 못했다. 네스토리우스 주교는 오늘날 현대인의 입장에서 보자면 이해하기 힘든 쓸데없는 논쟁의 피해자였던 것이다. 그는 로마 황제에 의해 이집트로 유배되었다가 그곳에서 죽었다. 네스토리우스의 사후 그의 교리를 추종하던 사람들이 박해를 피해 페르시아로 피신하였다. 이들의 교회를 '동방교회' 혹은 네스토리우스파 기독교라고 부른다. 네스토리우스파는 페르시아 제국에 의해서도 박해를 받아 다시 중앙아시아로 피신하였는데 그곳에서 자연스럽게 초원의 유목민들에게 전파되었다.

당나라 초기에 기독교가 처음으로 중국에 전파되었다.* 바로 네스토리우스파 기독교였다. 780년경에 세워진 《대진경교유행중국비大秦景教流行中國碑》라는 비석에 그 전파과정이 드러나 있다. 그에 의하면 정관 9년(635년) 아라본 사절단이 장안에 도착하였으며 3년 뒤에는 장안 시내에 대진사大秦寺라는 교당을 지어 포교의 승인을 받았다고 한다. 대진국은 로마를 가리키고 경교는 기독교를 가리킨다. 물론 실제로 아라본 사절단은 로마가 아니라 페르시아에서 왔지만 말이다. 루브룩의 서술에 의하면 당시 중국에는 15개의 도시에 네스토리우스파교회가 있었고 장안에는 주교가 있었다. 네스토리우스파는 중앙아시아 뿐 아니라 위구르족이나 케레이트, 나이만, 옹구트 등 동방의 끄트머리에 해당하는 몽골 초원의 부족들 사이에서 세력을 넓혀갔다. 중세 십자군전쟁기에 유럽인들에게 널리 퍼져있던 사제왕 요한의 전설도 이러한 네스토리우스교의 확산과 연관이 있다.

물론 학식 있는 가톨릭 수사 루브룩의 눈에는 네스토리우스파 기독교도들은 엉터리 교인들로 비춰졌다. 시리아어로 된 기도서가 있었지만 사제들은 그것을 읽을 줄 몰랐고 찬송도 뜻도 모른 채 불러대었다. 심지어는 서방교회에서는 큰 죄로 여긴 고리대를 행하고 술을 너무 좋아하여 술에 취하는 일이 다반사였다. 네스토리우스 교인들은 사라센인들과 섞여 살아서 그런지 축제를 금요일에 행하였으며 금요일에는 서방교회와는 달리 육식을 하였다. 주교는 드물게 방문하였는데

* 경교에 대해서는 김호동 교수의 《동방기독교와 동서문명》 참조.

그가 순방하면 교인들은 거의 모든 사내아이들을 사제로 서품을 받게 만들어 사제가 아닌 남자신도가 없을 정도였다.

　루브룩의 눈에 이상한 것은 그 외에도 많았다. 그들은 십자가상에 붙어 있는 예수의 상을 용납하려고 하지 않았다. 구세주 예수가 무력한 모습으로 십자가 위에서 고통 받는 모습을 보여주기를 꺼렸던 것이다. 네스토리우스파 사제들은 또 가톨릭 교회의 사제들과는 달리 독신을 지키지 않고 결혼하였다. 위에서 말한 것처럼 대부분의 사내아이들이 사제로 서품 받았다면 사제가 독신생활을 한다는 것은 아예 불가능했을 것이다. 마누라와 자식들을 거느린 사제들은 신앙의 성장보다는 재산 증식에 더 많은 관심을 쏟는다고 루브룩은 힐난하였다. 몽골 귀족들은 자제들을 가르치는 교사로 네스토리우스 사제들을 채용하는 경우가 많았는데 이들의 나쁜 행실과 탐욕스런 태도 때문에 귀족 자제들은 기독교 신앙으로부터 멀어졌다고 한다. 오히려 일반 몽골인들이나 불교 승려들보다도 못한 생활을 한다는 것이었다.

　그러나 네스토리우스 교도들은 소박한 사람들이었다. 그들은 로마 교회가 모든 교회들의 우두머리 교회임을 인정하였으며 만약 길이 열리기만 한다면 로마교황이 보내는 총주교를 받아들이겠다고 말했다. 그들은 또 로마교회의 수사인 루브룩이 자신들 방식대로 올리는 부활절 성찬과 세례 의식을 가까이서 관찰하는 것도 허락하였다. 그들은 막달라 마리아가 예수의 발을 씻어주던 기름과 예수가 최후의 만찬용 빵을 구울 때 사용하던 밀가루도 갖고 있다고 자랑하였다. 부활절 빵을 이러한 기름과 밀가루를 이용하여 만드는데 줄어든 기름과 밀가루는 거리낌없이 다시 채워 넣었다. 부활절 만찬에서는 사도들의 수를 따라 빵을 열두 조각으로 자른 후 각 조각을 다시 참석한 신도들에게 잘라서 나눠주었다. 신도들은 자신들이 받은 빵조각을 매우 경건한 태도로 들어서 이마에 문질렀다. 루브룩은 한 네스토리우스파 사제의 죽음을 직접 옆에서 지켜볼 기회가 있었는데 네스토리우스파 에는 죽음을 앞둔 병자에게 사제가 기름을 발라주는 종부성사와 교 인들이 자신의 죄를 사제에게 고백하는 고해성사가 없었다.

몽골 제국의 수도인 카라코룸에는 그렇게 규모가 크다고는 할 수 없는 토성이 있었는데 루브룩의 말에 따르면 파리 근처의 생드니 마 을보다 작았다고 한다. 성에는 사라센인들이 모여 사는 구역과 중국 인들이 모여 사는 구역 그리고 궁정의 서기들을 위한 커다란 궁전이 있었다. 성 안에서는 유럽에서 잡혀온 포로들과 외국에서 온 사절들 을 볼 수 있었다. 또 불교사원이 12개, 회교 모스크가 둘, 기독교 교 회당이 하나 있었는데 물론 네스토리우스파 교회였다.

이처럼 몽골 제국은 기독교 외에는 다른 종교를 용인하지 않는 유 럽과는 달리 종교들의 공존을 허용하였다. 여러 종교들에 대해 관대 하고 공정한 입장을 취했던 것이다. 그렇다고 몽골의 칸들이 종교에 무관심한 것은 아니었다. 그들은 루브룩이 가져간 성서에 대해 상당 한 관심을 표하였다. 대칸 앞에서 여러 종교의 대표자들이 모여서 신 학논쟁을 하는 공식적인 종교토론회도 간혹 열렸는데 루브룩도 그러 한 토론회에 참가할 기회를 얻었다. 사라센인과 불교도 그리고 기독 교 세 파의 토론회였는데 루브룩은 불교도와의 토론을 맡았다. 불교 대표는 세상의 창조문제나 아니면 사후 영혼이 어떻게 되는지의 문제 를 놓고 토론을 하자고 제안했으나 루브룩은 만물의 근원이 하느님 이므로 하느님에 대한 토론으로 시작하자고 역제안 하였다. 신에 대 한 이러한 토론에서 불교의 신관과 기독교의 신관의 차이가 여실히 드러났다. 그 불교도는 한 분의 전능한 신을 믿는 기독교와는 달리 한 최고신 밑에 여러 등급의 신들이 존재한다는 다신관을 피력하였다. 이슬람 교도들 즉 사라센인들도 기독교와 같은 유일신관을 갖고 있어 논쟁에서 루브룩의 편을 들었다. 그리하여 몽케 대칸 임석하에 벌어진 이 종교토론회는 불교가 기독교와 이슬람 양쪽으로부터 공격당하는 양상을 띠게 되었다. 물론 이러한 토론회가 몽케 칸의 종교정책에 영향을 주었던 것은 아니다. 몽케 칸은 자신의 모친이 독실한 기독교인이고 그 부인 가운데도 기독교인도 있어 기독교에 대해 호의적인 태도를 취했지만 다른 종교들에 대한 차별정책을 취하지는 않았다. 그의 말에 따르면 손에 다섯 개의 손가락이 있듯이 천국으로 가는 길은 하나가 아니라 여러 갈래가 있다는 것이었다. 루브룩이 참가한 종교토론회는 마치 오늘날의 학술토론회와 비슷하게 행사가 끝나자 참석자들이 함께 어울려 엄청나게 많은 술을 마셔댔다고 한다.

몽케 칸은 루브룩의 귀환길에 루브룩과 함께 프랑스 왕에게 사절을 파견하기를 원했으나 루브룩은 이들이 유럽의 사정을 염탐할까봐 그 제안을 완곡히 거절하였다. 대신 칸이 루이 9세에게 보내는 서신을 휴대하였는데 그 서신에는 다음과 같은 내용이 적혀 있었다.

"짐이 당신에게 알리는 것은 영원한 신의 명령이다. 당신이 이를 듣고 믿는다면, 당신이 짐에게 복속할 의사가 있다면, 당신의 사신들을 짐에게 보내야 할 것이다. 그런 방식으로 우리는 당신이 우리와 평화를 원하는가 아니면 전쟁을 원하는가 분명히 알게 될 것이다. 영원한 신의 힘에 기대어, 해가 뜨는 곳에서부터 지는 곳까지 모든 세상이 기쁨과 평화 안에서 하나가 될 때, 우리가 어떻게 할지 비로소 정해질 것이다. 그러나 영원한 신의 명령을 듣고 이해했음에도 불구하고, 당신이 그것을 준수하지 않거나 그것을 신뢰하지 않으려고 한다면, 그래서 '우리의 나라는 멀고 우리의 산들은 강력하며 우리의 바다는 넓다'고 말하고 그런 것에 기대어 우리와 전쟁을 하려고 한다면 그 다음에 어떤 일이 벌어질지 우리가 어떻게 알겠는가. 어려운 것은 쉽게 만들고 멀리 있는 것은 가깝게 만드시는 영원한 그분만이 아실 것이다."

협박이 섞인 복속의 권유였다. 루브룩은 이 서한을 갖고서 바투의 사라이, 카프카즈 산맥 밑의 관문인 철문(데르벤드), 아르메니아와 소아시아를 차례로 거쳐 지중해 동안의 트리폴리로 귀환하였다. 당시 프랑스 왕 루이 9세는 프랑스로 귀국한 터라 루브룩은 자신의 여행기를 보고서로 작성하여 칸의 서한과 함께 보냈다. 몽골까지의 험난한 여정을 영웅적으로 마치기는 했지만 그가 애초에 의도했던 선교활동은 큰 성공을 거두지는 못했다. 루브룩이 몽골에서 세례를 준 사람은 도합 여섯 명이었다.

42
일칸 훌레구

훌레구(1218-1265)는 칭기즈칸의 손자이다. 좀 더 자세하게 말하자면 칭기즈칸의 막내 아들인 톨루이의 셋째 아들이다. 톨루이의 아들들은 모두 세계사에서 중요한 역할을 하였는데 첫째는 앞에서 이야기한 몽케 대칸이고 차남은 중국을 통치한 쿠빌라이 대칸이었다. 이 글의 주인공 훌레구는 일한국을 세운 사람이고 넷째인 아릭부케는 자신의 형인 쿠빌라이와 대립하면서 일시적으로 대칸의 자리를 차지했던 인물이다. 톨루이의 아들들은 그 외에도 몇 명이 있었지만 이들 네 명처럼 중요한 인물은 아니다. 몽케를 비롯한 네 사람 모두 톨루이의 정실부인인 소르칵타니가 낳은 아들들이다. 케레이트 부족 출신이었던 소르칵타니는 독실한 기독교인이었는데 이 때문이었던지 그 아들들은 대부분 기독교에 대해 우호적이었다.

1251년 쿠릴타이 회의의 결정으로 몽케가 대칸의 자리에 올랐는데 이 회의에서 몽케는 동방과 서방을 향한 원정을 동시에 추진하기로 결정하였다. 바투의 원정(1236-1241)에 이은 두 번째 서방원정이었다. 동쪽의 중국 원정에는 몽케가 직접 나서고 서방 원정에는 동생 훌레구가 원정군 사령관으로 임명되었다. 그 이전 중앙아시아의 사정을 간략히 말하자면 중앙아시아와 이란 동부의 호라즘 왕국은 칭기즈칸 생전인 1220년대에 이미 정복되었고 셀주크 투르크는 1243년에 패배하여 몽골의 종주권을 받아들였다. 그러나 중동 지역에 대한 몽골의 지배는 온전하지 못한 상태였다. 무엇보다도 '이스마일파'라고 불리던 시아파의 일부 세력이 이란북부의 산악지대를 무대로 이교도들과 자신들 마음에 들지 않는 회교군주들에 대한 테러를 일삼고 있었다. 이 일파는 '아사신'으로도 알려져 있는데 암살범을 뜻하는 영어의 'assassin'이라는 단어는 이들로부터 나왔다고 한다. 또 바그다드에는 압바스 왕조의 칼리프가 이슬람 신자들의 우두머리로 엄연히 살아 있었다.

훌레구 원정대는 1253년 10월 카라코룸으로부터 출발하였다. 윌리엄 루브룩이 도착하기 두 달 전이었다. 철저한 준비와 계획을 갖춘 원정이었다. 성벽도시를 공격하기 위한 공성기를 다룰 중국인 기술자들을 1천조나 데려갔는데 가연성 물질인 나프타를 바른 돌을 쏘는 투석기도 있었다고 한다. 또 본대에 앞서 연도에서 식량과 마량을 징발하고 도로와 교량을 정비할 선발대도 파견하였다.

몽골 원정군은 1256년 새해 첫날 옥수스 강(아무다리야)을 건넜다. 먼저 엘부르즈 산맥에 은거하던 아사신들이 공격의 대상이 되었다. 험준한 산지에 있어 '독수리 둥지'로 불린 이들의 요새들이 모두 함락되었으며 저항하던 자들은 무자비하게 살해되었다. 1258년에는 이슬람 제국의 수도 바그다드를 공격하였다. 칼리프에게는 아사신들에 대한 전투에 병력을 지원하지 않았던 것을 질책하면서 바그다드 성벽을 허물고 칸에게 와서 항복할 것을 요구하였다. 칼리프 무스타심은 압바스 왕조는 부활의 날까지 굳건히 유지될 것이며 동서의 무슬림들이 달려와 자신을 지킬 것이니 그대는 호라산으로 물러가라는 답신을 보냈다. 그러나 한 주일 간의 포위공격으로 바그다드가 함락되자 칼리프는 항복하지 않을 수 없었다. 도시는 약탈당하고 5세기 동안 축적

되어 왔던 문화유산들과 함께 궁전과 모스크 등이 불탔다. 그리고 무스타심은 인근의 마을로 끌려가 말발굽에 밟혀 죽었다. 왕가의 모든 남자들이 비슷한 운명에 처했다. 항복하지 않는 도시들에는 무자비한 학살이 기다리고 있었다. 바그다드에는 기독교도들 즉 네스토리우스파 기독교도들이 있었는데 이들은 주교와 함께 모두 교회에 모이라는 지시를 받았다. 바깥에서는 무슬림에 대한 학살이 진행되고 있을 때 교회에 모인 기독교도들은 온전히 목숨을 건질 수 있었다. 훌레구가 기독교도들에 대해 이처럼 우호적인 태도를 취한 것은 회교 세력과의 전쟁에서 기독교도들을 몽골 편으로 끌어들이기 위함이었다. 당시 그의 원정군에는 기독교도인 그루지아 병사들과 아르메니아 병사들도 포함되어 있었다. 이들은 바그다드 함락을 이슬람에 대한 통쾌한 복수로 간주하였다. 당시에 팔레스타인의 해안 지역을 장악하고 있던 유럽의 십자군 세력들도 몽골군이 팔레스타인까지 정복하여 성지를 회교도들의 수중에서 해방시켜줄 것을 기대하였다.

훌레구는 바그다드 함락 후 일단 그 본영이 위치한 아제르바이잔 지역으로 돌아가 그곳에서 새로운 원정을 위한 준비작업을 하였다. 40만에 달하는 엄청난 병력을 동원한 그의 원정 목표는 이번에는 아유브 왕조가 지배하던 시리아였다. 그런데 당시 시리아는 통일된 왕국이라기보다는 여섯 개의 제후국들로 나뉘어져 있었는데 이들은 몽골군의 상대가 되지 않았다. 하란, 에데사, 알레포 등이 차례로 함락되고 팔레스타인에 가까운 다마스쿠스가 함락되었다. 몽골군 선봉대장인 키트부카와 함께 아르메니아 왕 헤툼(영어로는 '헤이톤Hayton'으로 적는다)과 유럽 십자군 제후로서 트리폴리와 안티오크를 통치하던 보헤몬드 백작이 동맹으로서 다마스쿠스에 입성하였다. 키트부카는 기독교도였다. 다마스쿠스의 무슬림들은 거리를 행진하는 십자가에 머리를 숙여야 했으며 모스크 가운데 하나는 기독교도들을 위한 교회로 탈바꿈하였다.

도망치던 알레포의 술탄 나시르를 추격하여 원정군은 남쪽으로 가자까지 내려갔다. 가자는 이집트와의 국경에 인접한 도시다. 여기서 훌레구는 이집트를 다스리던 맘루크 왕조의 술탄에게 다음과 같은 내용의 서한을 보냈다. "너는 우리가 광대한 제국을 어떻게 정복했는지 또 이 땅을 더럽히고 있는 혼란들을 어떻게 제거하였는지 들었을 것이다. 너는 도망자이며 우리는 추격자이다. 네가 어디로 날아갈 수 있겠느냐? 어떤 길로 우리를 피해 달아날 수 있겠느냐? 우리의 말은 빠르고 우리의 화살은 예리하며 우리 검은 벼락같고 우리 마음은 산과 같으며 우리 병사들은 모래처럼 많다. 요새가 너를 지키지 못할 것이며 무기들도 우리를 멈추게 하지 못할 것이다. 하늘에 올리는 너의 기도가 우리를 이기지 못할 것이다. 경고하노라. 지금 너는 우리가 진군하려는 유일한 적이다."*

그런데 이 서한 발송 후 예기치 않은 소식이 전해졌다. 뭉케 칸이 사망했다는 것이다. 몽골을 지키고 있던 막내 동생 아릭부케가 쿠릴타이를 소집하여 대칸의 자리에 올랐다. 그리고 당시 중국 원정 중이던 쿠빌라이와의 내전이 벌어졌다. 훌레구는 내전의 여파가 자신에게로도 튈지 모른다고 생각하여 자신의 근거지인 아제르바이잔으로 퇴각을 결정하였다. 그곳에서 세력을 정비하고 만일의 사태에 대비하려는 것이었다. 시리아에는 키트부카의 지휘 하에 소수의 병력을

---

* J. Saunders, *The History of Mongol Conquests*, pp.113-114.

남겨두었다.

　당시 이집트는 맘루크 왕조의 술탄 쿠투즈가 지배하고 있었다. 맘루크은 아랍어로 노예를 말하는데 맘루크 왕조는 킵차크 투르크족 출신 노예들이 세운 왕조이다. 쿠투즈는 훌레구가 시리아에서 퇴각했다는 사실을 알고 시리아로 군대를 파견하였다. 키트부카가 지휘하는 몽골군과의 싸움은 1260년 9월 3일 갈릴리 지방의 아인 잘루트라는 곳에서 벌어졌다. 예수의 고향 나사렛에서 가까운 곳이라고 한다. 이 전투에서 몽골군은 대패하고 키트부카도 전사하였다. 아인 잘루트 전투는 세계사에서 중요한 이정표가 되는데 몽골의 이집트 원정은 물론이고 서방으로의 진출이 이로써 완전히 좌절되었기 때문이다. 이집트 군대는 다마스쿠스, 알레포 등을 손쉽게 회복하였다. 그러나 바그다드를 수복할 생각은 없었다. 이라크 지역은 아직 몽골이 확실히 장악하고 있어 수복이 쉽지 않았던 것이다. 아인 잘루트 전투 직후 쿠투즈를 살해하고 스스로 술탄의 자리에 오른 또 다른 맘루크 출신의 바이바르스 술탄은 압바스 왕조의 친척 한 명을 이집트로 데려와 허수아비 칼리프로 앉혀놓는 것으로 만족하였다.

　시리아를 빼앗긴 훌레구도 시리아 회복에는 적극적이지 않았다. 아릭부케 쪽의 움직임도 신경 쓰였지만 그보다는 킵차크한국의 베르케의 움직임이 위협적이었다. 당시 훌레구의 일한국과 베르케의 킵차크한국 사이에는 국경이 명확히 확립되어 있지 않았다. 이 때문에 영토 분쟁이 일어나고 결국 베르케가 전사했다는 것은 앞에서 언급한 바 있다. 베르케는 이집트 술탄 바이바르스와 동맹을 체결하였다. 비잔틴 제국이 양국 간에 다리를 놓아 사절들은 육로가 아니라 콘스탄티노플을 거쳐 해로로 왕래할 수 있었다. 또 차가타이한국도 아릭부케

측이 지배하고 있어 일한국은 북쪽과 서쪽 그리고 남쪽의 세 나라에 의해 포위된 형국이었다. 1264년 내전에서 쿠빌라이가 승리하였지만 훌레구에게 큰 도움은 되지 못했다. 중국에 자리 잡은 쿠빌라이는 너무 멀리 떨어져 있었던 것이다. 훌레구 칸이 십자군과 유럽인들을 동맹으로 끌어들이려 한 것은 이렇게 불리한 전략적 상황 때문이었다.

훌레구 울루스는 일반적으로 일한국이라 부른다. '일칸'이라는 명칭은 대칸 밑의 칸이라는 뜻이다.* 훌레구가 형인 쿠빌라이를 몽골 제국 전체를 관할하는 대칸으로 인정하고 자신은 그의 밑에 있는 하위의 칸이라는 뜻에서 일칸이라는 칭호가 사용되었다. 쿠빌라이는 자신을 밀어준 동생 훌레구의 영역을 아무다리야로부터 이집트 문전까지라고 선언하였다. 물론 시리아는 상실하였기 때문에 일한국은 오늘날의 이라크와 이란 지역을 포함하는 영역을 다스렸다. 훌레구의 일한국과 쿠빌라이가 지배하는 중국(원나라)은 우애 넘치는 형제가 각각 다스렸기 때문에 두 나라 사이의 교류가 활발했던 것은 물론이다. 원나라 때 중국의 문물과 기술이 이란을 거쳐 유럽으로 쉽게 유입될 수 있었던 것은 이러한 사정으로부터 도움을 받았다.

* P. Jackson, *The Mongols and The West 1221-1410*, p.127.

43
랍반 소마와 랍반 마르코스

훌레구 칸의 아들 아바카 칸(재위 1265-1282) 때 중국에서 네스토리우스파 수도사 두 사람이 일한국으로 왔다. 한 사람은 랍반 소마, 다른한 사람은 랍반 마르코스였다. 랍반은 시리아어로 수도사를 뜻하는말이다. 이들은 모두 기독교도 집안에서 태어난 사람들로서 랍반 소마는 오늘날의 북경에 해당하는 칸발리크 출신이고 마르코스는 내몽골의 코샹 출신이다. 김호동 교수는 코샹이 내몽골의 동승東勝 즉 토샹의 오기라 한다.* 두 사람은 모두 위구르족이었다.

랍반 소마와 마르코스는 자신들의 죄를 용서받고 마음의 평화를 누리기 위해서 성지 예루살렘으로 먼 순례를 가기로 결정하였다. 물론몽골 왕공들과 많은 사람들이 위험한 여행을 만류하였지만 이들은고집을 꺾지 않고 카라반을 따라 출발하였다. 1265년의 일이었다. 그여정은 돈황(당시에는 '사주沙洲'라고 하였다)으로부터 시작하여 신강지역의호탄, 카슈가르 그리고 카자흐스탄의 탈라스를 거쳐 일한국의 호라산에 도착하는 여정이었다.

이들은 호라산 지방을 떠나 바그다드로 가던 중 이란 북부의 마라게에서 우연히 네스토리우스 교회의 총대주교 마르 덴하를 만났다.마르 덴하는 자신과 같은 교회에 속한 두 사람을 환대하고 먼저 이라

---

* 김호동, 《동방기독교와 동서문명》, p.243.

크와 북부 시리아 일대의 성지들과 수도원들을 돌아보도록 하였다. 그 지역에는 네스토리우스파 교회와 수도원이 상당히 많았는데 이들은 모술 근처의 마르 미카엘(성미카엘) 수도원이 마음에 들어 그 근처에 살 집을 얻었다.

그런데 마르 덴하는 이들이 수도원에 칩거하기보다는 교회를 위한 활동에 나서달라고 요구하였다. 몽골 말은 물론 몽골인들의 풍속도 잘 알기 때문에 일한국 지배층과의 교섭창구 역할을 해줄 수 있을 것으로 기대한 것이다. 그래서 먼저 부탁한 것이 아바카 칸에서 가서 자신의 총대주교 취임을 승인하는 서임장을 받아오라고 부탁하였다.

서임장을 받아온 후 두 수도사는 그토록 보고 싶었던 예루살렘으로 향했다. 그러나 시리아를 거쳐 가는 여정은 정세 때문에 안전하지 않아 다시 소아르메니아(오늘날의 터키 남동부 해안 지방)에서 뱃길로 팔레스타인을 가려고 했으나 이번에는 도적떼들 때문에 길이 막혔다. 그래서 할 수 없이 예루살렘 성지 순례를 포기하고 마르 덴하가 있는 바그다드로 돌아갔다. 덴하 총대주교는 이들에게 이제 예루살렘행은 포기하고 중국으로 돌아가 교회 일을 도우라고 명했다. 그리고 소마를 동방교회의 총순회감독(Visitor General)으로, 또 마르코스는 북중국의 주교로 임명하였다. 마르코스에게는 '야발라하'라는 새로운 이름도 내려주었는데 이는 '하느님이 주셨다'라는 뜻이었다.(공식적으로는 야발라하 3세이다) 당시 마르코스는 35세, 소마는 그보다 대략 열 살 더 많았다. 두 사람의 뜻밖의 서임은 1280년의 일이었다.

그러나 중앙아시아에서는 쿠빌라이와 오고타이의 손자 카이두 사이에 전쟁이 벌어지고 있어 이들은 중국으로 돌아가지 못하고 성 미카엘 수도원에 머물게 되었다. 1281년 덴하 총대주교가 갑자기 죽었다. 놀랍게도 그 후임으로 마르코스가 선출되었다. 자신은 네스토리우스 교회에서 널리 사용되던 시리아어도 모르고 이방인에 불과하다고 하였지만 네스토리우스 교회 원로들은 당시 세계의 지배자인 몽골의 언어와 관습을 잘 알고 있는 마르코스 주교가 적임자라고 생각하였던 것이다. 위구르족 출신인 마르코스가 시리아와 이라크, 이란 그리고 중앙아시아 및 중국에 걸쳐 있던 네스토리우스 교단의 우두머리가 된 것이다. 야발라하는 아바카 칸을 찾아가 서임장을 받은 후 다시 바그다드로 돌아와 공식적인 즉위식을 치렀는데 당시 메소포타미아 일대의 주교들은 말할 것도 없고 사마르칸트에서까지 왔다고 한다.

그런데 야발라하의 지위는 그렇게 공고하지 못했다. 아바카가 죽은 후 훌레구의 두 아들들(테구데르와 이복동생 아르군) 사이에서 내전이 벌어지면서 그 여파가 밀어닥친 것이다. 아르군 측을 지지하며 테구데르를 비난하였다는 혐의로 야발라하와 랍반 소마는 테구데르의 궁정으로 끌려가 재판을 받았는데 40일간이나 갇혀 있다가 간신히 무죄가 입증되어 풀려났다. 일한국의 내전은 1284년 기독교에 우호적이었던 아르군의 승리로 끝나 네스토리우스 교단도 위기를 벗어날 수 있었다. 야발라하는 아르군과 그 동생 가이하투 칸(재위 1291-1295)의 통치시기에는 면세의 혜택과 교회건립 지원 등 국가로부터 도움을 받을 수 있었다. 그러나 그 이후에 들어선 칸들은 교회에 우호적이지 않았을 뿐 아니라 심지어 이슬람 군주를 자칭하는 칸도 있었다. 교회가 몰수되어 모스크로 바뀐 경우도 있고 무슬림에 의한 기독교도 학살사건도 일어났다. 위협을 느낀 야발라하도 생의 마지막 5년간은 수도원에

숨어 지내야 하였다.

한편 랍반 소마는 어떻게 되었는가? 그는 기독교에 대한 우호적인 분위기가 바꾸기 전인 1294년 바그다드에서 사망하였는데 우리가 그를 주목하는 것은 그가 일한국의 사절로 유럽을 방문하였기 때문이다. 시리아와 팔레스타인을 맘루크 왕조로부터 탈환하기 위해 서유럽 세력의 도움을 절실히 바랬던 아르군 칸(재위 1284-1291)이 그를 유럽 파견 사절로 선정하였다. 교황을 포함하여 기독교 왕들에게 보내는 사절로서 기독교도인 랍반 소마만한 인물이 없었던 것이다. 그리하여 랍반 소마는 비잔틴 제국과 이탈리아, 프랑스를 방문하게 되었다. 그때까지 역사에서 동아시아에서 온 인물이 이렇게 서유럽까지 간 것은 극히 드문 사례였다.

1287년 랍반 소마 사절단은 육로로 흑해 북안으로 가서 그곳에서 선박 편으로 콘스탄티노플을 방문하였다. 당시 비잔틴 제국은 서유럽인들의 지배로부터 벗어난 지 얼마 되지 않았던 터라 그 세력이 크게 약화되어 있었다. 비잔틴 황제가 일칸을 도울 수 있는 길은 별로 없었다. 그래서 소마는 콘스탄티노플에서 여러 교회들과 성소들을 방문한 후 교황을 만나기 위해 이탈리아로 갔다. 나폴리에 상륙해서는 말을 타고 로마로 향했는데 도중에 교황 호노리우스 4세의 사망 소식을 들었다. 교황이 죽었으므로 로마에서는 교황 대신 추기경들과 면담하였다. 추기경들은 네스토리우스파의 교리가 궁금했는지 그에 대한 질문을 주로 하였다. 그러자 랍반 소마는 자신이 온 이유는 종교적인 목적 때문이 아니라 칸의 사절로서 외교적인 임무를 띠고 왔음을 주지시켰다. 새로운 교황이 선출될 때까지 그는 북쪽으로 여행을 계속하였다.

토스카나 지방과 제노아를 거쳐 프랑스로 들어갔다. 당시 팔레스타인과 시리아의 십자군 세력 가운데 가장 중요한 것이 프랑스에서 파견된 기사들이었다. 랍반 소마는 필리프 미남왕(필리프 4세)을 알현했는데 왕은 예루살렘 탈환을 위해 몽골군을 도울 준비가 되어 있다고 하였다. 랍반 소마는 한 달 동안 파리에 머물면서 교회와 학교를 구경하였다. 그는 파리에서만 3만 명의 학생들이 공부하고 있다고 하였다. 프랑스 왕은 랍반 소마에게 프랑스인들이 예루살렘에서 획득한 성유물도 보여주었다. 예수가 썼다는 가시면류관과 예수가 못 박혔던 십자가 나무 조각이었다고 한다.

당시 프랑스의 서남부 지방 즉 가스코뉴 지방은 영국 영토였다. 그곳에 영국 왕 에드워드 1세가 체류하고 있었다. 랍반 소마는 영국 왕을 만나러갔다. 그도 십자군 원정(제9차 십자군)에 참여하였던 십자군 지도자였기 때문이다. 예루살렘 문제를 꺼내자 에드워드 1세는 기뻐하면서 자신은 성지 탈환에만 마음을 쓰고 있다고 하였다. 그곳에서 랍반 소마는 영국 왕과 신하들이 참여하는 미사도 주재하였다.

로마로 돌아와서는 새로운 교황 니콜라스 4세를 알현하였다. 교황은 랍반 소마가 지난 해 로마에 왔을 때 만났던 추기경들 가운데 한 사람이었다. 랍반 소마는 교황이 주재하는 미사에 참여하기도 했지만 동방 교회 방식으로 행하는 미사도 주재하였다. 교황은 약간의 성유물을 선물로 주었는데 그 가운데에는 예수가 입었던 옷과 성모마리아가 썼던 머릿수건 조각도 포함되어 있었다. 교황은 랍반 소마에게 모든 기독교인들에 대한 총순회감독관의 직위를 인정하는 서임장도 주었다. 이는 가톨릭 교황이 서유럽 교회 뿐 아니라 저 먼 동방교회에 대한 관할권도 갖고 있다는 주장을 펴는 것이나 다름없었다.

일한국으로 돌아간 랍반 소마에 대해 아르군 칸은 사절이 큰 성공을 거뒀다고 평가하고는 그 성공을 치하하는 의미에서 칸의 천막 앞에 예배당을 세워주고 그에게 이 특별한 교회를 맡겼다. 물론 예배당은 천막으로 된 이동식 교회였다. 칸의 진영이 이동하면 그를 따라 이동하는데 이 교회는 칸의 장막 가까이 세워질 수 있는 특권을 부여받았던 것이다. 너무나 가까이 있어서 칸의 천막과 교회 천막 줄이 서로 교차할 정도였다고 한다. 랍반 소마의 천막 교회와는 달리 그 몇 년 뒤 야발라하는 마라게에 상당히 멋진 수도원을 세웠다. 성세례요한 수도원이라고 명명되었는데 왕도 더러 찾아오는 유명 수도원이 되었다.

랍반 소마와 랍반 마르코스의 이야기는 네스토리우스 교회에서 문헌으로 전해내려 온 것인데 1887년에야 유럽에 그 사본이 알려졌다. 원래는 페르시아어로 기록되었지만 후일 시리아어로 번역되어 전해져 내려온 것이다.* 위의 서술은 월리스 버지가 시리아어에서 영어로 번역한 책을 토대로 하였다. 김호동 교수의 《동방기독교와 동서문명》에도 그 내용이 소개되어 있다.

위구르족 출신의 마르코스 수도사가 중국에서 순례여행을 왔다가 총대주교 마르 덴하를 만나 그의 뒤를 이은 총대주교 야발라하가 되었다는 이야기는 13세기 야곱파 교회(시리아 정교회)의 주교인 바르 헤브라에우스Bar Hebraeus가 남긴 연대기에도 간략히 기록되어 있다. 그러나 그의 연대기에는 마르코스와 함께 온 동료이자 스승이었던 랍반

---

* 시리아어 사본이 유럽에 알려지게 된 사정은 다음 책의 서문 참조. Wallis Budge, tr. *The Monks of Kublai Khan, Emperor of China*, The Religious Tract Society, 1928.

소마에 대해서는 언급이 없다. 바르 헤브라에우스가 남긴 방대한 연대기는 원래는 시리아어로 씌어졌는데 시리아어-라틴어 대역본을 인터넷에서 볼 수 있다.* 영어로도 2015년에 'Bar Hebraeus the Ecclesiastical Chronicle'(바르 헤브라에우스의 교회사연대기)라는 제목으로 번역본이 나왔다는데 필자는 아직 구경하지 못했다.

* Gregorii Barhebraei, *Chronicon Ecclesiasticum*, 1889.

44
페골로티의 《상업편람》

　프란체스코 페골로티Francesco Pegolotti(1290-1347)는 피렌체의 무역회
사이자 은행이었던 '바르디 상사'(Compagnia dei Bardi)의 직원이었다. 유
명인사는 아니다. 그러나 그는 네덜란드의 안트베르펜, 영국 런던 그
리고 키프로스에서 바르디 상사의 주재원으로서 무역에 대한 풍부한
경험을 토대로 무역 실무를 위한 안내서를 남겼다. 《각국의 사정과
거래에서 사용되는 도량형 및 상인들이 알아두어야 할 사정》이라는
제목에서 짐작할 수 있듯이 당시 사용되던 상업용어에 대한 해설과
더불어 주요한 무역도시와 여러 국가의 사정, 각 시장에서 거래되는
상품 및 도량형, 통화에 대한 대단히 실무적인 내용이 꼼꼼히 기록되
어 있다. 이 책은 오랫동안 피렌체 도서관에 원고상태로 있다가 1766
년에 파그니니에 의해 《상업편람》(Pratica della Mercatura)이라는 제목으
로 간행되었다.*

　많은 무역도시들에 대한 기록을 담고 있는 이 책에는 당시 몽골 제
국과의 무역에 대한 내용도 찾아 볼 수 있다. 몽골 제국과의 무역로는
두 개가 있었는데 하나는 타나에서 킵차크한국을 거쳐 대칸이 다스리

---

* 헨리 율이 이 책의 일부를 영어로 발췌 번역하여 하클뤼트 협회에서 간행된 사
료집에 실었다. 필자는 이 책을 참조하였다. Henry Yule, 'Pegolotti's Notices of
the Land Route to Cathay' in *Cathay and the Way Thither* Vol. III, The Hakluyt
Society, 1914. pp.137-173.

는 원나라의 북경으로 가는 루트이다. 다른 하나의 루트는 소아르메니아의 항구 라이수스(이탈리아어로는 라이아초)에서 오늘날의 터키를 가로질러 일한국의 수도 타브리즈로 가는 길이다.

킵차크한국을 거쳐 가는 루트의 출발지는 제노아 공화국의 무역식민지인 타나인데 타나는 오늘날 러시아에 속한 아조프 시에 해당한다. 크림반도 옆의 아조프 해 깊숙한 곳의 돈 강 하구에 위치한 도시이다. 당시 이탈리아인들은 흑해를 '큰 바다'(Mare Maggiore)라고 불렀는데 타나의 명칭도 '큰 바닷가의 타나'(Tana nel Mare Maggiore)였다. 여기서 육상으로 킵차크한국의 사라이까지는 말이 *끄는* 수레를 타면 10일에서 12일, 소가 *끄는* 수레를 타고 가는 완행은 25일 정도 걸리는 여정이었다고 한다. 여기서 다시 아무다리야 강변의 오르간치(우르겐치)까지는 20일 정도가 걸린다. 갖가지 상품들이 모이는 오르간치에서 화폐용 은괴를 구매한다. 이제부터는 낙타가 *끄는* 수레를 타고 가는데 때로는 당나귀, 말 등으로 갈아타며 북경까지 간다. 타나에서 도합 270일 즉 9개월이나 걸리는 여정이었다. 원나라의 국경에 들어서면 갖고 간 은괴를 지폐로 바꾸어야 한다. 당시 원나라에서는 지폐가 사용되고 있었는데 이러한 지폐는 국가가 발행하는 것이기 때문에 전혀 유통에 문제가 없었다.

페골로티는 타나로부터의 이 무역로를 이용하는 상인들에게 몇 가지 유용한 충고를 한다. 면도를 하지 말고 수염을 기를 것, 그리고 무엇보다도 출발지인 타나에서 타타르어 통역을 구할 때 돈을 아끼지 말고 좋은 통역을 구할 것. 유능한 통역은 돈을 더 주더라도 거래에서 그만한 값어치를 한다는 것이었다. 그리고 비즈니스를 도와줄 남자 하인이 두 명 정도 있어야 하는데 이들도 타타르어에 능숙해야 하는 것은 물론이다. 여자 하인도 하나 고용하면 더 없이 여행이 편하다고 저자는 귀띔해 준다. 당연히 현지어에 능숙한 여자라야 한다. 타나에는 이렇게 타타르어를 할 줄 아는 이탈리아인들이 제법 있었던 모양이다.

타나에서는 식량도 25일치 정도 준비해야 한다. 밀가루와 소금에 절인 생선을 구하면 되는데 육류는 가져갈 필요가 없다. 도중에 널린 게 육류라서 언제든 구할 수 있기 때문이다. 타나에서 북경까지 여정은 아주 안전하기 때문에 안전에 대한 염려는 하지 않아도 된다. 한 왕이 죽고 다른 왕이 정해지기 전까지 내전이 일어날 수도 있는데 그러한 때에는 물론 안전하지 않다. 사람들은 타나에서 사라이까지의 여정이 가장 안전하지 않은 곳이라 하지만 보통 카라반이 60명 정도로 구성되기 때문에 최악의 상황에서도 안전은 걱정할 필요가 없다고 한다. 저자의 표현에 따르면 "집안에서 왔다 갔다 하는 것만큼 안전하다."

세금에 대한 언급도 있다. 물품에 부과되는 관세는 무역상인에게 중요한 문제이기 때문이다. 출발지인 타나에서는 금과 은, 진주에 대해서는 세금이 부과되지 않았다. 그리고 제노아가 지배하던 곳이라 이탈리아 상인들에게는 약간의 혜택이 있었다. 같은 물건인데도 제노아인들과 베네치아인들에게는 4퍼센트의 세금을 매기고 다른 나라 사람들에게는 5퍼센트의 세금을 부과하였다. 그리고 물건을 반출할 때에는 세금을 매기지 않는다. 참고로 킵차크한국도 3~5퍼센트 정도의 낮은 세금을 부과하였다고 한다. 원나라에서는 그보다 높아 10퍼센트 정도였다.* 이러한 낮은 세금은 무역활동이 원활하게 이루어 지는 데 도움을 주었을 것이다.

* P. Jackson, *The Mongols and The West* 1221-1410, p.313.

금과 은, 진주와 보석 그리고 실크를 비롯한 여러 가지 직물, 갖가지 염료 및 향신료 등이 앞에서 말한 무역루트를 따라 동양에서 들어왔는데 이러한 물품들은 대중용 소비품이라기보다는 사치품으로서 귀족들에게 고가로 팔리는 상품들이었다. 유럽보다는 아시아에서 많이 생산되고 또 값도 상대적으로 저렴하였기 때문에 먼 거리를 건너와서도 상인들에게 상당한 이익을 안겨주었다. 투입된 자본 대비 100퍼센트의 수익률도 드물지 않았고 모험이 따르는 사업의 경우 수익률은 500퍼센트로 치솟았다고 한다.*

페골로티도 언급했듯이 몽골 제국은 지폐를 사용하였다. 당시 유럽인들의 눈에는 아주 생소한 것이었다. 물론 지폐는 원나라 때 처음 사용된 것은 아니다. 그 전 송나라에서 먼저 사용되었지만 몽골 시대에 지폐는 법화로 강제 유통되었다.

원나라와 일한국에서 도합 24년(1271-1295)을 살았던 마르코 폴로는 그의 여행기에서 대칸은 '종이를 돈으로 변환시키는 연금술사'라고 표현하였다. 뽕나무 껍질을 벗겨서 만든 종이에 대칸의 도장을 찍어서 만든 지폐를 누구도 받기를 거부할 수 없었다. 거부하는 경우에는 사형죄로 다스려졌다. 대칸은 금과 은, 비단 등의 값비싼 물건을 사들일 때도 이러한 종이 쪽지를 이용한다. 종이를 주고 금과 은을 손에 넣다니! 마르코 폴로에게 이는 너무나 신기한 일이었다. 이렇게 종이를 주고 원하는 값비싼 물건을 얼마든지 손에 넣을 수 있기 때문에 대칸은 세상의 어떠한 군주보다 더 부자였다.

그렇게 대칸에게 받은 지폐는 어디서나 유통되었다. 대칸의 권력으

* *Ibid* p.313.

로 유통이 법적으로 보장되어 있었고 또 상인들 스스로 그러한 지폐가 어디서나 사용된다고 믿었기 때문에 가능한 일이었다. 그릇이나 장식품을 만들기 위해 금이나 은이 필요한 사람은 지폐를 발행하는 관청으로 가서 지폐를 금과 은으로 얼마든지 바꿀 수 있었다. 마르코 폴로는 지폐가 찢어지거나 훼손되는 경우 그것이 발행된 관청으로 가서 새로운 지폐로 바꿀 수 있다고 하였다. 지폐 교환에는 3퍼센트의 수수료가 부과되었다고 한다.*

* Henry Yule, tr. *The Book of Ser Marco Polo the Venetian Concerning the Kingdoms and Marvels of the East,* Book I, 1903. ch.24.

45

최초의 북경 대주교 몬테코르비노

몽골 제국과 서방 세계와의 꾸준한 외교적 접촉은 13세기 말 중국 가톨릭 교구의 설립을 낳았다. 교황청이 파견한 이탈리아 출신의 프란체스코 수도회 소속의 사제인 조반니 다 몬테코르비노(1247-1328)가 칸발릭(북경)에 가서 중국 교구를 설립한 것이다. 이는 기독교사와 동서문명교류사의 관점에서 후대의 마테오 리치 신부의 중국선교와 더불어 상당히 의미심장한 사건으로 여겨진다.* 최초의 북경대주교가 되었던 몬테코르비노는 중국에 파견되기 이전에 가톨릭 교회와 그리스 정교회의 통합문제를 놓고 비잔틴 황제와 로마 교황 사이의 외교교섭에서 사신 역할을 한 적이 있었다. 물론 양교회의 통합은 비잔틴의 미카엘 팔레오구스 황제가 로마교황에 의해 파문되는 것으로 완전히 실패로 돌아갔지만 말이다.

몬테코르비노가 비잔틴 지역에서 활동하다가 로마로 돌아온 것은 1289년이었는데 당시 비잔틴과 접촉하던 몽골 제국 관련 정보를 가져왔다. 몽골 군주들이 기독교에 우호적이라는 점이 그러한 보고 가운데 골자였을 것이다. 당시 교황은 앞서도 언급한 랍반 소마가 알현했던 니콜라스 4세였다. 일칸 아르군은 교황에게 가톨릭 성직자의 파

---

* 몬테코르비노에 대한 소개와 그의 편지들은 율의 책에서 찾아볼 수 있다. Henry Yule, tr. 'Letters and Reports of Missionary Friars from Cathay and India' in *Cathay and the Way Thither* Vol. III, The Hakluyt Society, 1914. pp.3-70.

견을 요청하였다. 그리하여 이러한 요청에 응하여 교황은 아르군 칸 뿐 아니라 대칸 쿠빌라이 그리고 심지어는 쿠빌라이의 경쟁자였던 차가타이한국의 카이두와 기독교 군주인 소아르메니아 왕, 그리고 야곱파 교회의 총주교 등에 보내는 외교서한을 작성하여 몬테코르비노를 사절로 파견하였다. 그런데 몬테코르비노는 교황의 서한을 전달하는 역할에 그치지 않았다. 그는 선교사로서 중국으로 가서 그곳에서 중국교구를 개척하였다.

몬테코르비노는 일칸이 있던 타브리즈에서 임무를 마친 후 극동으로 향했다.(1291년) 그 여정은 이전의 사절들처럼 중앙아시아를 거쳐서 가 아니라 인도를 거쳐 가는 여정이었다. 즉 타브리즈에서 페르시아 만의 호르무즈까지 가서 인도양을 건너 인도로 간 것이다. 그는 인도에서 13개월이나 머물며 선교활동을 하였다. 예수회 신부 마테오 리치도 1578년 인도로 가서 선교활동을 하다가 4년 후인 1582년 중국으로 들어갔는데 몬테코르비노는 그러한 면에서 마테오 리치의 선배였던 셈이다.

함께 동행하였던 동료가 죽자 그를 인도 동남부 첸나이에 있는 성도마 교회에 묻고 몬테코르비노는 바닷길로 중국으로 향했다. 그런데 그가 북경에 도착하기 직전 쿠빌라이 칸은 죽고 그 손자인 테무르 칸이 대칸의 자리에 올랐다. 새로운 대칸에게 교황의 서한을 전달한 몬테코르비노는 2년간이나 칸발릭(북경)에서 대칸과 함께 머물 수 있었을 정도로 대칸으로부터 우호적인 대접을 받았다.

당시 몽골 제국에는 상당한 교세를 가진 네스토리우스파 교회가 있었는데 몬테코르비노는 네스토리우스파가 다른 교파의 포교나 예배당 건립에 부정적인 태도를 취했다고 비판하였다. 그러나 몬테코르비노는 네스토리우스파 기독교도들의 방해에도 불구하고 교회당을 세우고 매일 미사를 올릴 수 있을 정도의 기반을 닦는 데 성공하였다. 그는 1299년 칸발릭에 종탑이 있는 교회당을 건립하였다. 1305년 그가 쓴 서신에 따르면 중국에 온 이후 6천 명에게 세례를 주었다고 한다. 네스토리우스파의 방해가 없었더라면 그 수는 3만 명은 족히 되었을 것이라고 하였다. 몇 년 뒤에는 한 이탈리아 상인의 희사로 왕궁 근처에 교회 부지를 구입하여 새로운 교회당을 지었는데 이 새 예배당은 200명을 수용할 수 있는 규모였다고 한다.(1306년의 2차 서한)

그는 또 150명의 소년 노예들을 사들여 그들을 가톨릭 신도이자 일꾼으로 만들었다. 몬테코르비노는 이들에게 그리스어와 라틴어를 가르쳤다. 일종의 신학교가 만들어진 것이다. 그가 전도하는 데 성공한 인물 가운데에는 상당한 지위의 인사도 있었다. 예전에는 네스토리우스 교회의 신도였다가 가톨릭으로 개종한 조지 왕이라는 사람이었다. 그는 '인도의 프레스터 요한'의 후손이었다고 한다. 아마 케레이트족 왕족이었을 것이다. 이 사람은 자신의 돈으로 '로마교회'라는 이름의 또 다른 교회를 산서성에 위치한 다퉁(대동大同)에 세웠다.

이렇게 선교활동에서 성공을 거둘 수 있었던 데에는 대칸의 우호적인 태도와 물질적 지원이 적지 않은 역할을 하였다. 대칸은 가톨릭 선교사들에게 '알라파'라고 하는 은급을 지급하였다. 몬테코르비노가 교회를 세울 때에도 이 돈이 적지 않은 도움을 주었을 것이다.

몬테코르비노는 지적으로 뛰어난 사람이었다. 그는 중국에 도착한 후 몇 년 만에 타타르어 즉 몽골 말과 글을 완전히 익혔다. 이를 바탕으로 그는 신약성서와 시편을 번역하였다. 1304년경 아놀드라는 이름의 독일인 수사가 사역에 합류하기까지 몬테코르비노는 11년간이나 혼자서 중국 선교사역을 감당하였다. 그에게는 무엇보다 여러 명의 협력자가 필요했을 것이다. 그래서 1305년의 그의 첫 번째 서한에서 두세 명이라도 좋으니 모범적인 동역자를 보내달라고 부탁하였다. 또 이들이 중국으로 오는 가장 좋은 루트까지 제시하였다. 앞에서도 소개한 타나로부터 킵차크한국을 거쳐 오는 루트로서 가장 안전하고 빠른 길이며 시간은 5-6개월 정도 소요된다고 하였다.

몬테코르비노의 서한을 받은 교황 클레멘트 5세는 7명의 부주교를 임명하여 북경으로 파송하였다. 이들 가운데 세 명만이 무사히 북경에 도착할 수 있었는데 이들의 도착 직후 교황의 명으로 몬테코르비노는 인도를 포함한 동방을 관장하는 북경 대주교로 서임되었다. 세 사람의 부주교 가운데 한 사람인 페루기아 출신의 안드레아가 1326년에 동료 수사에게 보낸 편지가 하나 남아 있다. 이 편지 역시 몬테코르비노의 서한과 더불어 당시 중국 교구의 사정을 엿볼 수 있는 귀중한 사료이다.

안드레아는 자이툰의 주교로 임명되었는데 자이툰은 복건성에 있는 항구도시 취안저우(천주泉州)를 말한다. 그는 몬테코르비노와는 사이가 나빴던지 주교로 임명되기 전부터 취안저우에 와서 정착하였다. 그는 황제로부터 받는 은급으로 시 외곽에 교회를 하나 지었다. 이 교회는 실제로는 안드레아가 자신의 거처처럼 이용하였다. 물론 자이툰 시내에는 아르메니아 출신의 부유한 여성 신도가 희사한 돈으로 지은 교회당이 따로 있었다. 이 교회가 자이툰의 주교좌 성당이었다.

안드레아 주교의 짧은 편지에서 우리는 당시 몽골 제국의 종교 사정을 알려주는 중요한 구절을 발견할 수 있다. "이 거대한 제국에서는 하늘 아래 모든 민족, 모든 다양한 종파들이 자신들의 신념에 따라 자유롭게 사는 것이 허락된다. 누구나 자신의 종교를 통해 구원받을 수 있다고 생각한다. 우리는 아무런 방해도 받지 않고 전도할 수 있다."* 몽골 제국은 다양한 종교들에 관용정책을 펼쳤으며 이러한 다양한 종교들이 서로 경쟁하고 공존하였다. 당시 하나의 종교만이 허락되던 유럽과는 완전히 딴 세상이었다. 가톨릭 이외의 다른 종교와 이단들을 일절 용납하지 않던 유럽의 가톨릭교회가 이 번 몽골 제국 내에서 주교구를 설치하고 자유스럽게 포교할 수 있었던 것은 하나의 커다란 아이러니였다.

몬테코르비노 대주교는 1328년에 소천하였는데 그의 소천 소식은 몇 년 뒤인 1333년 교황청에 알려졌다. 교황청은 즉각 그 후임자를 선정하였다. 파리 대학의 신학교수 니콜라스라는 인물이었는데 그는 북경 대주교의 자격으로 21명의 수사 및 6명의 평신도들과 함께 중국으로 향했다. 그러나 알타이 지역의 알말릭에 도착했다는 기록은 있지만 어떤 이유에서였는지 북경에는 도착하지 못했다. 니콜라스 대주교는 여행 도중에 죽은 것으로 보인다.

후임 북경 주교가 오지 못했다는 것은 1338년 교황청에 전달된 중국 알란족의 서한에 드러난다. 알란족은 자신들은 몬테코르비노 주교로부터 가톨릭 신앙을 받아들였는데 이제는 자신들의 영혼을 위로하고 이끌어줄 목자가 없다고 하소연한 것이다. 그러자 교황청에서 다시 한번 중국으로 선교단을 파견하였다. 교황 대사 4인을 포함하여 32명의 인원으로 구성된 대규모 선교단이었는데 이번에는 북경까지 안전하게 도착하였다. 그런데 이 선교단에는 북경 주교로 임명된 사

* *Ibid.* p.74.

람은 없었다. 그 이유는 알 수 없다.

그 가운데 마리뇰리 수사라는 인물이 있었다. 이 사람 역시 신학교수 출신인데 중국에 도착한 후 얼마 있지 않아 돌아간 일부 인사들과는 달리 비교적 오랫동안 체류하였다. 당시 교황청은 프랑스 남부의 아비뇽에 있었는데 그가 아비뇽으로 귀환하여 제출한 보고서에 따르면 1338년 12월 아비뇽을 출발하였다. 콘스탄티노플과 크림반도의 카파를 거쳐 킵차크한국을 지나는 여정을 선택하였다. 중앙아시아의 차가타이한국을 거쳐 북경에 도착한 것은 1342년 5, 6월경이었다. 그는 북경에서 약 4년 정도 체류한 후 또 다른 선교중심지인 자이툰으로 가서 그곳에서 인도로 배를 타고 갔다. 1342년 말이었던 것 같다. 인도 서남부의 퀼론(그는 라틴어로 '콜룸붐'이라 하였다)으로 가서 일년 정도 그곳 기독교도들 사이에서 체류하였다. 그는 동남부 해안 지역에 위치한 성도마의 유적을 탐방한 후 사바로 갔는데 이는 자바 섬을 가리키는 것으로 보인다. 또 실론 섬도 찾아가는 등 몇 년간을 인도양 주변에서 보냈다. 실론 섬에서 호르무즈로 배를 타고 와서 육로로 바그다드, 모술, 에데사, 알레포, 다마스쿠스, 갈릴리, 예루살렘을 차례로 방문한 후 아비뇽으로 돌아왔다고 한다. 그가 아비뇽에 돌아온 것은 1353년이라고 하니 무려 15년만의 귀향이었다.

귀향 후 그는 대관식 때문에 이탈리아에 온 신성로마 제국 황제 카를로스 4세와 알게 되었다. 호기심이 많은 카를로스 황제는 세계 끝까지 가본 이 남자를 자신의 궁정 사제로 임명하고 그의 모험담을 듣기를 즐겨하였다. 그런데 그가 황제를 수행하여 프라하를 방문했을 때 황제는 마리뇰리에게 《보헤미아 연대기》 개작을 맡겼다. 중세 연대기라는 것은 보통은 아담에서부터 시작해서 당대까지의 역사를 담는데 마리뇰리는 그러한 태고 역사에다가 자신의 동방 여행담과 동방의 지리에 관한 이야기를 잔뜩 끼워 넣었다. 그렇지만 아무도 이런 요상한 책에 주의를 기울이는 사람은 없었다. 그의 저술은 수세기 동안 프라하 수도원 도서관에 처박혀 있다가 1768년 겔라시우스 도브너Gelasius Dobner라는 학자에 의해 책으로 간행되었다. 물론 라틴어로 되어 있었다. 그러다가 1820년에는 마이네르트G. M. Meinert라는 체코 학자가 그 연대기 가운데서 마리뇰리의 여행담과 아시아 지리에 관한 부분을 떼어내어 이해하기 쉽게 정리한 후 독일어로 번역하였다. 필자가 참고한 영국 동양학자 헨리 율의 《캐세이와 그 경로》 제3권에 실린 '마리뇰리의 동방기행에 관한 회상'은 마이네르트의 그러한 작업을 기반으로 한 것이다.* 율은 라틴어에서 영어로 직접 번역하였다.

* Henry Yule, tr. 'Marignolli's Recollections of Eastern Travel' in *Cathay and the Way Thither* Vol. III, pp.177-269.

46
타타르의 멍에

　러시아인들은 1240년부터 1480년에 걸쳐 몽골의 지배를 받았다. 고려가 1231년부터 1360년경까지 130년간 지배받은 것보다 백년 이상 더 몽골의 지배를 받았다. 러시아인들은 이러한 몽골의 지배를 '타타르의 멍에'라고 부른다. 타타르는 원래는 몽골 초원지대에 살던 투르크계의 부족이다. 7세기의 고대 투르크 비문에는 '13성 타타르'(오투즈 타타르)가 나오고 한문사료에는 '구성달단九姓韃靼'이 나오는 것으로 보아서 여러 부족들로 이루어진 족속이었던 것으로 여겨진다. 14세기 초에 몽골족의 역사를 남긴 라시드 앗 딘에 의하면 당시 널리 알려져 있는 부대와 군주를 가진 타타르 부족만 6개였다고 한다.*

　타타르족은 칭기즈칸의 증조부였던 알탄 칸의 시대부터 몽골족의 철천지원수였다. 칭기즈칸도 이들과 전쟁을 했던 것은 물론이고 이들에 대한 적개심이 어찌나 강했던지 아이들과 아녀자 심지어는 임신한 여자들까지도 모두 죽이라는 칙령을 내릴 정도였다. 이러한 살벌한 분위기에도 불구하고 타타르족은 살아남았다. 그 이유는 몽골족이건 아니건 타타르족과 통혼하는 사람들이 적지 않았기 때문이다. 심지어는 칭기즈칸조차도 두 명의 타타르족 여자를 부인으로 삼았다. 타타

---

* 라시드 앗 딘, 김호동 역, 《부족지》, 사계절, 2002. p.151.

르인들이 결혼상대로 특별히 매력이 있었던 것인지는 모르겠으나 라시드 앗 딘에 의하면 그들은 초원의 유목민들 중에서 가장 부유한 족속이었다고 한다.

칭기즈칸은 타타르족과 싸울 때 우연히 길에 버려진 타타르 아이를 하나 데려와 첫째 부인인 부르테 우진에게 주어 기르게 하였다. 부르테 우진은 당시에 아이가 없어 아이를 갖고 싶어했는데 주워온 아이를 마치 친자식처럼 애지중지 키웠다. 이 아이는 자라서 칭기즈칸 집안에서 존경받는 인물이 되었다. 쿠투크 노얀이라는 사람이다. 오고타이 대칸은 그를 형으로 부르며 대우하였다.

몽골사에 대한 방대한 저서를 남긴 헨리 하워드는 몽골 제국이 등장하기 한참 전부터 타타르족은 유럽인들에게 그 이름이 알려져 있었다고 한다.* 그런데 러시아인들이 몽골족과 그 지배하에 있던 투르크족을 통칭하여 타타르족이라 부르게 된 것은 무슨 연유 때문이었을까? 정확한 사정은 알려져 있지 않다. 러시아인들은 바투 원정군 가운데서 타타르족의 부대를 먼저 접하고 몽골족을 모두 타타르라 부르게 된 것이 아닌가 추정된다. 여하튼 러시아인들에게는 몽골어를 하건 투르크어를 하건 모두 타타르였다.

러시아를 지배하게 된 타타르인들은 러시아 땅을 정복한 후 곧바로 인구조사를 시행하였다. 키예프, 포돌리아, 페레야슬라블, 체르니고프 등 서부 러시아에서는 최초의 인구조사가 1245년에 있었고 1258-59년에는 동북부 지역의 블라디미르 공국과 노보고로드에

---

* Henry Howarth, *History of the Mongols from the 9th Century to the 19th Century. Part I. The Mongols Proper and The Kalmuks.* 1876. p.701.

서 인구조사가 실시되었다. 1260년 이후에는 갈리치아와 볼리냐에서, 1274-75년에는 동부 러시아 지역에서 인구조사가 이루어졌다. 러시아어로 수를 의미하는 '치슬로' 즉 인구조사는 병사를 징집하고 세금을 거두기 위해서는 반드시 선행되어야 할 필수적인 행정조처였다.

칸은 러시아 공들에게 '야를릭'이라는 임명장을 수여하였는데 러시아 공들의 충성심이 의심되면 언제라도 야를릭을 회수할 수 있었다. 자신들의 지위를 타타르인들에게 의존하게 된 공들은 자기 영지에서 몽골의 요구를 거부할 수 없어 타타르의 인구조사에 협조하였다. 앞에서도 언급한 알렉산드르 네프스키는 당시 러시아의 대표 같은 역할을 맡고 있었는데 그는 노보고로드 시민들이 인구조사를 거부하고 소요를 일으키자 그들을 무력으로 진압하고 몽골 관헌에 의한 인구조사가 차질 없이 이루어지도록 하였다.

타타르 당국은 주민의 수를 집계하여 해당 지역의 징집 가능자 수를 확정하였다. 십호, 백호, 천호, 만호 등의 조직이 그러한 징집 단위로서 십호는 열 명의 병사를 제공해야 하는 단위이고 천호는 천 명의 병사를 제공해야 하는 단위이다. 몽골 제국은 러시아 남성 인구의 10퍼센트를 병사로 요구하였다. 여성을 포함하면 5퍼센트 정도 된다. 그러므로 만호萬戶의 인구는 대략 20만 정도라 할 수 있다.

베르낫스키에 의하면 이러한 조직 가운데서 가장 큰 징세단위인 만호(투멘)는 서부 러시아에 16개, 동부 러시아에 27개가 있었다고 한다.* 블라디미르 대공국의 경우 무려 15개의 만호가 설치되어 있었을

* 게오르기 베르낫스키, 《몽골제국과 러시아》, p.314.

만큼 큰 공국이었다. 물론 만호가 설치되지 않은 곳도 있었는데 교회영지는 말할 것도 없고 노보고로드와 프스코프 같은 특권도시 및 툴라와 같은 칭기즈칸 가의 직할영지 등이 그러하였다.

몽골의 지휘관들은 천호장과 만호장에 임명되었다. 베르낫스키에 의하면 이들 지휘관들 — 이들을 바스칵basqaq이라고 하였다 — 밑에는 징세감독관인 다루가(혹은 다루가치)가 배속되었다고 한다. 다루가치는 인구조사를 시행하고 병사를 징집하며 또 역참(앰)을 설치하고 세금을 거둬 중앙으로 보냈다. 바스칵은 지방의 요지에 몽골 및 투르크족 병사들로 이루어진 부대를 유지하였다. 러시아 공들은 바스칵의 군대가 소요에 대처할 수 없을 때에는 자신들 휘하의 부대를 동원하여 바스칵을 지원해야 하였다.

바스칵과 다루가의 관계를 베르낫스키와는 다르게 보는 사람도 있다. 미국의 러시아사 전문가 찰스 핼퍼린은 만호마다 설치된 바스칵제도가 14세기 중엽 흑사병과 내전, 티무르의 공격 등으로 사라지고 러시아 공들이 직접 세금을 거두어 바치는 제도로 바뀌게 되었다고 한다. 핼퍼린은 다루가가 바스칵 밑에 있었던 관리가 아니라 바스칵제도가 쇠퇴한 이후에 등장한 금장한국의 중앙 관리였다고 본다.* 김호동 교수는 바스칵과 다루가가 동일한 직책이었다고 본다. 그에 따르면 바스칵은 투르크어, 다루가치는 몽골어인데 모두 도장을 찍는 사람이라는 뜻으로 같은 관직을 일컫는다는 것이다.**

몽골이 주민들에게 부과한 세금은 크게 두 가지로 나뉜다. 하나는

---

* C. Halperin, *Russia and the Golden Horde,* Indiana University Press, 1985. p.39.
** 김호동, 《몽골제국과 고려》, 서울대학교 출판문화원, 2007. p.96.

십일세이다. 농산물과 가축에 모두 10퍼센트를 부과하는 세금이었다. 물론 그 외에도 여러 가지 세금들이 있었다. 토지에 부과되는 '쟁기세', 역참을 유지하기 위한 '역참세', 군역 대신 부과하는 '군인세' 등이 있었다. 또 왕족 소유의 노예들에게는 노예노동을 면제하는 대신 부과하는 '면역세'라는 세금도 있었다. 칸들은 이러한 명목의 세금 외에도 필요한 경우 추가로 징수하는 '자프로스'라는 세금을 거둘 수 있었다. 러시아인들은 칸들과 그 사절들이 여행을 할 때 그들에게 음식과 마량, 운송용 말과 마차를 제공해야 하였다.

도시의 주민들에게는 또 '탐가'라는 현물세도 부과하였는데 탐가는 납세필증에 찍는 도장을 지칭하는 말에서 온 것이다. 일한국에서는 탐가가 자산가들의 자산에 징수되는 재산세가 되었는데 세율은 0.4퍼센트였다. 시간이 가면서 탐가는 거래되는 상품에만 부과되는 물품세나 관세의 성격을 띠어갔다. 도시의 수공업자들에게는 영업세도 부과되었다. 또 도시민들에 대한 인두세도 있어 가난한 사람들에게 큰 부담이 되었다고 한다.

13세기 말과 14세기 초에 몽골 지배 체제의 중대한 변화가 발생하였다. 바스칵들이 소환되고 러시아 공들이 세금과 공물을 부과하고 걷는 일을 떠맡게 된 것이다. 하급 세리들은 공들이 직접 임명하였다. 러시아를 대표하게 된 모스크바 대공은 사라이에 있는 최고 다루가와 협상하여 칸에게 바쳐야 할 상납금(이를 지출이라는 뜻의 '뷔하트'라 하였다)을 확정하였다. 그 액수를 상회하는 세금수입은 모스크바 대공의 금고로 들어갔다. 시간이 흐르면서 탐가와 얌(역참세) 등은 칸에게 가지 않고 대공의 차지가 되었다. 금장한국 내에서 칸 자리를 놓고 벌어진 몽골 지배층 내의 권력투쟁으로 인해 1360-70년대에는 정치적으로 큰 혼란이 초래되었는데 이 기간에 대공의 상납액은 크게 낮아졌다. 모스크바 공국의 흥기는 결국 이러한 몽골 통치체제 내에서 모스크바 대공(명목상으로는 블라디미르 대공)이 차지하였던 징세대리인으로서의 수지맞는 역할에 기반을 두었던 것이 아닌가 생각된다.

47
모스크바 대공국

타타르의 지배 즉 킵차크한국의 지배를 떨치고 러시아에 해방을 가져다 준 것이 모스크바 공국이다. 모스크바 공국은 이후 러시아 역사의 주역이 된다. 모스크바 대공이 전 러시아의 차르(황제)가 되어 러시아를 통일하고 대외적으로는 러시아 영토를 크게 확대하였다. 러시아 제국은 16세기 후반 남러시아 스텝 지역은 말할 것도 없고 시베리아와 중앙아시아 정복에 나서 몽골 제국의 뒤를 이어 엄청난 영토와 민족들을 지배하는 세계 제국으로 발전할 수 있었다.

모스크바가 처음 러시아 문헌에 언급되는 것은 1147년으로서 당시 모스크바는 수즈달 공국에 속한 작은 읍에 불과하였다.* 키예프 대공 유리 돌고루키가 모스크바를 세운 사람으로 알려져 있다. 그의 손자가 블라디미르 대공 알렉산드르 네프스키이다. 알렉산드르 네프스키가 몽골에 대항하는 짓은 가망이 없다는 것을 알고 반서방, 친몽골 정책을 취했다는 것은 앞에서 언급하였다. 그가 죽었을 때 넷째이자 막내아들인 다니엘은 두 살짜리 어린애였는데 모스크바를 물려받아 모스크바 공이 되었다. 제1대 모스크바 공인 셈이다. 하지만 모스크바는 아직은 목책으로 둘러싸인 소도시에 불과하였다. 다니엘의 아들 유리는 러시아를 대표하는 블라디미르 대공 자리를 놓고 트베

* 베르낫스키,《몽골제국과 러시아》, p.347.

르의 미하일과 싸웠다. 그는 사라이에 가서 2년이나 머물며 우즈벡 칸의 마음을 사로잡아 미하일이 갖고 있던 블라디미르 대공 자리를 차지할 수 있었다. 그는 또 칸의 여동생과 결혼하여 칭기즈칸 집안과 돈독한 관계를 맺었다. 그런데 그 칸의 여동생 아가피아(몽골 이름은 콘차카로 알려져 있다)가 모스크바와 트베르의 싸움에서 그만 포로로 잡혔다가 죽었다. 미하일이 독살했다는 소문이 돌아 미하일은 사라이로 불려갔는데 그곳에서 심문을 받고 처형되었다. 미하일의 아들 드미트리는 자기 부친의 복수를 한다고 유리를 살해하였다. 물론 이러한 불법적인 행동 때문에 드미트리 역시 부친처럼 몽골 당국에 의해 처형되었다.

몽골의 사위로서 신임을 얻었던 유리는 러시아인들이 몽골에 바치는 세금을 거두는 임무를 맡았다. 모스크바 공들은 이러한 몽골 당국을 위한 세금징수인 역할을 그 후 계속 수행하였는데 이것이 상당한 금전적 이익을 가져다주었던 것은 물론이다.

유리의 아들 이반 1세(재위 1328-1341)는 모스크바 공국 흥기의 기반을 닦은 인물이다. 특히 재정면에서 탁월한 능력을 발휘하여 후대 모스크바 대공들의 모범이 되었다. 그는 늘어나는 수입으로 땅을 사들였다. 파산한 공들의 영지도 통째로 사들이고 개별 촌락들도 사들였다. 또 몽골이 포로로 잡아갔던 러시아인들을 몸값을 지불하고 데려와 정착시켰다. 이렇게 경영자로서 뛰어난 실력을 보였기 때문에 이반에게는 '돈주머니 이반'(이반 칼리타)이라는 별명이 붙게 되었다. 또 러시아의 수좌대주교 ― 정식 명칭은 '키예프와 전러시아의 수좌대주교' ― 를 모스크바에 정착시킴으로써 모스크바는 명실상부한 러시아의 종교중심지가 되었다.

금장한국 입장에서도 충성스런 모스크바 공국은 여러 가지로 이용 가치가 있었다. 특히 금장한국은 서쪽에서 흥기하여 러시아로 세력을 뻗쳐오는 리투아니아 공국 세력을 견제하는 데 모스크바를 동맹으로 적절히 이용하였다. 그러나 리투아니아 공국은 금장한국이 내란(1359-1381)에 빠진 틈을 이용하여 키예프를 점령하고 드네프르 강까지 영역을 확대하였다. 종교적인 면에서 러시아와는 달리 아직은 이교도 국가였던 리투아니아 공국이 모스크바 공국과 경계를 접하게 된 것이다. 리투아니아 공국은 중세 말 동유럽에서 혜성처럼 흥기한 정복국가였는데 그 근거지가 오늘날 리투아니아가 위치한 발틱해 연안이었다. 그런데 이곳에 독일기사단이 선교활동을 구실로 밀고 들어오자 리투아니아는 군사적으로 취약한 러시아로 진출하였던 것이다.

리투아니아 공국은 요가일라(폴란드어로는 야겔로) 대공 때 폴란드 공주와의 혼인을 기반으로 폴란드 왕국과 통합되어 동유럽 최강국으로 부상하였다. 리투아니아는 가톨릭 국가인 폴란드 왕국과 통합되면서 가톨릭 국가가 되어 러시아와는 종교적으로 차이를 보이게 되었다.

이반 칼리타의 손자가 '드미트리 돈스코이'라고 하는 드미트리 대공(재위 1359-1389)이다. 돈스코이라는 것은 '돈 강의 사람'이라는 뜻인데 1380년 돈 강 부근의 쿨리코보에서 금장한국 군대와 싸워 승리하였기 때문이다. 그는 이 승리 때문에 러시아 정교회에 의해 시성되어 성인의 한 사람이 되었다. 이전까지 몽골 세력에 대한 도전은 꿈도 꿀 수 없었으나 이 드미트리가 처음으로 몽골 세력에 도전한 것이다. 당시 블라디미르 대공 자리를 놓고 모스크바는 트베르와 치열하게 경쟁하였는데 당시 금장한국의 실력자 마마이 장군이 트베르의 미하일에게 대공 자리를 주었다. 그러자 드미트리는 반기를 들고 그 결정을 무산시켜 버렸다. 금장한국의 권력에 반기를 둔 드미트리를 마마이는 용서할 수 없었다. 이렇게 해서 일어난 쿨리코보 전투는 러시아가 몽골의 지배로부터 벗어나는 첫걸음처럼 여겨져 왔으나 그렇다고 모스크바 측의 일방적인 승리는 아니었다. 마마이의 군대가 종국적으로는 러시아군의 매복공격으로 패해서 달아났지만 모스크바의 피해도 대단히 컸다. 전투가 끝나자 많은 왕자들과 장수들이 전사하였다는 것이 확인되었고 드미트리 공도 부상을 입고 쓰러져 있는 것을 발견하였다. 몽골군과 동맹을 체결하였던 리투아니아 대공 야겔로의 군대가 이틀이나 늦게 도착한 것도 드미트리의 승리에 기여하였다. 야겔로는 모스크바가 이겼다는 소식을 듣고는 싸우지 않고 군대를 돌려 퇴각하였다.

승전소식에 러시아인들은 환호하였다. 드미트리는 타타르의 압제에 대항하는 러시아의 수호자로 부각되었다. 일부 공들을 제외한 대부분의 러시아 공들이 드미트리 편에서 타타르와 싸울 의향이 있음을 드러내었다. 이제 모스크바는 급속히 러시아의 지도자로 부각되었다. 또 몽골군은 불패라는 전설이 깨어졌다. 그럼에도 불구하고 타타르의 지배는 그로부터 100년 더 지속되었다. 왜 1380년 쿨리코보 전투를 계기로 러시아는 해방되지 못했을까?

금장한국의 내전이 계속되었더라면 아마 러시아의 해방은 그 때 가능했을 것이다. 그러나 곧 금장한국은 새로운 권력자 밑에서 급속히 정치적 안정을 되찾았다. 마마이 장군과 대립하던 동부의 톡타미쉬 칸이 동서로 분열되어 있던 금장한국을 통일한 것이다. 1381년 칼카 강 전투에서 톡타미쉬 칸의 군대가 마마이 군대를 격파하고 자신이 러시아의 통치자임을 모든 러시아 공들에게 과시하였다. 그는 러시아 공들에게 사절을 보내 그 사실을 주지시켰다. 거의 모든 공들이 그를 상전으로 인정하였다. 신흥 강국 리투아니아의 대공 야겔로도 마찬가지였다. 그러나 모스크바는 이번에도 몽골 세력에 도전하였다. 톡타미쉬가 보낸 사절들을 가로 막은 것이다. 톡타미쉬는 즉각 징벌군을 모스크바로 파견하였다. 랴잔, 니즈니 노보고로드, 수즈달 공들은 타타르군에 대하여 적극적인 협력은 하지 않았지만 중립을 지키지 않을 수 없었다. 1382년 8월 모스크바는 성문을 닫아걸고 포위공격에 맞섰다. 그러나 결국 타타르군에 성문을 열어주어야만 하였다. 타타르 군대는 모스크바를 약탈하고 많은 사람들을 살해하였다. 약탈과 살해가 끝난 후 드미트리 공이 수습한 시신만도 2만 4천 구에 달했다고 한다.*

이제 타타르의 지배에 대한 저항은 부질없는 짓이 되었다. 러시아의 공들은 사라이로 가서 톡타미쉬에게 충성을 맹세하고 야를릭을 받아왔다. 칸은 충성심이 의심스러운 트베르와 모스크바에게는 충성을 담보하기 위한 볼모를 요구하였다. 트베르의 미하일 공과 모스크바의 드미트리 돈스코이 모두 자신의 아들들을 볼모로 보내야 했다. 러시아의 시련은 계속되었다. 러시아인들은 내전 때보다도 높은 세율의 세금을 바쳐야 하였다. 또 칸이 요구할 때에는 언제나 러시아 청년들을 병사로 보내야 하였다.

러시아에 대한 타타르의 지배는 1480년 모스크바 대공 이반 3세(이반 대제, 재위 1462-1505)가 금장한국에 대한 일체의 공납과 선물을 폐지해 버림으로써 끝이 났다. 이반 3세는 북부의 부유한 노브고로드 공

* 베르낫스키, 《몽골제국과 러시아》, p.384.

국, 모스크바의 오랜 경쟁자 트베르, 남부의 체르니고프 등을 합병하여 모스크바 공국의 영역과 세력을 크게 확대하였는데 금장한국에 대한 도전은 그에 따른 자연스런 결과였다. 물론 몽골군은 모스크바가 조공을 폐지하자 원정군을 파견하였지만 모스크바 남방 100킬로미터 이상 떨어진 오카 강도 건너지 못하고 스텝 지역으로 퇴각하였다. 이제 힘의 균형이 러시아쪽으로 완전히 기운 것이다. 이반 3세의 이러한 승리는 고려가 공민왕(재위 1351-1374) 때 몽골의 지배로부터 벗어난 지 100년 이후에 찾아왔다.

48
킵차크한국의 계승국가들

　금장한국(킵차크한국)은 1420년대와 1430년대 그 지배층의 내란으로 분열의 길을 걷게 되었다. 예전에도 여러 칸들이 분립한 일이 있었지만 그 분열은 지속적이지는 않았다. 15세기 초반에 일어난 분열로 금장한국은 완전히 여러 나라로 나뉘어졌다. 이러한 분열의 주역들은 모두 투카 티무르 가문 출신이다. 투카 티무르는 주치의 막내아들인데 그 후손들은 금장한국에서 두드러진 역할을 하지 못했다. 그러다가 동서로 분열되었던 금장한국을 1380년 통일한 톡타미쉬 칸부터 두드러진 역할을 하게 되었다. 분열의 주역은 세 사람이다. 한 사람은 울루그 마흐메드, 그리고 그의 조카 다블렛 베르디, 그리고 톡타미쉬의 아들 사이드 아메드였다.

　제일 먼저 분립한 것은 크림한국이다. 크림한국은 다블렛 베르디가 세웠는데 금장한국이 내분에 빠지자 그는 혼란을 틈타 크림반도를 장악하였다. 울루그 마흐메드의 반격으로 곧 그곳에서 축출되었다. 그러자 당시 동구의 강국 리투아니아로 망명하여 리투아니아 대공 비토타스(폴란드와 서구에서는 '비톨드'로 통용되었다)와 우호관계를 쌓았다. 크림한국의 초대 칸 하지 기레이Haji Girai가 바로 이 다블렛 베르디라고 하는데 왜 이름을 이렇게 바꾸었는지는 불확실하다. 크림 칸의 시의 노릇을 했던 한 프랑스 의사의 설명에 따르면 어린 다블렛 베르디가 난을 피해 사람들 몰래 한 농민의 손에 컸는데 그 농민의 성이 '기레이'

였다는 것이다. 이 주장이 맞는 것인지는 모르겠으나 다블렛 베르디로부터 시작된 크림한국의 기레이 가문은 1787년 예카테리나 2세에 의해 크림한국이 러시아에 합병될 때까지 왕좌를 지켰다. 금장한국으로부터 떨어져 나온 다른 한국들이 16세기에 사라진 것과는 달리 크림한국은 2백년 이상 더 존속하였다.

하지 기레이가 리투아니아의 도움으로 권력을 잡아서였는지 그는 리투아니아와 폴란드 인들에 대해 아주 우호적인 태도를 취했다. 폴란드 귀족들을 궁정에 데리고 있었으며 크림반도의 무역중심지 카파에 오는 폴란드 상인들을 신경 써서 보호해주었다고 한다.*

1430년에 분립한 크림한국의 뒤를 이어 카잔한국이 1438년 세워졌다. 건국한 사람은 금장한국의 칸이었던 울루그 마흐메드이다. 그가 주치의 큰 아들 오르다의 후손 쿠축 마흐메드(소小마흐메드라고 불렸다)와의 권력투쟁에서 패하여 북쪽의 러시아인들에게로 도망쳤는데 러시아인들은 그를 내쫓아 버렸다. 러시아인들로부터 퇴짜를 맞은 그는 동쪽으로 갔다. 예전 불가리아 제국이 있던 볼가 중류로 가서 카잔을 복구하고 그곳에 정착하였다. 이렇게 해서 생겨난 것이 카잔한국(1438-1552)이다. 볼가 강 중류의 카잔 지역은 앞에서도 소개하였던 불가르인들의 나라 대불가리아가 있던 곳이다. 하워드에 의하면 이 옛 불가리아 지역은 주치가 투카 티무르에게 준 영지였다고 한다. 그러니 울루그 마흐메드가 새로운 땅을 정복한 것은 아니고 가문의 영지 일부에 정착한 것이다. 이곳에 남아 있던 불가르인들은 이후 카잔한

***

* Henry Howarth, *History of the Mongols from the 9th Century to the 19th Century. Part II The So-called Tartars of Russia and Central Asia*, 1880. p.450

국의 타타르인들과 하나가 되었다. 카잔한국은 공포정치로 악명 높은 이반 4세에 의해 1552년 모스크바 공국에 합병되었다. 타타르인들이 주민의 절반 정도를 차지하고 있는 카잔은 현재 타타르 자치공화국의 수도이다.

아스트라한은 볼가 강의 하구에 가까운 곳으로 카잔으로부터는 거의 1,200킬로미터 하류에 위치하였다. 1330년대에 이곳을 방문하였던 모로코 출신 여행가 이븐 바투타는 이곳을 '하지 타라칸'이라고 하였다.* 타르칸은 현지어로 세금면제자를 뜻한다. 한 청렴한 터키인 순례자가 그곳에 정착하자 술탄이 그곳을 면세지역으로 선포하였는데 이 때문에 이곳은 상업이 번창하여 대도시가 되었다고 한다. 언제 때 일이었는지는 언급되어 있지 않다. 이븐 바투타는 아스트라한이 번창하는 시장을 가진 훌륭한 도시라고 칭찬하였다.

이곳을 중심으로 한 아스트라한한국 역시 15세기 중반 칭기즈칸 후손들의 권력투쟁 결과 생겨났다. 즉 쿠축 마흐메드 칸의 두 아들이 서로 싸워 그 한 명인 마흐무드가 사라이에서 밀려나자 아스트라한으로 가서 그곳에 한국을 세우게 되었다고 한다.(1466년) 이 아스트라한은 오늘날의 아스트라한과는 좀 떨어진 곳에 위치해 있었다. 1472년 모스크바 공국이 금장한국의 수도인 사라이를 공격하여 파괴하자 아스트라한 시가 상업중심지로 급속히 성장하게 되었다. 아스트라한 칸은 볼가 강 하구 스텝 지역 뿐 아니라 그에 면한 카프카즈 지역도 지배하였다. 아스트라한한국은 카잔이 점령된 후 몇 년 지나지 않은 1557년 모스크바 공국에 합병되었다.

* 이븐 바투타, 정수일 역, 《이븐 바투타 여행기 1》, 창작과비평사, 2001. p.491.

카심한국이라는 나라도 있는데 다른 한국들과는 달리 모스크바 공국의 제후국이었다. 모스크바 대공 바실리 2세(재위 1425-1462)가 타타르인들의 침략과 약탈원정을 방어하기 위해 오카 강 남쪽의 땅을 카심이라는 타타르 왕자에게 주어 제후국으로 삼았던 것이다. 카심은 카잔한국을 세운 울루그 마흐메드의 아들 가운데 하나이다. 울루그 마흐메드가 반란을 일으킨 한 아들에 의해 살해되자 다른 두 아들들은 모스크바 대공에게로 달아났다.(1446) 카심 왕자와 야쿠브 왕자였는데 이들은 그곳에서 모스크바 대공의 충실한 신하가 되었다.* 이들은 자신들 휘하의 타타르인들을 데리고 여러 차례 모스크바 대공의 원정에 참여하여 공을 세웠다. 모스크바 대공은 이러한 공로를 생각하여 카심 왕자에게 영지를 주었다. 그에게 주어진 오카 강 주변 지역에는 러시아인들은 별로 살지 않고 핀족 계열의 모르도바인들이 주로 살고 있어 그곳을 영지로 주는 데 대한 저항은 없었다고 한다. 오카 강에 접한 카시모프가 그 수도라서 카시모프한국이라고도 한다. 모스크바 대공은 오랑캐로써 오랑캐를 막는다는 일종의 이이제이 정책을 쓴 것이다. 카심한국은 모스크바 공국의 충실한 제후 노릇을 하다가 1681년 여왕 파티마 솔탄이 죽자 폐지되었다. 물론 그 이전에도 이반 4세 때부터 모스크바에서 파견한 총독이 실권을 행사하면서 카심한국의 칸은 실권은 없는 명목상의 칸이 되었다.

또 시비르한국이라는 나라도 있다. 이는 주치의 다섯 째 아들인 쉬반의 후손 아불 카이르 칸에 의해 세워진 한국이다.(1428) 우랄 산맥 동쪽의 서부 시베리아 일대에 위치해 있었는데 후일 시베리아라는 이

* Henry Howarth, *op. cit.* Part II, p.430.

름은 여기서 나온 것이다. 16세기 말 모스크바 공국이 용맹한 코사크 인들을 앞세워 시베리아 정복에 나서면서 멸망하였다.(1582)

49
카잔한국의 멸망

러시아사에서 1552년 카잔한국 정복은 중요한 사건이다. 카잔 정복으로부터 스텝 지역에 대한 모스크바의 정복과 지배가 시작되었기 때문이다. 이를 발판으로 삼아 러시아인들은 우랄 산맥을 넘어 시베리아를 정복하였다. 요컨대 카잔 정복은 모스크바 공국이 광대한 영토를 가진 대제국으로 도약하는 도약대였다. 모스크바 대공은 카잔 정복 이후 '전러시아의 차르'로 자신을 내세우게 된다.

물론 모스크바가 카잔한국을 정복하기 전에 모스크바와 카잔은 근 백년 이상 싸움을 하였다. 카잔한국을 세운 울루그 마흐메드부터 모스크바 공국과 전쟁을 하였다. 그가 눈물을 머금고 모스크바 땅에서 쫓겨나 카잔에 와서 정착했을 때 거느린 병력은 3천에 불과했으나 정착 후 인구가 급속히 늘었다. 전에 버려져 있던 카잔에 새로운 도시가 건설되었다는 소문이 나면서 사람들이 많이 모여들었다. 카잔은 볼가 강이라는 오랜 교역로 상에 위치해 있었을 뿐 아니라 땅도 비옥하였다. 카잔한국이 초기 로마처럼 주변의 온갖 부랑아들을 불러모아 인구를 늘리는 정책을 썼다는 이야기도 있다. 울루그 마흐메드는 자신이 은혜를 베풀어 권좌에 올랐던 모스크바 대공 바실리 2세가 자신에게 보여준 배은망덕함을 잊지 않았다. 그는 두 차례나 모스크바 공국을 공격하였는데 두 번째 공격에서는 모스크바 대공을 포로로 잡고 대승을 거두었다. 그러나 뜻밖에도 울루그 마흐메드 칸은 그에게 관대한 태도를 보였다. 다음부터는 자신을 우호적으로 대하라는 말과 함께 모스크바 공을 돌려보냈다고 한다.* 심지어는 바실리 2세가 그의 정적에 의해 눈알이 뽑힌 채 왕좌에서 쫓겨나자 군대를 이끌고 가서 바실리에게 권력을 되찾아주기까지 하였다. 칸의 이러한 관대한 태도가 사람들을 카잔으로 불러 모은 것이 아닌가 생각된다.

그 후 모스크바의 이반 3세(재위 1462-1505) 때에는 모스크바가 다시 우위를 잡았다. 카잔한국 내의 권력투쟁에서 패한 사람이 모스크바로 가서 도움을 요청하자 이반 3세는 군대를 보내 그를 칸의 자리에 올려놓았다. 이러한 방식으로 모스크바는 카잔한국의 권력투쟁에 개입하였다. 이반 3세는 자신이 원하는 인물을 새로운 칸으로 앉히기까지 하였다.

이반이 권좌에 앉혀준 무함마드 아민 칸이 후손이 없이 죽자 이제 크림한국의 기레이 가문도 자신들이 카잔한국에 대한 권리가 있다고 하면서 싸움에 끼어들었다. 카잔한국은 러시아파와 크림파로 갈려 대립하였다. 모스크바가 옹립한 인물이 칸이 되기도 하고 크림한국이 선택한 인물이 칸이 되기도 하였다. 심지어는 아스트라한한국의 왕자가 칸의 자리에 오르기도 하였다. 카잔인들이 옹립한 아스트라한한국의 왕자인 예데게르가 그 사람인데 바로 예데게르 때 카잔한국이 모스크바에 의해 최종적으로 정복되었다.

카잔을 정복한 모스크바 대공은 이반 4세(1530-1584)였다. 후대에 정적들을 무자비하게 죽이고 탄압한 공포정치의 화신으로서 '이반 뇌

---

* Edward Tracy Turnerelli, *Russia on the Borders of Asia : Kazan, the ancient capital of Tartar Khans*, Vol.1, 1854. p.80.

제雷帝'라는 별명을 얻었던 인물이다. 이반은 세 살 때 부친을 여의고 왕이 되었다. 물론 부왕이 지명한 인사들로 구성된 섭정회의가 통치를 하다가 이반이 성인이 된 17세에 차르의 친정이 시작되었다. 카잔전쟁은 그로부터 2년 후에 시작되었다. 1549년 사파 기레이 칸이 두 살배기 아들만 남긴 채 죽었는데 그로 인한 카잔의 내부적 혼란을 이용하여 모스크바 공국이 카잔을 침공한 것이다. 그러나 이 공격은 날씨 때문에 실패로 돌아갔다. 11월에 출정한 러시아군은 카잔 성벽 앞까지 진출하여 맹렬한 공격을 퍼부었는데 당시 카잔 성벽은 목책으로 되어 있었다. 승리를 눈앞에 두었으나 갑자기 날씨가 돌변하였다. 강을 덮고 있는 얼음이 꺼지고 비가 억수같이 내려 수레가 움직일 수 없었다. 보급품 수송이 불가능해졌다. 러시아군은 굶주림을 피하기 위해 퇴각하였다.

다음해 이반 4세는 카잔을 바라보는 볼가 강 건너편 강 한가운데로 반도처럼 돌출되어 있는 곳에 요새를 건설하도록 하였다. 불과 4주 만에 세워졌다는 스비아가 요새이다. 카잔 시를 위협하는 요새가 뚝딱뚝딱 세워지는 것을 본 주변의 추바슈, 케레미스, 모르드바 부족들이 모두 모스크바 군대에 합류하였다. 포위된 카잔은 결국 항복하였다. 카잔한국은 볼가 강 건너편의 영토를 넘겨주고 황후와 어린 아들은 모스크바로 보내야 하였다. 모스크바에 충실한 인물을 새로운 칸으로 받아들이고 6만 명에 달하는 러시아인 포로를 석방해야 하였다. 그러나 일부 카잔 귀족의 선동으로 카잔인들은 항복 약속을 뒤집어버렸다. 저항을 선택한 것이다.

이반은 카잔을 강력하게 응징하는 방도를 택했다. 당시 이반 4세가 고용하고 있던 스코틀랜드인 기사의 제안으로 높은 탑 모양의 포대를 만들고 그 위에 대포를 설치하였다. 무려 60문의 포가 장착이 되었는데 카잔 성벽 높이보다 포의 위치가 더 높았다고 한다. 포대는 성벽 근처까지 접근하였는데 양자 사이에는 20피트 폭의 해자만이 있었다. 그러나 카잔군도 소총으로 반격하여 포대는 성벽을 허무는 데 실패하였다.

대포가 못한 것을 폭약이 성취하였다. 성벽 밑에 갱도를 파고 폭약을 설치하여 폭발시켰는데 이로써 성벽이 뚫렸다. 카잔 시내로 들어간 모스크바 군인들은 이 부유한 도시가 갖고 있던 부를 약탈하느라 정신이 없었다고 한다. 회교도인 카잔인들은 기독교도들의 노예가 되는 것을 두려워하여 항복하지 않고 용감하게 싸웠다. 마침내 칸 예데게르가 모스크바의 포로가 되었다. 그는 모스크바로 끌려갔지만 우호적인 대접을 받았다. 젊은 이반 4세는 아직은 포악한 모습을 드러내지 않았던 모양이다. 어린 예데게르는 기독교로 개종하고 시메온이라는 이름으로 세례를 받았다. 이반 4세는 1564년 말 느닷없이 황제의 자리에서 물러나 그 자리를 이 시메온 베크불라토비치에게 물려주었다.* 러시아인들을 충격에 빠뜨린 이반 4세의 이러한 양위에 대해서는 역사가들의 해석이 엇갈린다. 사랑하던 왕비 아나스타샤가 죽은 이후 정신이 온전하지 못해 정치에 환멸을 느끼고 양위했다는 주장, 그 해에 차르로 남아 있으면 죽게 된다는 점성술사의 말을 믿고 양위했다는 주장 등도 있지만 자신의 통치에 여러 가지 명목으로 반대를 일삼는 귀족과 교회 세력을 격파하기 위해 시메온을 일시적으로 차르로 만들어 이용했다는 해석이 설득력이 있는 것 같다. 좌우간 카잔한

* Edward Turnerelli, *op. cit.* p.146.

국의 패망군주였던 예데게르는 몇 개월에 불과하였지만 전러시아 황제 자리에도 오르는 기이한 운명을 맛본 사람이었다. 그는 후일 권력과 영지를 박탈당한 후 강제로 수도원에 유폐되었다가 1616년 모스크바에서 수도사의 신분으로 죽었다.

카잔 함락 이후 살아남은 타타르인들은 시에서 모두 쫓겨났다. 그들은 전쟁에서 졌지만 모스크바의 지배를 순순히 받아들이지 않았다. 반란을 진압하는 데 몇 년이 걸렸다. 1555년에야 주교구가 설치되었다. 카잔시의 모스크들은 모두 파괴되고 교회와 수도원이 그 자리에 들어섰다. 시내에는 모스크바에서 파견된 관리들과 군인들이 자리잡았다. 쫓겨난 타타르인들은 교외로 나가 카반 호수 근처에 정착하였다.

카잔은 시베리아와 아시아로 나아가는 길목에 있었기 때문에 상업이 번창하였다. 러시아 도처의 상인들이 이곳에 몰려들었는데 특히 시베리아에서 나는 모피가 중요한 물품이었다. 겨울이 길고 추운 러시아에서 모피는 가장 중요한 의류이다. 이곳에서 많은 양의 모피가 거래되어 주민들에게 부를 안겨다 주었다. 또 유목민들이 많이 사는 곳이라 가축의 부산물을 이용한 제조업도 번성하였다고 한다. 양초제조업이 그 일례였다. 19세기에 카잔에 관한 책을 남긴 영국인 터너렐리에 의하면 카잔은 모스크바 공국의 지배하에 들어간 후에도 상공업을 통해 지방 도시들 가운데서는 견줄 도시가 없을 정도로 부유한 도시로 명성을 날렸다고 한다.

50
시베리아 정복의 관문 시비르한국

카잔과 아스트라한한국을 점령한 후 모스크바 공국의 영토는 카스피 해 연안까지 확대되었다. 러시아 상인들도 카스피 해 너머의 페르시아 상인들 및 중앙아시아의 부하라 상인들과 거래를 하게 되었다. 그런데 이러한 상업 활동에는 큰 위험이 수반되었다. 오늘날의 우크라이나 일대로부터 남부 러시아 초원지대에서 살던 반독립적인 코사크들이 카스피 해 연안까지 진출하여 오가는 카라반들을 대상으로 약탈행각을 자행한 것이다. 심지어는 차르가 페르시아에 파견한 사절단도 공격의 대상이 되었다. 볼가 하류 지역이 돈 코사크에 의해 실질적으로 지배되고 있었던 것이다. 코사크 집단은 단일한 종족은 아니고 자유로운 생활을 갈구하여 주변 여러 공국들로부터 도망쳐온 사람들이 돈 강 주변에 정착하면서 생겨났는데 코사크라는 말은 '유랑자'라는 뜻으로 카자흐와 같은 어원에서 왔다. 이들 가운데에는 슬라브족 외에도 헝가리 계통이나 카프카즈 지방 출신들도 있었다. 이들은 점차 무리를 지어 우두머리를 선출하고 군사집단이 되었다. 코사크들은 대부분 기독교도들이어서 모스크바 공국은 타타르인들에 대한 투쟁에 이들을 쉽게 끌어들일 수 있었다. 그러나 모스크바 공국에 군사적 도움을 주었다고 해서 코사크인들의 약탈행각이 사라진 것은 아니었다.

차르 이반 4세는 볼가, 카스피 해 연안 지역에서의 코사크의 약탈과 무질서를 더 이상 방치할 수 없었다. 1577년 이반 4세는 군대를 파견하여 카스피 해 연안 지역의 코사크 산적들을 소탕하였다. 일부는 살해되거나 포로로 잡히고 또 일부는 도주하였는데 도주자들 가운데 한 무리는 카잔 지역으로 이주하였다. 무려 6천 명이나 되었던 이 집단을 이끈 우두머리는 예르막 티모페예프라는 인물이었다.* 러시아 역사에서 시베리아 정복의 문을 연 이 사람이 이끄는 코사크 무리는 카잔에서 우랄 산맥쪽으로 카마 강을 거슬러 올라갔다. 이들은 우랄 산맥 밑의 러시아인 정착촌을 만났는데 재벌가인 스트로가노프 가문이 소유하였던 오렐 고로도크라는 곳이었다.

스트로가노프 가는 모스크바 대공 정부에 자금 지원을 하여 그 대가로 많은 토지를 불하받고 또 사업상의 이권을 챙겨서 큰 부를 축적하였던 가문이다. 전해지는 말에 의하면 바실리 3세가 몽골인들에게 포로로 잡혔을 때 그 몸값으로 20만 루블을 조정에 바쳤다고 한다. 소금광산과 모피교역이 이 가문의 양대 사업이었는데 이들은 모피무역과 광산개발을 위해 일찌감치 시베리아 쪽으로 진출하였다.

당시 우랄 산맥 쪽의 서부 시베리아에는 여러 타타르인 집단이 있었는데 그 가운데 가장 큰 세력이 시비르한국이었다. 오늘날의 토볼스크 주가 그 영역에 해당하는데 수도라고 할 만한 곳은 오늘날의 토볼스크 근처 토볼 강과 이르티쉬 강의 합류지점 근처에 있던 카쉴리크였다. 카잔으로부터 무려 1,200킬로미터 떨어져 있는 곳이다. 스트로가노프 가는 우랄 산지 여러 곳에 정착촌과 요새를 세우고 있었

---

* 예르막과 코사크 집단의 시베리아 정복에 얽힌 이야기는 다음 책에 잘 나와 있다. Gerhard F. Müller et Peter Pallas, *Conquest of Siberia*, 1842. pp.5-29.

는데 바쉬키르, 케레미스, 오스티아크(핀족 계통) 등 여러 현지 족속들과 충돌을 빚게 되었다. 스트로가노프 가는 무력을 동원하여 이들을 굴복시키려 하였다. 시베리아 지역의 맹주 시비르 칸의 입장에서는 이는 시비르한국에 대한 도전이었다. 시비르한국의 쿠춤 칸은 1573년 군대를 파견하여 스트로가노프 가가 세운 정착촌을 파괴하려 하였다. 스트로가노프 가는 차르에게 지원을 요청하였다. 차르 정부는 스트로가노프 가에게 토볼 강변에 요새를 세우고 또 대포를 설치하는 것을 허가해주었다. 더 나아가 사병집단을 모집하고 보유할 권리도 부여해주었다. 그리고 일시적으로 철과 주석, 납 등의 광물을 채굴할 권리뿐 아니라 부하라 및 카자흐인들과 자유롭게 세금 부담 없이 거래할 수 있는 상업상의 특권도 주었다. 그 대신 시비르한국을 차르의 신하로 만들기 위한 노력의 선봉에 서줄 것을 명하였다. 이러한 특혜조처는 스트로가노프 가의 요청이 있자 지체 없이 부여되었다. 그러나 스크로가노프 가에게는 부랑자 출신의 일꾼들은 있었지만 충분한 병력이 없어 시비르한국에 대한 원정을 바로 실행할 수 없었다. 그렇게 몇 년이 흘렀을 때 예르막 코사크 집단이 도착한 것이다. 스트로가노프 가는 군사집단인 코사크인들을 환대하면서 이들을 타타르 원정에 나서도록 부추겼다. 코사크인들도 타타르인들에 대한 원정이 부와 세력을 키울 기회여서 마다할 이유가 없었다.

그러나 1578년 예르막의 1차 원정은 예상과는 달리 성공하지 못했다. 준비해간 식량이 일찍 떨어진 것이다. 오렐로 돌아온 예르막은 스트로가노프 가로부터 식량과 무기를 충분히 얻어내었다. 예르막의 코사크 부대는 이제 스트로가노프 가에서 제공한 머스켓 총으로 무장하고 대포도 3문이나 보유하였다. 또 군기도 러시아 군대처럼 성상을 그린 깃발을 사용하였는데 이는 이제 예르막 휘하의 코사크 부대가 단순한 스트로가노프 가문의 사병집단의 성격을 넘어 러시아 차르 군대의 일원임을 말해주는 것이다.

예르막의 2차 원정은 때로는 육로로, 때로는 배를 타고 강을 거슬러 올라가는 방식으로 이루어졌다. 시비르한국의 요새지 근처까지 가는 데 무려 1년 반 이상이나 걸렸다. 도중에 곳곳에서 접전이 벌어져 병력 손실도 컸다. 이르티쉬 강 근처에 도착해서는 남은 병력이 출발할 때의 1/10에 불과한 500명 정도였다. 수적으로는 시비르한국이 압도적이었지만 전투는 코사크 부대의 승리로 돌아갔다. 예르막은 시비르 요새를 점령하고 그곳을 자신의 거처로 삼았다. 그러자 주변의 여러 족속들이 앞 다투어 예르막에 복속하고 공납을 바쳤다. 그는 졸지에 코사크 산적두목에서 왕과 같은 존재가 되었다.

물론 타타르인들이 순순히 그의 지배를 받아들인 것은 아니다. 도망간 쿠춤 칸의 지시를 받은 타타르인들은 여러 곳에서 봉기하여 예르막의 지배에 저항하였다. 휘하의 병력도 많지 않았던 예르막은 차르에게 원조를 요청하였다. 그는 차르의 이름으로 광대한 영토를 정복했으며 토착민들은 공납을 바치기로 약속했다는 보고와 함께 최고급 모피를 차르에게 진상하였다. 차르 이반 4세 역시 자신의 이름으로 영토를 크게 넓힌 예르막의 공적을 치하하였다. 예르막이 보낸 사신들은 궁정에서 극진한 대접을 받았으며 예전에 예르막이 저질렀던 범죄행각들은 모두 사면하였다. 차르가 보낸 원군이 곧 시베리아 총독으로 임명된 볼코스키 공과 함께 도착하였다. 이러한 차르의 지원으로 기세가 오른 예르막은 서쪽으로는 타프다 강 수원지까지, 북동쪽으로는 오브 강이 이르티쉬 강에 합류하는 지점까지 정복사업을 전개하였다. 그러나 1585년 이르티쉬 강변에 있는 쿠룰라 요새를 공격하다 실패한 후 돌아오던 중 쿠춤 칸의 기습공격으로 숨졌다. 그날 300명의 러시아 군은 한 사람만 살아남고 쿠춤 칸 부대에 의해 모두 살해되었다고 한다.

시비르 요새를 탈환한 쿠춤 칸은 러시아에 대한 저항을 조직하였지만 성공하지 못했다. 타타르 귀족들이 모두 그를 따른 것은 아니었기 때문이다. 쿠춤 칸은 시비르한국에 이슬람 신앙을 적극 도입하려고 했는데 이러한 종교적 이유로 쿠춤 칸에 대해 반감을 가진 사람들이 적지 않았던 것이다. 러시아 당국 역시 그의 저항을 묵인하지 않았다. 1586년 수킨 휘하의 러시아 부대가 이번에는 우랄 산맥을 넘어서 오브강 쪽으로 진격해왔다. 수킨은 7월에 투라 강변에 있던 옛 타타르 요새 칭기에 도착하였다. 이 칭기 요새 부근에 최초의 시베리아 신도시가 세워졌다. 이 도시가 바로 투멘이다.

러시아 당국에 의해 쫓겨난 쿠춤 칸은 자신을 따르는 유목민 무리를 이끌고 이르티쉬 강 남쪽 초원으로 가서 그곳에서 새로운 한국을 세우려고 하였다. 러시아에 야삭(공납)을 바치는 예전 시비르한국의 신민들을 상대로 약탈원정을 더러 감행하였는데 1590년에는 옛 시비르한국의 본영이 있던 토볼스크 근처까지 원정을 하였다. 그 때 토볼스크 총독이 이끄는 러시아 군은 쿠춤 칸의 부인 두 사람과 아들 아불카이르를 포로로 생포할 수 있었다. 1594년 이르티쉬 강 상류의 타라 요새는 쿠춤 칸의 준동을 막기 위해 세워진 것인데 이 요새의 건설에는 타타르인들도 대거 참여하였다. 러시아 당국은 포로로 잡혀 있는 아불카이르를 이용하여 쿠춤 칸이 러시아에 항복하도록 회유하였지만 쿠춤 칸은 이르티쉬 강을 경계로 그 이남의 땅을 요구하면서 러시아의 제안을 거부하였다.

1598년 오브강 근처에서 700명의 러시아 병사와 300명의 타타르 병사로 이루어진 러시아 군의 습격으로 쿠춤의 병력은 궤멸하였다. 당시 그를 따르던 집단은 500명에 불과하였는데 그 절반이 전사하고 나머지는 도망가거나 포로로 잡혔다. 당시 잡힌 포로들 가운데에는 쿠춤 칸의 부인 여덟 명과 다섯 명의 자식들이 있었다고 한다.* 전투를 지휘하였던 러시아 지휘관 보예이코프 공은 투라 요새로 돌아가 러시아 황제에게 승전보를 보냈다. 당시 러시아 황제는 등극한 지 얼마 안 되는 타타르계의 보리스 고두노프였다. 보예이코프 공은 이제 시베리아는 이론의 여지없이 러시아의 땅이 되었다고 선언하였다. 물론 시베리아 정복이 끝나려면 아직도 반세기 정도의 시간이 더 필요하였다. 시베리아 정복은 러시아인들이 태평양 연안까지 도달함으로써 완성되었기 때문이다.

쿠춤 칸이 사라짐으로 해서 시베리아 정복을 가로막는 최대의 장애물은 사라졌다. 이제 시베리아 정복이 급속히 진행될 수 있는 여건이 마련되었다. 그런데 쿠춤 칸의 최후는 어떻게 되었을까? 1598년 오브 강 전투에서 죽었다는 이야기도 있지만 하워드의 주장에 따르면 전투에서 패한 쿠춤 칸은 이르티쉬 강을 따라 그 상류지역으로 도주하였다. 그리하여 칼미크인들의 땅에 이르렀다. 이곳에서 재기를 모색하기 위해 칼미크인들의 말을 훔치다가 그들의 추격을 받아 추종자들은 뿔뿔이 흩어지고 자신은 노가이인들에게로 도주하였다. 그러나

---

* Henry Howarth, *History of the Mongols from the 9th Century to the 19th Century. Part II The So-called Tartars of Russia and Central Asia*, p.1000.

노가이족은 쿠춤에게 우호적이지 않았다. 노가이인들은 쿠춤 칸의 부친으로부터 학대를 받은 적이 있는데 자신들에게 피난처를 찾아온 그 아들을 죽임으로써 복수를 하였다.

51
칼미크한국

러시아는 세계에서 가장 영토가 넓은 나라이다. 오늘날의 러시아를 있게 만든 모스크바 공국이 영토를 확대하면서 다양한 소수 민족들이 모스크바 공국에 편입되었다. 그리하여 모스크바 공국은 17세기에는 많은 소수민족을 거느린 하나의 거대한 제국이 되었다. 러시아의 영토 확장은 20세기 초까지 계속되었다. 현재 러시아에는 이러한 소수 민족들의 자치공화국이 22개나 된다. 그 이름을 보면 매우 생소하다. 전문가가 아니면 어디 있는지조차 짐작하기 힘든 곳들이 많다. 독자들은 이슬람 테러리스트들 때문에 언론에 자주 오르내리는 체첸 공화국은 아마 들어보았을 것이다. 카프카스 산지에 위치한 체첸 공화국에서 멀지 않은 곳에 칼미크 공화국이 있다. 물론 칼미크 공화국은 산지에 있는 것은 아니고 볼가 강 연안의 스텝 지역에 있다. 이 자치공화국의 주민은 10여만 명을 간신히 넘는데 그 대다수는 칼미크인들이다. 이들은 주변 지역의 주민들과는 완전히 계통이 다른 몽골족의 후예이다. 종교도 라마교 즉 티베트 불교를 믿는다. 어떻게 해서 몽골 후예들의 자치공화국이 유럽 땅에 생겨나게 되었던 것인가?

칼미크 공화국의 역사를 이해하기 위해서는 원나라가 명에 의해 중국에서 쫓겨나는 사건으로 거슬러 올라가야 한다. 원나라는 중국사서에서 순제順帝라고 불려진 11대 황제 토곤 테무르 때 망한다. 쿠빌라이의 후손인 토곤 테무르는 고려 여인 기황후의 남편이기도 하다. 토곤 테무르는 중국에서 쫓겨나 1370년 내몽골 지역에 있는 시라무렌 강 근처의 응창應昌이라는 곳에서 죽었다. 이렇게 몽골 초원으로 쫓겨간 몽골족의 나라가 북원北元이다. 그러나 북원은 토곤 테무르의 손자 토구스 테무르의 군대가 명나라 군대에 의해 격파되면서 역사 속으로 사라졌다.

그로부터 20여 년 간의 혼란이 있는 후 몽골 초원에는 두 개의 세력이 흥기하게 되었다. 칭기즈칸의 후손들이 통치하는 동몽골(중국인들은 이를 달단韃靼 즉 타타르라 하였다)과 서쪽의 오이라트였다. 두 세력은 서로 몽골 초원의 지배를 놓고 다투었는데 초기에는 오이라트가 우세하다가 15세기 말에는 칭기즈칸의 후예인 타타르의 다얀 칸이 몽골을 통일하였다. 다얀 칸은 몽골인들을 모두 여섯 개의 만호로 편제하였는데 자신의 아들들을 친왕親王이라는 이름으로 만호들의 지배자로 삼았다. 세력을 회복한 몽골은 그의 손자 알탄 칸 때에는 명나라의 수도 북경까지 쳐들어간 적도 있다.*

오이라트는 한자로는 와랄瓦剌로 표기하는데 이들은 예니세이 강 상류지역에서 바이칼 호에 걸친 서부 몽골 지역에서 살았기 때문에 서몽골이라고 불렸다. 이들은 네 개의 부족으로 나뉘어져 있었다. 다른 말로 하자면 오이라트는 4부족 연맹이었던 셈이다. 초로스(후에 중가르로 불린다), 두르베트, 호쇼트 및 토르구트의 네 부족이다. 명나라는 칭기즈칸 가문이 지배하는 동몽골보다는 오이라트 세력이 몽골 초원을 지배하기를 원했다. 중국과 더 멀리 떨어져 있어 직접적인 위협이 되

---

* 이것이 1550년에 일어난 '경술지변'이다. 김호동, 《아틀라스 중앙유라시아사》, 사계절, 2016. p.183.

지 않는다고 판단해서였을 것이다. 오이라트 역시 자신들에게 우호적인 입장을 취하는 중국보다는 서남방 즉 알타이 산지와 타림 분지 쪽으로 세력을 확대하기를 원했다. 15세기 초 오이라트의 수령 토곤과 그 아들 에센은 모굴리스탄과 충돌하게 되었다. 모굴리스탄은 차가타이계의 몽골족이 지배하던 몽골 제국의 후계국이다. 싸움에서 오이라트는 줄곧 우세하여 모굴리스탄의 칸을 포로로 잡았다. 그러나 그가 칭기즈칸의 후손이라는 이유로 극진한 대접을 하였다. 토곤과 에센은 왕이나 마찬가지 존재였지만 자신들의 칭호를 대장군이라는 뜻의 '타이시'(한자로는 大師)로 만족하였다. 몽골족에게는 칭기즈칸의 후손만이 칸이 될 수 있다는 뿌리 깊은 관념이 있었기 때문이다.

에센 타이시(?-1455) 때에 오이라트 세력은 절정에 달했다. 중국의 북변에서부터 북쪽으로는 바이칼 호, 서쪽으로는 발하슈 호까지 지배하였다. 오이라트 제국은 중국에도 위협을 가했다. 중국사에서 '토목보의 변'(1449)이라 불리는 사건인데 중국의 대우에 불만을 가진 오이라트 군대와 명이 싸워 명나라 군대가 참패하고 영종이 포로로 잡힌 사건이다. 오이라트는 서쪽의 카자흐족과 트란스옥시아나의 투르크계 부족들에게도 공포의 대상이 되었다. 투르크인들은 이 오이라트 몽골족을 '칼미크'라고 불렀다. 칼미크라는 말은 '남은 자'라는 뜻이라고 하는데 주변의 투르크족들이 붙여준 이름이었다.

이 오이라트가 17세기 초 혼란에 빠졌다. 동몽골의 강성이 가져온 결과였다. 동쪽에서 강력한 세력이 일어나자 그 서쪽에 사는 유목민 부족들이 차례로 압박을 받아 서쪽으로 이주하거나 도주하는 현상은 앞에서도 본 것처럼 역사적으로 여러 차례 나타난 현상이었는데 이번에도 그 양상이 비슷하였다. 알탄 칸에 의해 16세기 후반 동몽골이 흥기하자 오이라트의 초로스 부가 예니세이 강 상류 지역으로 밀려나고 그곳에 있던 토르구트 부가 다시 서쪽으로 밀려나게 되었다. 물론 이러한 정치적 상황 외에도 가축이 늘어나 초지가 부족해진 경제적 요인도 작용하였을 것이다.

토르구트 부를 이끌고 있던 수령 코 우를룩은 예니세이 강 상류와 중가리아 즉 천산 산맥 북부 초원지대를 버리고 서쪽으로 이주할 것을 결정하였다. 그런데 당시 서시베리아에는 러시아가 세력을 확장하고 있었다. 코 우를룩은 러시아 세력을 자극하지 않기 위해 최대한 유의하였다. 그는 1606년 9월 타라 총독에게 사절을 보내 이르티쉬 강 상류에서 유목을 하고 또 교역을 할 수 있도록 러시아 측의 허락을 받으려고 하였다. 이것이 러시아와 오이라트의 최초의 공식적 접촉이었다. 러시아 당국은 러시아 영토 내로 와서 유목하는 경우 차르에게 충성을 서약하고 차르의 종주권을 인정할 것을 요구하였는데 이러한 요구를 토르구트 부는 받아들였다.

20만 이상의 무리를 이루었던 토르구트인들은 서진하는 동안 카스피 해 근처에서 카자흐인들, 그리고 아스트라한 근처에서는 몽골계 노가이족의 저항에 부닥쳤지만 이들을 모두 무찔렀다. 불만을 가진 다른 오이라트인들도 토르구트 집단에 가담하였다. 토르구트인들은 1630년대부터 볼가 하류 지역에 정착하여 자신들의 새로운 삶의 터전으로 삼았다. 이들의 나라는 칼미크한국으로 불리게 되었다.

러시아 제국 입장에서는 차르의 종주권을 인정하고 차르에 충성을 선서한 칼미크한국은 이용가치가 있었다. 당시 러시아는 남부 지역을 빈번하게 침략, 약탈하던 크림 타타르와 쿠반 지역의 노가이족으로 인해 골치를 앓고 있었는데 칼미크인들을 이들과의 싸움에 동원하였다. 특히 칼미크인들은 라마교를 신봉하는 불교도였기 때문에 회교도인 크림 타타르 및 노가이족과 싸우는 데는 적격이었다.

러시아는 1655년 칼미크한국과 공식협정을 체결하였다.* 문구상으로는 칼미크족의 우두머리 즉 타이시는 차르에게 충성을 바쳐야 하는 신하였다. 그러나 실제로는 칼미크족은 러시아와 대등한 동맹이었다. 적어도 칼미크인들은 그렇게 생각하였다. 러시아 당국은 칼미크인들의 충성을 확보하기 위해 칼미크의 우두머리에게 끊임없이 선물을 보내고 회유해야 하였다. 칼미크인들이 크림 타타르 편이 될 수도 있었기 때문이다. 러시아는 칼미크가 다른 외부 세력과 접촉하는 것을 막으려고 하였지만 칼미크는 계속해서 크림한국 및 카프카즈 지역과 접촉하였으며 심지어는 오스만 제국과 페르시아에도 사절을 파견하였다. 러시아는 칼미크의 이러한 행태를 배신으로 보고 코사크와 노가이를 부추겨 칼미크를 공격하게 하였다. 러시아판 이이제이 정책이었다. 그러자 칼미크의 아유키 칸(1669-1724)은 카잔과 우파 지역을 공격함으로써 보복하였다. 칼미크족이 만만한 존재가 아님을 과시한 것이다. 18세기에 들어 칼미크는 남러시아를 넘어서는 중요한 세력이 되었다. 동쪽으로 눈을 돌려 바쉬키르, 카자흐족도 공격하였다. 이제 러시아와 오스만 제국 뿐 아니라 멀리 떨어져 있는 청나라와 티베트도 칼미크에게 구애의 손짓을 보냈다.

* Michael Khodarkovsky, *Russia's Steppe Frontier : The Making of a Colonial Empire, 1500-1800,* Indiana University Press, 2002. pp.135-136.

52
칼미크의 귀향

칼미크한국의 아유키 칸이 죽은 1724년 후 차르 정부는 칼미크한국에 대한 간섭을 거리낌 없이 자행하였다. 예전과 같은 자율성을 더이상 칼미크에 허용하지 않는다는 것이 정부의 방침이었다. 칼미크의 우두머리 호칭으로 사용되던 '칸'을 폐지하고 칼미크의 통치자를 직접 차르가 임명하려 하였다. 러시아 차르와 대등한 칸 대신 그 우두머리에게 주어진 칭호는 '부왕副王'이었다. 이와 더불어 칼미크인들을 기독교로 개종시키려는 정책도 펼쳐졌다. 사제는 말할 것도 없고 군인들도 파견되었다. 강압적인 수단도 아끼지 않겠다는 것이다.

스텝 지역으로 농민들을 이주시키는 사민정책은 칼미크에 대한 압박을 일층 강화하였다. 러시아 농민들 뿐 아니라 독일에서 온 농민들도 볼가 강 주변에 정착하였다. 코사크인들도 칼미크 지역으로 이주하여 자신들의 촌락을 세웠다. 외부에서 온 정착민들이 늘어나자 칼미크인들의 유목 지역이 위축되었다. 그 결과 가축의 수도 줄었다.

한 마디로 말해서 러시아 차르 정부는 칼미크인들에 대한 정치적, 경제적, 문화적으로 전방위 압박을 가한 것이다. 칼미크인들 사이에서 러시아의 정책을 놓고 다툼이 발생하고 또 경제적 어려움 때문에 러시아 도시들로 이주하는 사람들도 나왔다.

자타가 인정하는 계몽주의 군주였던 예카테리나 여제는 칼미크인들의 고통에 대해 귀를 기울이지 않았다. 그녀는 한걸음 더 나아가 칼미크인들에게 오스만 투르크와의 전쟁(1768-1774)에 2만의 기병을 파견하도록 요구하였다. 당시 부왕이었던 우바쉬 칸이 러시아의 이러한 과도한 요구에 항의하였지만 예카테리나는 받아들이지 않았다. 우바쉬 칸이 다스리던 10년 동안 칼미크인들은 서른 두 번이나 전쟁에 동원되었으며 희생자만 8만이나 되었다.*

이러한 참담한 상황을 더 이상 감내할 수 없었던 칼미크인들 사이에서 볼가 지역을 떠나 자신들의 고향 땅으로 돌아가자는 소리들이 터져 나왔다. 강희제 때부터 청나라는 칼미크인들에게 우호적인 태도를 보였다. 이리 강이 흐르는 중가리아 초원지역으로 돌아가는 일은 물론 엄청난 일이 아닐 수 없다. 장정들만이 아니고 노인과 아녀자를 포함한 20만 이상의 사람들과 수백만 마리의 가축들이 만리나 되는 여정을 가야만 하였기 때문이다. 러시아 당국이 가만 놔둘 리도 없고 또 가는 여정에는 칼미크족과 사이가 나빴던 카자흐족도 있었다.

그러나 칼미크의 지도자들은 러시아 땅을 떠나 자신들의 조상들이 떠나온 곳으로 돌아갈 것을 결의하였다. 바로 중가리아였다. 천산 산맥 북쪽의 초원지대인 중가리아는 오이라트의 중가르 부가 세운 중가르 제국이 있던 곳이다. 그 얼마 전 청나라의 건륭제는 중가르 제국의 내분을 이용하여 중가르를 침공하였다.(1755) 청나라 군대는 중가르 유목민들이 저항하자 무자비한 학살을 감행하였다. 중가르인의 30퍼센트가 학살되고 20퍼센트는 인근의 카자흐로 도주하였다. 천연두로도 엄청난 수가 죽어 단 10퍼센트의 주민만이 남게 되었다고 한다.**

* 가오홍레이, 김선자 역, 《절반의 중국사》, 메디치, 2017. p.703.
** 김호동, 《아틀라스 중앙유라시아사》, p.208.

청나라는 풍요한 중가르 초원을 정복하였지만 그곳에는 사람이 없었다. 칼미크인들은 이렇게 유목을 할 주민들을 필요로 하는 청나라와 접촉하였다. 건륭제는 칼미크의 제안을 환영하였다. 중국의 우호적인 입장 외에도 칼미크의 종교지도자인 라마도 이교도들의 땅을 떠나 라마교의 본산이 있는 티베트와 가까운 곳으로 이주하라고 격려하였다.

드디어 1771년 1월 5일 칼미크 족은 140여 년간 살아온 볼가 지방을 떠나 중가리아로 '민족대이동'을 감행하였다. 노약자와 아녀자를 포함 16만 8천 명이 움직였다고 한다. 칼미크인들 모두가 길을 떠난 것은 아니다. 1만 5천 호는 남았다. 출발하는 날에 볼가 강이 얼어붙지 않아 강 서안 지역에 살던 사람들은 강을 건너 대열에 참여할 수 없었다는 이야기도 있지만 하워드의 설명에 의하면 그것은 아니었다. 토르구트 부족과 함께 볼가 지역에서 살고 있던 두르베트 부족 사람들이 중가리아로 돌아가는 것을 원치 않아 남았다는 것이다.* 우바쉬 칸은 이들을 버려두고 출발하였다. 칼미크 무리는 빠른 속도로 이동하기 위해 무거운 짐은 모두 버렸는데 심지어는 러시아 동전도 무더기로 버렸다. 그 때문인지 볼가와 우랄 강 사이의 초원을 8일 만에 통과하였다. 뒤늦게 추격해온 러시아의 우랄 코사크 부대에 의해 1천 호 정도의 사람들이 붙들려 러시아로 돌아가야 하였으나 나머지는 큰 피해 없이 카자흐 초원으로 들어섰다. 추격해온 러시아 군대 그리고 카자흐족과 싸워야만 하였다. 러시아 군대와의 싸움에서는 9,000명

* Henry Howarth, *History of the Mongols from the 9th Century to the 19th Century. Part I The Mongols Proper and The Kalmuks.* 1876. p.575.

이 죽었다. 카자흐 초원에서는 카자흐족 뿐 아니라 겨울의 맹렬한 추위도 무서운 적이었다.

큰 희생을 치르고 카자흐 초원을 지난 후 무리는 이르티쉬 강 상류를 거쳐 이리 강 지역으로 가는 것을 포기하였다. 가능한 한 카자흐족을 피하기 위해서였다. 초원을 버리고 남쪽으로 험준한 계곡과 사막을 지나는 여정을 택했던 것이다. 사막을 지나면서 다시 한 번 많은 인명과 가축이 죽어나갔다. 엄청난 희생자를 내고서야 발하쉬 호수에 도착할 수 있었다. 호수의 맑은 물로 기운을 다시 차린 무리는 7월 중순 마침내 중가리아가 시작되는 이리 강에 도달하였다. 7개월간의 여정을 끝내고 청나라 영역에 발을 디뎠을 때 남은 자는 6만 6,000명에 불과하였다. 무려 10만 명 이상이 중도에 희생된 것이다.

아바쉬 칸은 이리 강에 도착하자 중국으로 사신을 파견하였다. 자신들은 러시아와 풍속이 다르다고 온갖 멸시를 받았는데 이제 귀순하니 받아달라는 내용의 서한을 보냈다. 사신이 도착하기 전에 이미 중국 조정은 러시아 측의 공문을 통해 이들이 오고 있음을 알았다. 칼미크 무리 사이에는 청나라를 배반하고 도망간 역적들도 끼어있기 때문에 이주자 무리를 쉽게 받아주어서는 안 된다는 의견도 조정에서는 있었다. 그러나 건륭제는 칼미크족의 귀환을 받아주기로 결정하였다. 건륭제가 파견한 사신 서혁덕은 이리 강변에서 우바쉬를 만나 건륭제의 서신을 전했는데 서신에는 다음과 같이 적혀 있었다. "너희들은 오랫동안 중가르에 거주하였으니 그 풍속이 러시아와 달라 안거할 수 없었을 것이다. 그리하여 오이라트 등이 짐의 은혜를 입어 처자식을 이끌고 중국에 귀순하니 실로 연민의 정이 일지 않을 수 없도다. 마땅히 빠른 시일 내에 안주할 곳을 마련할 것이다."* 또 도망간 역적에 대해서도 죄를 묻지 않을 것임을 분명히 하였다.

건륭제는 참찬대신 서혁덕을 신강 일대를 관할하는 이리 장군으로 임명하여 토르구트족의 안착을 위해 신속하게 옷과 가축, 곡식 등 생필품과 돈을 지급하게 하였다. 건륭제는 당시 더위를 피해 열하의 피서산장에 있었는데 이렇게 죽음을 무릅쓰고 무리를 이끌고 중국으로 온 우바쉬 칸과 주요 인사들을 산장으로 초대하여 환대하였다. 건륭제는 칼미크인들이 자신의 덕을 숭모하여 돌아온 것이라고 선전하면서 이리 지방에 칼미크의 '귀순'을 기념하는 비석을 네 가지 언어로 새겨 세웠다.

러시아는 칼미크족이 아무런 통고도 없이 이주하였기 때문에 그들을 돌려보낼 것을 청나라에 요구하였다. 러시아는 칼미크인들의 귀환이 이루어지지 않으면 평화조약도 깨어질 것이며 백성들의 안전도 보장할 수 없다고 위협하였다. 그러나 청나라는 그 위협에 굴복하지 않았다.

칼미크인들은 자신들의 동족이 세운 중가르 제국을 무자비하게 무너뜨린 청나라의 품에 이렇게 안겼다. 그리고 이리 강 주변의 초원에 정착하여 청나라의 충성스런 백성이 되었다. 1860년대 신강 지역 일대에서 청나라의 지배에 대한 반란의 물결이 일어났을 때 칼미크인들은 반란에 합세하지 않았다. 1880년대에 한 러시아 학자가 수집한 위구르인들의 민요에는 칼미크인들이 오히려 위구르 반도들을 잡으러 다니는 일을 하였다고 한다.**

---

* 웨난, 진위첸 (심규호, 유소영 역), 《열하의 피서산장 2》, 일빛, 2005. p.248.
** 김호동, 《황하에서 천산까지》, 사계절, 1999. p.202.

53
카자흐족과 러시아

카자흐인들의 역사는 15세기로 거슬러 올라간다. 당시 남시베리아로부터 시르다리야 강에 걸친 광대한 초원지역에는 '우즈벡'이라고 불린 사람들이 유목생활을 하고 있었다. 투르크화된 몽골족과 킵차크족들이 섞여 있었던 이 유목민들은 이슬람교도들이었다. 우즈벡이라는 명칭은 금장한국의 통치자로서 스스로 이슬람으로 개종하여 이슬람화를 촉진하였던 우즈벡 칸(재위 1313-1341)에서 온 것으로 보인다. 그러나 15세기 중반 이후 우즈벡 집단의 통치는 주치의 5남으로 알려진 샤이반의 후손에게로 넘어갔다. 우즈벡 집단을 통일한 사람은 아불카이르 칸(1412-1468)이라는 인물로 그는 금장한국이 내분으로 혼란스런 틈을 타서 세력을 확대하였으며 남쪽의 트란스옥시아나까지 영토를 확대하였다. 그의 영역은 시르다리야 강과 야익 강에서부터 동쪽으로는 발하쉬 호수, 북쪽으로는 이르티쉬 강에 이르는 광대한 영역이었다.

그런데 15세기 중엽 동쪽의 오이라트족이 우즈벡인들의 영토를 침략하였다. 오이라트의 침략을 막지 못한 우즈벡의 아불카이르 칸은 시르다리야 강변의 시그나크까지 달아났다. 오이라트족은 우즈벡인들의 땅을 아주 황폐화시켜 버렸다. 이러한 재난으로 인해 아불카이르 칸의 권위가 크게 손상되었다. 그 지배하에 있던 기레이와 자니벡이라는 두 유력자가 차가타이의 후손인 에센 부카가 다스리던 모굴리스탄으로 가버렸다. 그 자세한 계기는 알려져 있지 않다. 르네 그루쎄는 아불카이르가 트란스옥시아나의 오아시스 도시를 좋아하여 그곳에서 정착생활을 하려고 했는데 이러한 그의 취향과 정책이 순수한 유목 생활을 지향하던 사람들로부터 큰 반발을 초래하였다고 한다. 기레이와 자니벡을 따라나선 사람들은 순수한 유목생활을 원했기 때문이라는 것이 그루쎄의 주장이다.* 피터 골든 교수에 의하면 두 사람은 아불카이르 칸의 가혹한 통치에 반기를 든 반란군의 우두머리였다고 한다.**

당시 모굴리스탄은 그 영토가 파미르 고원 동서에 걸쳐 있었는데 에센 부카는 자신에게로 피신해온 두 사람에게 호의를 베풀어 추 강 유역지대를 주었다고 한다.*** 오늘날 카자흐스탄 남동쪽의 세미레체 지방이다. 일곱 개의 강이 흐르는 곳이라는 뜻으로 발하슈 호에서 천산산맥 사이의 계곡지대이다. 곧 수천 명의 추종자들이 이 두 지도자를 찾아가 합류하였다. 우즈벡한국으로부터 떨어져나간 이 순수 유목민들을 당시 사람들은 '우즈벡-카자흐' 혹은 그냥 '카자흐'라고 불렀다. 방랑자 혹은 이탈자라는 뜻이라 한다. 이것이 카자흐 역사의 시작이었다.

카자흐 유목민들과 접촉하기 시작한 러시아인들은 이들을 카자흐라고 부르지 않고 '키르기즈'라고 불렀다. 오늘날 키르기즈족은 파미

* 르네 그루쎄, 《유라시아 유목제국사》, p.668.
** Peter Golden, *Central Asia in World History,* Oxford University Press, 2011. p.103.
*** Henry Howarth, *History of the Mongols from the 9th Century to the 19th Century. Part II The So-called Tartars of Russia and Central Asia,* p.627.

르 고원과 천산산맥의 산간 초지에서 유목을 하며 살고 있는데 카자흐족과는 별개의 족속이다. 그런데 우리를 헷갈리게 하기 위해서였는지 러시아인들은 소비에트 시대까지 카자흐를 키르기즈라고 불렀으며 진짜 키르기즈인들에 대해서는 '카라 키르키즈'라고 하였다.('검은 키르키즈'라는 뜻)

카자흐족은 16세기부터 17세기로 넘어가는 시기에 세 개의 '주즈'로 나뉘게 되었다. 주즈는 투뤄크어로 백百을 뜻한다고 하는데 왜 이 말이 사용되게 되었는지는 모르겠다. 초기에는 백호 정도가 중요한 행정단위였기 때문이었을까? 하워드의 주장에 따르면 테브케 칸(재위 1680-1715)의 시대에 세 주즈로 나뉘어졌는데 원래 주즈라는 것은 순전히 행정단위였다고 한다. 테브케 칸은 세 명의 총독을 세 주즈에 임명하였는데 오이라트와의 전쟁에서 테브케 칸이 큰 어려움을 겪자 세 명은 모두 칸을 무시하고 독자적으로 행동하기 시작하였다.* 이후 세 주즈는 별개의 칸이 지배하는 나라처럼 되었다. 물론 필요한 경우에는 서로 협력하였다.

카자흐족과 러시아의 외교적 접촉은 16세기 말로 거슬러 올라간다. 러시아가 시베리아로 진출하면서 자연스럽게 카자흐족은 러시아인들을 주목하게 되었던 것이다. 1594년 당시 카자흐의 테베켈 칸(재위 1586-1598)이 모스크바로 사절을 보내 군사적 협력을 제안하였다는 기록이 있다. 모스크바가 총포를 제공한다면 카자흐는 노가이한국이나 부하라한국을 공격할 수 있다는 것이다. 그러나 당시 모스크바는 노가이나 부하라 모두에 대해 별로 관심이 없었다. 대신에 이러

* Howorth, *op. cit.* Part II, p.641.

저리 피신하며 말썽을 피우는 시비르한국의 쿠춤 칸을 잡아다 줄 것을 요구하였다. 카자흐인들은 이 요구를 들어줄 수 없었다. 쿠춤 칸이 1598년 오브 강 전투에서 러시아 군대에 패하여 칼미크인들에게로 달아났다가 다시 노가이인들에게로 가 그곳에서 죽었기 때문이다.

카자흐인들은 칼미크족이나 바쉬키르인들과도 더러 싸운 적이 있으나 주적은 오이라트였다. 이들과는 17세기 내내 싸웠다. 종족과 종교에서 두 족속은 달랐다. 오이라트족은 몽골계였던 반면 카자흐족은 그 지배자들은 칭기즈칸의 후예였지만 일반 백성들은 주로 투르크계였다. 의사소통의 수단인 말부터 달랐던 것이다. 더욱이 카자흐족은 회교를 신봉하였던 반면 오이라트족은 불교인 라마교를 신봉하였다. 오이라트의 칸이 오이라트의 우세한 힘을 믿고 티베트의 라마와 손을 잡고 카자흐족을 불교도로 개종시키려고 한 적도 있었다.

카자흐족과의 싸움에서 오이라트가 번번이 이겼다. 그 가운데 1723년의 싸움은 카자흐족에게는 매우 파국적인 결과를 초래하였다. 오이라트에 쫓겨 남쪽의 타쉬켄트, 투르키스탄(야시라고도 부르는데 시르다리야 강변에 위치한 카자흐스탄 도시로 투르크인들의 지역을 위미하는 투르키스탄과 혼동하지 말아야 한다), 사이람 등의 오아시스 도시들로 도망갔으나 오이라트족은 안전하다고 여겨진 이곳까지 공격해왔다. 카자흐인들은 시르다리야를 건너 달아나야 하였다. 대탈주극이 벌어진 셈인데 가축은 말할 것도 없고 많은 사람들이 죽거나 포로로 잡혀갔다. 카자흐 난민들이 밀어닥치면서 히바한국과 부하라한국도 혼란에 빠졌다.

더 많은 수가 아랄 해 북쪽의 엠바 강과 야익(우랄) 강 주변의 초원으로 도주하였다. 러시아와 가까운 곳이었다. 소小주즈가 주로 이곳에 자리잡았다. 몇년 뒤인 1731년 소주즈의 아불카이르 칸(1693-1748)

은 러시아와 조약을 체결하였다.* 같은 이름이 반복되어 독자들이 헷갈리겠지만 이 사람은 앞에서 나온 우즈벡의 아불카이르 칸과는 다른 사람이다. 소주즈의 칸 아불카이르는 러시아가 주변의 적들로부터 소주즈의 카자흐족을 보호해준다면 차르를 주군으로 섬기고 차르에게 공납(야삭)을 바치겠다고 하였다. 러시아는 러시아의 신민으로 간주되던 바쉬키르, 칼미크, 우랄 코사크 등을 공격하지 말 것, 아스트라한으로 향하는 카라반들을 보호할 것 등을 요구하였다. 아불카이르 칸이 이러한 요구를 받아들여 협정이 체결되었다. 카자흐의 세 주즈 중 소주즈가 처음으로 러시아에 자발적인 복속을 한 것이다. 이제 카자흐가 러시아 제국으로 편입되는 과정이 시작되었다. 물론 카자흐 귀족들의 반발이 만만치 않았다. 당시 카자흐 귀족들은 자신들과의 협의 없이 아불카이르 칸이 일방적으로 러시아와 복속협정을 맺었다고 비난하였다. 자신들은 러시아와의 평화조약 체결에 동의한 것이지 러시아에 대한 복속에 동의한 것은 아니라고 하였다. 그러나 당시 차르가 파견한 사절 테브켈레브는 능수능란한 솜씨로 반대파들을 공략하였다. 이 무하마드 테브켈레브는 러시아 외무성의 통역에서부터 시작하여 고위관직으로 승진하는데 성공한 타타르계 귀족의 한 사람이다. 능란한 말솜씨뿐 아니라 반대파 귀족들의 마음을 녹일 선물도 동원되었다. 30명의 귀족들이 차르의 신민으로 차르에 대한 충성을 맹세하였다. 그 다음 해에는 중中주즈의 쉐미아카 칸이 같은 선서를 하였다.

* Michael Khodarkovsky, *Russia's Steppe Frontier : The Making of a Colonial Empire, 1500-1800*, pp.152-153.

자발적인 복속이었지만 러시아에의 복속은 효과가 없지 않았다. 1741년 중가르의 오이라트가 반역자를 추격하여 카자흐 땅에 들어와 약탈을 자행하자 남부 스텝 지역을 관할하고 있던 오렌부르크 총독이 오이라트에 공식적으로 약탈을 중지하라고 경고하였다. 만약 카자흐인들에 대해 오이라트가 불만이 있다면 그들을 직접 공격할 것이 아니라 차르에게 정식으로 불만을 제기하라고 하였다. 오이라트인들이 러시아 총독의 경고를 받아들인 것은 물론이다. 러시아는 카자흐는 말할 것도 없고 오이라트 같은 강력한 유목민들보다 우위에 있었던 것이다. 그로부터 십여 년 뒤 오이라트는 청나라의 공격으로 멸망하게 된다. 13세기 몽골족의 지배 이후 유목민들이 러시아와 중국을 위협하고 지배하던 시대는 이제 완전히 막을 내린 것이다.

54
오렌부르크 요새

　푸가초프 반란(1773-1775)을 이야기로 다룬 푸쉬킨의 소설 《대위의 딸》은 세계명작전집에 더러 들어가 있다. 문학적 감수성이 둔해서 그런지 필자는 푸쉬킨의 이 소설은 그렇게 대단한 작품이라는 인상은 받지 못했다. 차라리 푸쉬킨이 그 소설을 발표하기 전에 쓴 《푸가초프의 역사》(1833)가 훨씬 마음에 들었다.* 한쪽으로 치우치지 않고 객관적인 진실을 추구하는 작가의 모습이 인상적이었다. 시인이었던 푸쉬킨은 오렌부르크에 와서 1년간 머물면서 문서보관소에 소장된 푸가초프 관련 문서들뿐만 아니라 목격자들의 증언과 구전 등도 조사하였다고 한다.

　《대위의 딸》(1836)은 이 역사연구를 바탕으로 쓴 소설이다. 소설은 그리뇨프라는 귀족출신의 한 젊은 장교와 작은 요새 사령관 딸인 마샤와의 사랑을 주제로 펼쳐진다. 어느 면에서 이 작품은 멜로드라마를 벗어나지 못한다. 그러나 작품의 배경이 러시아사 최대의 민중반란이라 할 수 있는 푸가초프 반란이다. 심지어는 푸가초프가 스토리 전개의 중요 인물로 등장한다. 눈보라 속에서 길을 잃었던 주인공 그리뇨프에게 길을 안내해주고 또 그 대가로 주인공은 그에게 자신이

---

* Alexander Pushkin, tr. by Earl Sampson, *The History of Pugachev*, Phoenix, 2001.

아끼던 외투를 준다. 이렇게 우연히 만났던 두 사람은 반란이 일어나면서 다시 만나게 된다. 이번에는 작은 요새를 수비하는 주인공과 그 요새를 탈취하려는 반군 지도자 푸가초프로서. 요새는 함락되고 그리뇨프 소위는 처형될 운명에 처한다. 그러나 푸가초프가 그를 알아보고는 목숨을 구해준다. 푸가초프는 또 이 젊은 친구가 연적의 방해를 물리치고 연인 마샤와 맺어지도록 도와준다. 한마디로 러시아 군 장교인 주인공에게 반군 지도자인 푸가초프가 생명의 은인이 되었던 것이다. 푸쉬킨은 소설에서 푸가초프를 이렇게 따뜻한 인간으로 그리고 있다. 두 사람은 헤어지고 반란은 지속되었다. 주인공은 반란 수괴와의 의심스런 접촉을 했다는 죄목으로 사형에 처해질 처지에 놓였으나 마샤가 우연히 만난 예카테리나 여제에게 읍소하여 주인공은 목숨을 구하게 된다. 한편 푸가초프는 반란이 실패로 돌아간 후 모스크바에서 공개처형 되는데 처형장에서 주인공을 알아보고는 눈짓으로 인사를 한다.

푸가초프 반란은 야익(우랄) 코사크의 반란으로 시작된다. 야익 코사크는 16세기 후반 러시아가 볼가 강 지역으로 진출하면서 그곳에서 살던 돈 코사크, 타타르, 노가이 등 다양한 족속 출신의 사람들이 야익 강 주변에 정착하면서 형성된 집단이다. 이들은 주로 강에서 물고기를 잡으며 살았는데 값비싼 철갑상어가 이들의 주된 돈벌이 수단이었다. 야익 코사크는 어업권을 보장받는 대신 러시아 정부가 이따금씩 요구하던 병력 지원에 응하여 러시아의 비정규군 역할을 하였다. 러시아가 예카테리나 여제 시대에 오스만 투르크와 전쟁을 하면서 이들에 대한 병력동원 요구가 늘어났다. 그런데 제대로 급료가 지불되지 않고 밀리는 경우가 많아 불만이 높았다. 그러던 참에 앞에서 언급한 1771년 칼미크족의 대탈주 사건이 일어났다. 러시아 당국은 야익 코사크인들에게 칼미크족에 대한 추격을 명령하였다. 그러나 야익 코사크는 명령을 이행하지 않았다. 러시아 당국이 개입하여 명령을 거부하는 코사크들을 처벌하려 하자 코사크의 봉기가 일어났다.

야익 코사크의 반란은 푸가초프라는 상상력과 카리스마가 넘치는 걸출한 지도자가 나오지 않았더라면 1772년 첫 번째 봉기가 진압된 이후 통상적인 국지적 민중반란으로 끝났을 것이다. 《대위의 딸》에서는 매우 인간적인 모습으로 그려진 에멜리안 푸가초프는 돈 코사크 출신으로서 1773년 가을 야익 코사크 반군의 우두머리로 추대되자 스스로를 황제 표트르 3세라고 사칭하였다. 일반적으로 민중반란은 불법적인 행동이기 때문에 민중들을 끌어들이기 위해서는 반란을 정당화할 필요성이 있다. 그러기 위해서는 가장 좋은 방안이 억울하게 쫓겨났거나 처형된 황제를 참칭하여 민중을 위한 정치를 펴겠노라고 선언하는 것이다. 실제로 러시아 역사에서는 이러한 참칭자들이 민중반란 시기에 여럿 출현하였다. 17세기 초 보리스 고두노프 황제 때 살해된 것으로 추정되는 이반 4세의 아들 드미트리 왕자를 사칭하는 여러 명이 차례로 등장하여 사람들을 미혹시켰던 것은 널리 알려져 있다.

표트르 3세는 1762년 황제 자리에 오른 후 반년도 되지 못해 쿠데타로 황제 자리에서 쫓겨나 살해되었다. 쿠데타는 왕비인 예카테리나가 사주한 것으로 알려져 있다. 그러나 자세한 사정은 한참 뒤에 알려졌는데 반란이 일어난 1770년대만 하더라도 표트르 3세가 어디로 사라졌는지도 모르는 상태였다. 명민한 푸가초프는 이 표트르 황제를 사칭하였는데 이러한 술책은 민중들에게 먹혀들었다. 표트르 황제는 죽은 것이 아니라 갇혀 있던 요새에서 도망쳐 나와 이제 요부 예카테리나에게 빼앗긴 나라를 되찾고 민중을 억압으로부터 해방시키려 하니 민중들은 어서 자신이 이끄는 반군에 합류해야 한다고 선언하였다.

푸가초프는 이렇게 가난한 농민들과 국영공장의 노동자들 및 농노들 뿐 아니라 비러시아계 유목민 집단들도 끌어들였다. 특히 앞에서 언급한 바쉬키르인들은 그들이 상실한 땅과 전통적 생활방식, 정치적 자유를 되찾을 수 있다는 생각에서 대거 반란에 가담하였다. 푸가초프의 반군은 순식간에 야익 강에서 볼가 강까지 러시아 초원지대를 지배하였다. 야익 강변에 위치한 러시아의 작은 요새들이 차례로 반군에 넘어갔다. 반군은 이러한 요새들에서 탈취한 총과 대포로 무장하였다. 푸가초프는 곧 지역의 중심지인 오렌부르크에 주목하고 오렌부르크로 진격하였다. 1773년 10월부터 오렌부르크는 반군에 포위되어 외부로부터 식량을 조달할 수 없을 정도였다. 다음 해 3월 오렌부르크 인근의 타티슈체프 요새 전투에서 반군이 크게 패하여 도주함으로 오렌부르크는 간신히 6개월 동안의 포위에서 풀려날 수 있었다.

푸가초프 반군은 오렌부르크 공방전에서 패한 후 모스크바 방향으로 방향을 틀어 볼가 강 연안의 요충지 카잔을 점령하였다. 그러나 1774년 여름 푸가초프는 이곳에서도 참패하여 카잔을 버리고 이번에는 볼가 강을 따라 남쪽으로 도주하였다. 9월 볼가 강변의 차리친(오늘날의 볼고그라드)에서 싸우다가 부하들의 배신으로 러시아 군에게 넘겨졌다. 그는 모스크바로 압송되어 다음 해 초 처형된다.

푸가초프는 바쉬키르인들과는 달리 카잔의 타타르족과 우랄 지역의 카자흐족, 칼미크족을 끌어들이는 데는 실패하였다. 카자흐족의 경우 반란을 이용하여 러시아 국경을 넘어 러시아 촌락들을 약탈하는 기회로 삼았다. 당시 러시아와 가장 국경을 많이 접하고 있었던 소 주즈의 누르알리 칸은 러시아 정부와의 우호적인 관계에도 불구하고 반란에 대해 모호한 태도를 취했다. 그는 오렌부르크 공방이 시작되자 푸가초프에게 우호적인 태도를 보이다가 반군이 오렌부르크에서 패배하여 도주하자 러시아 측에 협력을 제안하였다. 그러나 누르알리의 권위는 별것 아니었는지 일부 카자흐 부족들은 그의 변덕스런 태도에 상관없이 푸가초프 반군을 계속해서 도우고 러시아 지역으로의 약탈원정을 감행하였다. 푸가초프가 야익 강 너머의 땅을 이들에게 주겠다고 약속하였기 때문이다. 러시아 내부의 혼란을 틈탄 일부 카자흐족의 러시아 약탈원정은 푸가초프 반란이 종식되어서야 멈추었다.

반란의 무대가 되었던 오렌부르크는 러시아가 아시아로 팽창하면서 세워진 도시로 다른 요새도시들에 비해서는 다소 늦은 1740년대에 세워졌다. 1734년 이반 키릴로프라는 정부 관리가 러시아 제국 팽창정책을 위해서는 야익 강변에 새로운 요새 도시를 세워야 한다는 건의를 올렸다. 애초에는 야익 강(우랄 강)과 오르 강이 만나는 곳에 세우려고 하였는데 원래 계획된 곳에서 250킬로미터나 떨어진 하류 쪽에 세워졌다. 처음 계획된 곳은 봄마다 강이 범람하여 적합하지 않았기 때문이다.

도시 건설의 아이디어를 제공하고 또 건설책임을 맡았던 키릴로프가 작성한 보고서 제목에서도 알 수 있듯이 오렌부르크 요새는 우랄 강 너머의 카자흐인들을 러시아 신민으로 붙들어두고 그들을 원만하게 통치하기 위한 의도로 건립된 것이다. 키릴로프는 오렌부르크가 바쉬키르족과 카자흐족 사이에 위치해 있을 뿐 아니라 볼가 칼미크와 바쉬키르를 갈라놓을 수 있는 중간지점에 있다는 것 그리고 심지어는 오이라트와도 멀지 않다는 점을 지적하였다. 오렌부르크의 가치는 그러한 지정학적인 장점에 그치지 않는다. 키릴로프는 이곳이 아시아와의 풍부한 교역이 이루어질 중심지라고 보았다. 히바와 부하라, 인도 상인들이 이국적인 물건을 갖고 이곳으로 몰려올 것이며 심지어는 아르메니아와 유럽의 상인들도 찾아올 것이라 하였다. 상트페테르스부르크가 서방으로 나아가는 문이라면 오렌부르크는 동방으로 나아가는 문이 될 것이다. 키릴로프는 또 주변 아시아 지역의 무한한 천연자원을 강조하였다.

당시 러시아를 통치하던 안나 여제는 키릴로프의 보고서에 담겨 있는 제안을 채택하고 계획실현을 위한 다양한 칙령들을 반포하였다. 예카테린부르크의 국영공장들은 대포와 탄약, 건축자재를 준비하고 우파Ufa의 총독은 건설단을, 아스트라한 총독은 군대를 파견하였다.

오렌부르크가 세워진 땅은 바쉬키르족의 땅이었다. 바쉬키르 땅에 살던 비러시아계 족속들이 동원되어 건축 노동을 제공해야 하였다. 불만이 높을 수밖에 없었던 바쉬키르인들은 1736년 오렌부르크로부터 사마라 강변의 요새선이 완성되면서 자신들이 러시아 군대와 이주민들에 의해 포위되었다고 생각하였다. 바쉬키르족이 여러 차례 봉기를 일으킨 것은 이러한 위기감 때문이었다. 바쉬키르족이 푸가초프 반란에 대거 가담한 것은 당연한 일이었다.

그러나 강 너머의 카자흐 칸들은 달랐다. 그들은 오렌부르크 요새 건설을 환영하였다. 오이라트와 바쉬키르의 공격으로부터 더 안전해졌을 뿐 아니라 교역으로 인한 이익도 더 늘어날 것으로 믿었다. 그들은 바쉬키르족이 반란을 일으키면 러시아 군대를 적극 돕겠다는 약속도 하였다. 실제로 1736년 소 주즈와 중 주즈의 카자흐족이 바쉬키르 땅으로 약탈원정을 하여 많은 바쉬키르인들을 죽이고 생포하는 일도 벌어졌다.*

푸가초프 반란의 무대가 되었던 야익 강은 지금은 우랄 강으로 이름이 바뀌었다. 푸가초프 반란이 끝난 후 그 사건을 기억에서 지워버리기 위해 예카테리나 정부는 강 이름을 우랄 강으로 바꾸어 버린 것이다. 그리고 반란이 시작된 야익 코사크들의 도시 야이츠크 고로도크 역시 이름이 바뀌어 '우랄스크'가 되었다. 1991년 소련이 무너지고 카자흐스탄이 독립하면서 러시아식 이름인 우랄스크는 다시 오랄로 바뀌었다. 소련 붕괴 후 중앙아시아 국가들은 모두 민족주의에 휩쓸렸는데 카자흐스탄 역시 예외가 아니었다. 오랄이라는 도시 이름도 그러한 흐름을 반영한 한가지 예가 될 것이다. 참고로 하나 덧붙이자면 러시아인들은 전통적으로 우랄 산맥을 유럽과 아시아를 나누는 경계로 생각하였다. 그 남쪽 초원을 흐르는 우랄 강 역시 그와 같은 경계의 하나였다. 초원을 흐르는 이 강 너머에는 바로 아시아 유목민인 카자흐족이 살고 있었던 것이다.

* M. Khodarkovsky, *Russia's Steppe Frontier,* p.159.

55
러시아 제국의 카자흐 스텝 지배

카자흐스탄은 광대한 영토를 자랑한다. 한반도의 12배가 넘는 면적으로 그 위치도 예전에 러시아 카라반이 페르시아, 인도, 중국 및 중앙아시아의 여러 한국들로 가기 위해서는 반드시 거쳐야 하던 곳이다. 러시아 입장에서는 러시아 상인들의 안전을 위해서라도 카자흐 초원을 장악해야 할 필요성이 있었다. 러시아 제정의 고민은 카자흐 칸들을 여러 가지 외교수단들을 통해서 자신들의 편으로 만들어 놓아도 그들의 권위가 카자흐인들 사이에서는 강력하게 확립되어 있지 못했다는 점이다. 카자흐 칸들이 중가르 등 외적들의 위협 때문에 러시아의 도움을 요청함에 따라 카자흐 주즈들이 러시아의 보호령이 되었다는 것은 앞에서 이야기 하였다. 그러나 카자흐 내정에 대한 러시아의 개입과 간섭은 카자흐인들의 반발을 불러일으켰다. 푸가초프 반란 이후 19세기 중반까지 일어난 카자흐인들의 여러 반란은 러시아의 간섭과 지배에 대한 반제국주의 저항의 성격을 띠었다. 물론 이러한 저항은 카자흐 칸국들 내부의 권력투쟁과 결합되었다. 칸의 자리를 노리는 경쟁자는 러시아의 지배에 반대하는 기치를 내걸고 친러시아파 칸에 대항하였다.

러시아는 결국 칸 제도 자체를 폐지해 버렸다. 러시아의 지배에 도움이 되지 않기 때문이다. 소주즈와 중주즈에서 1820년대에 칸이 사라졌다. 이제 러시아는 자신들이 원하는 권력제도를 만들어 카자흐인들에게 강요하였다. 러시아 당국은 여러 단계의 행정단위들을 만들었다. 가장 하위에 있는 것이 '아울'로서 카자흐 유목민들이 보통 유목활동을 함께 하는 단위로서 15개 가구 정도로 이루어졌다. 이러한 아울들을 10여개 모아놓은 것이 '볼로스트'이다. 볼로스트는 아울의 촌장들에 의해 선출된 귀족신분의 술탄이 우두머리가 되어 다스렸다. 볼로스트를 20개 정도 묶어 '오크룩'을 만들었는데 볼로스트는 우리나라의 면이나 읍, 오크룩은 군에 상당한 행정단위가 될 것이다. 오크룩에는 선출직 술탄이 러시아 파견위원 2명과 카자흐인 선출직 위원 2명과 함께 합의체를 구성하였다. 이 위원회(프리카즈)가 재판권을 행사하였다. 러시아 당국은 카자흐인들에게 볼로스트 수준까지는 자치를 허용하고 오크룩 차원에서는 러시아인을 파견하여 행정을 통제하려 한 것이다.*

이러한 정연하고 합리적인 행정체계를 제시한 인물이 미하일 스페란스키 백작(1772-1836)이다. 스페란스키는 알렉산드르 1세의 총신으로서 새로운 헌법을 제정하기 위한 법률위원장도 맡아 러시아를 명실상부한 법치국가로 만들려 하였다. 그는 러시아를 볼로스트의 두마(의회)로부터 시작하여 국가 차원의 두마까지 만들어 인민의 대의가 정치에 반영되도록 정치개혁안을 제시하였다. 19세기 러시아는 그의 이러한 개혁안을 뒤늦게야 하나씩 실현하였으니 스페란스키 백작은 확실히 시대를 앞서간 인물이었다. 그는 많은 정치가들과는 달리 귀족출신이 아닌 평민 출신이었다. 자유주의적 개혁에 반대하는 보수파 귀족들의 견제로 중앙관직에서 밀려나 1819년 시베리아 총독에 임명되

* Martha Brill Olcott, *The Kazakhs,* Hoover Institution Press, 1987. pp.58-59.

었다. 다시 중앙으로 불려 올라간 1821년까지 몇 년 동안 그는 카자흐 유목민들의 세계와 접할 수 있었다. 이러한 경험을 바탕으로 카자흐 유목민 사회의 통치를 위한 초안도 제시하였는데 이는 러시아 제정의 카자흐 통치를 위한 법적 토대가 되었다.

스페란스키 개혁안에서 주목할 만한 것이 스텝 지역의 토지문제에 관한 부분이다. 그는 스텝의 토지는 국유라고 선언하고 스텝의 국유지를 카자흐인들에게 공동으로 이용하도록 만든다는 원칙을 확립하였다. 볼로스트는 상부로부터 목지를 할당받고 볼로스트는 다시 그 밑의 아울들에게 목지를 할당하며 아울의 촌장은 각 가구에 그것을 할당한다. 유목민들은 특별한 허락이 없는 한 그들이 속한 볼로스트의 경계를 넘어설 수 없다. 이러한 제도는 체계적인 행정제도에 입각한 토지의 할당방식이기는 하지만 하영지와 동영지 사이의 거리가 수백 킬로미터에 달하는 경우도 적지 않았던 카자흐 유목민들의 관습적 이동 형태와는 맞지 않았다.

스페란스키는 여기서 한걸음 더 나아가 카자흐 유목민들을 정착시켜 농민으로 만들기를 원했다. 농업을 원하는 유목민들에게는 40에이커의 토지를 준다는 것이었다. 빌려주는 것이 아니라 사유재산으로 국가가 농지를 나눠주는 것이다. 40에이커라면 거의 5만 평에 달하는 면적이다. 당시 유목민들의 유목지가 부족한 것이 큰 문제였는데 이 때문에 스페란스키 안에 호응하여 러시아 국경 지역에 정착하여 농민이 된 사람들도 나왔다.

스페란스키 백작의 개혁안은 장기적으로 보자면 카자흐 유목사회를 해체시키는 역할을 하였다. 더욱이 러시아 당국이 코사크인과 러시아인 등 비유목민들을 불러들여 농업을 권장하면서 카자흐인들의 유목은 급속히 위축되었다. 농장이 생겨나면서 유목로를 막는 경우도 없지 않았다. 이러한 러시아 당국의 토지정책과 식민정책은 카자흐인들에게도 큰 불만의 대상이었다. 카자흐인들에게는 러시아가 자신들의 땅을 빼앗고 자신들의 전통을 짓밟는 것으로 여겨졌다. 러시아인들이 새로운 행정체계에 입각하여 카자흐인들에게 과하는 세금 역시 불만에 일조하였다. 카자흐인들이 겪고 있는 빈곤도 러시아의 지배가 초래한 것으로 여겨졌다. 1830, 40년대 카자흐인들의 열렬한 지지를 받았던 케니사리 카시모프(카자흐어로는 케네사리 카슴)의 반란도 이러한 다양한 불만을 배경으로 하여 일어난 것이다. 중주즈의 아블라이 칸의 손자로서 중주스한국을 부활시키려고 한 그는 중주즈뿐 아니라 당시의 모든 카자흐 집단의 지지를 받았다. 그는 사후에도 카자흐인들의 사랑을 받았는데 오늘날 대부분의 카자흐인들은 그를 카자흐 민족운동의 선구자로 숭상하고 있다. 카시모프는 1844년 러시아 군에게 패배한 후 중주즈를 떠나 키르키즈인들에게로 갔다. 그곳에서 그는 1847년 키르키즈인들과 함께 코칸드한국의 지배에 대항하여 싸우다 전사하였다고 한다.

56
오스만 투르크의 속국이 된 크림한국

크림한국이 오스만 투르크를 크림반도에 끌어들인 것은 하지 기레이의 카파 원정 때였다. 흑해 무역의 거점도시였던 카파는 제노아인들이 제4차 십자군 원정(1202-1204) 이후 지배하고 있었다. 그러나 1454년 하지 기레이의 카파 원정은 성공하지 못했다. 그로부터 20년 뒤인 1475년 다시 오스만 투르크와 크림한국의 합동원정이 있었는데 이번에는 오스만 제국이 주도하여 원정이 성공하였다. 제노바인들은 이 원정으로 카파를 빼앗기고 크림반도에서 쫓겨났다. 당시 크림 칸은 기레이 칸의 아들인 멩글리 칸이었다. 그런데 이 멩글리 칸에게는 누르데블렛이라는 형이 있었다. 둘은 칸 자리를 놓고 싸웠는데 형은 금장한국, 아우는 오스만 제국의 후원을 받았다.

두 사람은 그 전에 각기 크림한국의 일부를 차지하고 함께 다스린 적도 있었고 형인 누르데블렛이 동생을 쫓아내고 혼자서 칸의 자리를 차지한 적도 있었다. 그러한 굴곡을 겪다가 금장한국은 1476년 크림반도에 군대를 보내 멩글리 칸을 내쫓고 누르데블렛을 칸의 자리에 다시 올려놓았다. 멩글리는 오스만 제국으로 도망쳤다. 얼마 있지 않아 크림한국의 귀족들이 나서서 멩글리를 칸으로 다시 옹립하라고 오스만 술탄에게 청원하였다.

이 요청을 받아들여 1478년 오스만 술탄은 포로의 신세로 감옥에 갇혀 있던 멩글리를 다시 칸으로 만들어 주었다. 물론 멩글리를 앞세워 군대를 보내 누르데블렛을 쫓아낸 것인데 당시 금장한국이 크림한국의 감독을 위해 파견하였던 총독도 쫓겨났다. 멩글리 칸은 1514년 죽을 때까지 칸의 자리에 있으면서 크림한국을 통치하였는데 금장한국도 크림한국에 대한 종주권을 되찾으려는 시도를 더 이상 할 수 없었다.* 이 시기에 크림한국은 멩글리 칸의 후원자인 오스만 제국의 보호국이 되었다. 속국, 제후국이라는 표현도 쓸 수 있을 것이다. 물론 그렇다고 해서 크림한국이 주권을 잃어버리고 오스만 제국에 편입되지는 않았다. 이는 같은 시기 조선과 명나라와의 관계와 유사한 주종관계였다. 조선도 엄연한 주권국가였지만 명나라를 종주국으로 섬겼다.

크림 칸은 칭기즈칸의 후예인 기레이 가문 내에서 크림한국의 귀족들에 의해 선출되고 오스만 술탄의 승인을 받아야 하였다. 크림한국은 또 오스만 제국이 수행하는 전쟁에 군대를 파견해야 하였다. 오스만 제국은 카파 정복 이후 크림반도의 해안 지역을 지배하기 시작하였다. 오스만은 이 지방을 '에얄레트 이 케페'라 불렀는데 이 해외 영토의 중심지가 '케페'Kefe 시였다. 케페는 카파를 투르크식으로 부르는 이름이다. 18세기 말 크림반도를 점령한 러시아인들은 이 도시를 '페오도시야'Feodosiya라고 개명하였다. 신에게 바친 도시라는 뜻의 그리스 이름인 '테오도시아'Theodosia를 러시아식으로 적은 것이다.

동서로 길게 뻗어 있는 산맥 너머의 크림반도 내륙 지역은 크림한국이 지배했는데 당시 크림한국의 영토는 크림반도에만 국한되지 않았다. 크림반도로부터 페레코프 지협을 건너 북쪽으로 올라서면 다뉴

---

* Alan Fisher, *The Crimean Tatars,* Hoover Institution Press, 1978. pp.14-15.

브 강 북안의 트란실바니아로부터 카프카즈 산맥 밑의 쿠반 지역까지 펼쳐져 있는 스텝 지대가 나온다. 트란실바니아는 오늘날 루마니아의 영토이니 당시 크림한국은 오늘날의 루마니아로부터 우크라이나 그리고 러시아 남부까지 펼쳐져 있었던 상당히 큰 나라였다.

크림한국 내에서 칸은 절대군주와는 거리가 먼 존재였다. 칸은 타타르 귀족들에 의해 쿠릴타이 회의에서 선발되었으며 또 강력한 여러 술탄들이 존재하였다. 칸의 형제나 아들, 씨족의 우두머리들이 술탄이라는 칭호로 불렸는데 그 가운데 '칼가 술탄'과 '누렛딘 술탄'은 크림한국의 부왕과 같은 존재였다. 칸이 죽으면 이 두 사람 중에서 한 사람이 계승하도록 되어 있었다. 오스만의 술탄은 기껏해야 이 두 후보자 중에서 마음에 드는 사람을 선택하는 정도였다. 유목민 제국에서 흔히 보이는 삼분통치도 여기서 확인되는데 칼가 술탄과 누렛딘 술탄은 별개의 궁정 뿐 아니라 자신의 통치영역과 병력도 갖고 있었던 것이다. 18세기 중엽 크림한국 주재 프랑스 공사였던 드 토트de Tott 남작에 의하면 당시 칸에게는 10만, 칼가 술탄은 6만, 누렛딘 술탄에게는 4만의 병력이 할당되어 있었다고 한다.*

크림한국과 오스만 투르크 제국 사이의 관계를 잘 드러내주는 제도 가운데 하나가 볼모 제도였다. 오스만 술탄에 대한 칸의 충성을 확보하기 위해 칸의 아들들을 오스만 제국으로 보냈던 것이다. 이는 고려가 원나라의 지배를 받았을 때 왕자들을 원나라에 볼모로 보낸 것과 같은 것이다.

* Alan Fisher, *The Russian Annexation of Crimea 1772-1783*, Cambridge University Press, 1970. p.8.

그러나 앞에서도 지적하였듯이 크림한국은 오스만의 속국이기는 했지만 독립적인 나라였다. 크림 칸은 러시아(모스크바 공국) 및 폴란드 등의 나라와 독자적인 외교관계를 맺었을 뿐 아니라 자신의 도장이 찍힌 주화를 발행하였다. 오스만 술탄의 도장이 아니라 칸의 직인이 찍힌 화폐를 발행하였다는 것은 크림한국이 비록 오스만 제국을 종주국으로 받들기는 하였지만 독립된 주권을 포기하지 않았음을 드러내 준다. 다른 말로 하자면 크림한국의 종속이 완전한 종속은 아니었던 것이다.

오스만 제국 입장에서 칭기즈칸의 후예가 다스리는 크림한국은 그 다수 주민이 투르크계인 타타르인들이었을 뿐 아니라 같은 이슬람을 신봉한다는 점에서 믿을 만한 동맹국이었다. 오스만이 발칸을 차지하고 있는 서방의 합스부르크 제국과 동쪽의 사파비 왕조 치하의 페르시아와의 군사적 대결에 전력하기 위해서는 북방의 이 동맹국은 비할 수 없이 귀중한 존재였다. 실제로 오스만의 원정에서 크림한국의 전사들은 경기병으로 큰 활약을 하였다. 병력파견은 공짜가 아니었다. 그 대가로 크림한국의 칸에게 오스만 술탄이 지급하는 돈은 피셔에 의하면 크림 칸의 수입에서 중요한 부분을 차지하였다고 한다.*

---

* A. Fisher, *The Crimean Tatars*, p.15.

57
크림한국의 노예무역

건국 직후 크림한국은 모스크바 공국에게는 큰 골칫거리였다. 전쟁에서 잡은 러시아인 포로들을 카파로 데려가 노예상인들에게 넘겼던 것이다. 크림한국의 타타르인들은 전쟁을 구실로 빈번히 국경을 넘어 인간사냥을 자행하였다. 노예무역은 단번에 크림한국의 중요한 수입원이 되었다. 이후 러시아가 크림한국과 조약을 체결하여 양국 사이의 관계가 원만했던 짧은 시기를 제외하고는 모스크바 공국은 크림한국을 군사적으로 압도하게 되는 17세기 말까지 타타르인들의 노예사냥으로부터 피해를 면하지 못했다. 규모가 큰 약탈원정의 경우 수만 명의 사람들이 잡혀갔다. 포로로 붙들려가는 사람들이 너무나 많았기 때문에 몸값을 지불하고 이들을 다시 데려오는 것이 모스크바 공국의 큰 국가적 사업이 되었다.

알렉세이 미하일로비치 황제(재위 1654-1676) 때 편찬된 유명한 법전이 있다. 러시아의 신분의회인 젬스키 소보르에서 제정한 법전이라고 해서 '소보르노예 울로제니예'라고 불리는 이 법전은 러시아 국가의 통치질서와 사회질서를 규정한 법전으로 약 2세기 간 제정 러시아의 헌법 역할을 하였다. 모두 25개의 장으로 976개의 항목을 담고 있는 이 법전의 제8장에는 포로로 잡혀간 러시아 신민을 몸값을 지불하고 되사오기 위한 조항들이 담겨 있다. 타타르인들로부터 러시아인 포로를 되사기 위한 기금 마련을 위한 세금이 규정되어 있고 또 포로의 신분에 따른 몸값 지불 규정이 들어 있다. 법전의 이러한 조항들은 러시아가 금장한국의 지배로부터 한 세기 반 이전에 독립하기는 하였지만 여전히 금장한국의 후예인 크림한국의 약탈원정으로 시달렸음을 드러내준다.

크림한국은 지중해 노예무역의 주공급원이 되었다. 노예사냥이 좋은 수입원이었기 때문에 크림 타타르인들은 전쟁과는 상관없이 소규모 원정대를 구성하여 국경을 넘어 폴란드와 러시아로 노예사냥을 나갔다. 크림한국에 복속되어 있던 노가이족 역시 인근 카프카즈 지역의 체르케스인들과 그루지아인들을 즐겨 노예사냥의 대상으로 삼았다. 앨런 피셔에 의하면 1500년부터 1700년까지 근 2백만 명에 달하는 노예가 크림한국으로부터 팔려나갔다고 하니 매년 1만 명 정도의 노예가 잡혀온 셈이다.

이러한 흑해의 노예무역은 1204년 4차 십자군 이후 이곳에 자리잡았던 이탈리아 상인들에 의해 확립된 것이었다. 제노아들은 아조프해로 들어가는 길목에 위치한 카파를, 베네치아인들은 돈 강 하구의 타나를 각각 거점으로 삼아 무역활동을 벌였는데 그들이 취급한 상품 중에서 노예가 중요한 상품으로 자리잡았다. 이탈리아를 비롯한 지중해 여러 지역들이 흑해에서 들여온 노예로 넘쳐났다. 그리하여 이탈리아에서는 서민들도 노예를 한둘 거느릴 수 있었다.

이탈리아인들이 크게 재미를 보았던 흑해 노예무역은 15세기 중엽 오스만이 비잔틴 제국을 정복하면서 그 양상이 급변하게 되었다. 제노아 상인들과 베네치아 상인 모두 흑해지역에서 쫓겨났기 때문이다. 이제 이탈리아 상선이 다르다넬스 해협과 보스포로스 해협을 지나 흑해로 들어가는 것은 불가능하였다. 흑해에서 공급되던 노예는 그 수가 크게 줄어들어 노예는 이제 사치품이 되었다. 물론 오스만인들이 흑해 연안을 지배하게 되었다고 하더라도 노예무역이 사라진 것은 아니다. 이제 이탈리아 상인들에 대신하여 무슬림 상인들이 노예상으로 등장하였다. 카파에서 구입한 노예는 오스만 제국으로 대거 팔려나갔다. 이스탄불에 온 노예들은 대부분 기독교 백인노예들이었다. 같은 무슬림을 노예로 삼는 것은 무슬림에게는 허락되지 않았기 때문이다.

오스만인들은 기독교 노예들을 다양한 방식으로 이용하였다. 신체가 건장한 남자인 경우는 노를 저어 운행하는 갤리선의 노수櫓手로 사용하였다. 17세기의 한 크로아티아 수도사가 오스만 제국에서 목도한 바에 따르면 오스만 제국의 갤리선에는 대부분 러시아인 노예만 사용되었다고 한다.* 노예가 기술이 있는 경우는 장인으로 만들었다. 여성들의 경우 성적인 노리개로 삼는 경우도 많았다. 이슬람은 여러 여자를 거느리는 것을 허용하였기 때문에 양심상의 거리낌도 없었다. 미모가 뛰어난 여자들은 오스만 술탄의 후궁으로 팔려갔다. 크림 칸들처럼 오스만 술탄들에게도 유럽 여성들은 인기가 많았다. 후궁으로 삼은 백인여성에게서 낳은 아들이 술탄의 자리에 오르는 일도 간혹 벌어졌다. 유럽과 중동, 북아프리카를 정복한 대정복 군주인 술레이만 1세의 아들 셀림 2세(재위 1566-1574)가 그런 예의 하나이다. 원래 셀림 2세는 술탄의 자리에 오를 가능성이 별로 없었던 사람인데 형들이 병사하거나 처형되는 바람에 운 좋게 술탄의 자리에 올랐다. 그 부

* Eizo Matzuki, "The Crimean Tatars and their Russian-Captive Slaves", *Mediterranean World*(地中海論集) 18, 2006. p.177.

친인 술레이만 1세에게는 후렘이라는 후궁이 있었다.* 원래 이름은 '록세라나'라는 폴란드 여자로 정교회 신부의 딸이었다고 한다. 10대 때 크림 타타르인들에 의해 포로로 잡혀와 카파를 거쳐 이스탄불로 팔려왔다. 술레이만 술탄의 모친인 하스파 술탄이 그녀를 아들에게 선물로 하사하였다.

술레이만의 후궁에 들어간 후렘은 곧 아들을 낳았는데 관례로는 후궁은 아들 하나만 낳을 수 있었다. 그러나 황제의 애정을 독점하였던지 연달아 네 명의 아들을 낳을 수 있었다. 정비인 마히데브란 술탄이 자리를 위협받게 되었다. 두 여자 사이의 갈등이 몸싸움으로 폭발하였는데 정비 마히데브란 술탄이 후궁 록세라나를 때려 술레이만 대제의 분노를 사게 되었다. 그 결과 마히데브란은 정비의 자리에서 쫓겨나고 그 자리를 록세라나가 후렘 술탄이라는 이름으로 대신하게 되었다. 이렇게 오스만 술탄이 노예출신의 후궁과 정식으로 결혼하는 일은 전통에는 없는 파격적인 일이었다고 한다. 사람들은 술레이만 대제가 마법에 걸렸다고 쑥덕거렸다.

후렘 술탄은 여러 가지 특권을 누렸다. 그 가운데 하나가 수도 이스탄불에 그대로 머물 수 있었다는 것이다. 아들이 성인이 되면 그 아들이 총독으로 파견되는 먼 지방으로 함께 밀려나는 것이 오스만 제국 왕비들이 체념적으로 받아들여야 하는 관례였다. 이렇게 지방으로 밀려나면 다시는 수도로 돌아오지 못하고 그곳에서 죽었다. 그러나 이러한 관례 또한 후렘 술탄에게는 예외적으로 적용되지 않았던 것이

---

* Caroline Finkel, *The Story of the Ottoman Empire 1300-1923*, Basic Books, 2005. ch.5.

다. 후렘 술탄은 이스탄불의 토프카피 궁에서 살다가 56세의 나이로 남편과 같은 해에 죽었다. 셀림 2세는 바로 이 후렘 왕비가 낳은 셋째 아들이다.

당시 오스만 투르크와 폴란드 왕국은 매우 우호적인 관계를 유지하였다. 술레이만 대제가 당시 폴란드 왕 지기스문트 2세에게 보낸 한 서한에서는 후렘 술탄을 "귀하의 누이이자 나의 처"라고 표현할 정도였다. 당시 합스부르크 왕가의 오스트리아가 오스만 제국의 주된 적이었으니 폴란드 왕국과의 우호관계 유지는 오스만 제국 입장에서는 전략적으로도 중요한 일이었을 것이다. 폴란드 왕국 역시 그 영토였던 리투아니아를 러시아가 위협하고 있었으므로 오스만과 우호적인 관계를 유지해야 할 필요성이 있었다. 실제로 술레이만 대제 때 여러 차례에 걸쳐 두 나라 사이에 우호협정이 체결되었다. 종교와 문화가 다른 두 나라 사이의 지속적인 우호관계 유지에는 후렘 왕비가 폴란드 출신이었다는 것도 어느 정도 작용하였을 것으로 보인다. 남편으로부터 사랑을 듬뿍 받았던 후렘은 남편에게 국내 문제 뿐 아니라 대외 문제에서도 자문관과 같은 역할을 하였다고 전해진다.

58
러터 전쟁

러시아와 오스만 투르크는 이반 4세 시대(1547-1584)에 처음으로 싸웠다고 역사책에 기록되어 있다. 당시 오스만 제국의 재상 소콜루는 돈 강과 볼가 강을 연결하는 운하를 건설하여 흑해에서 카스피 해로 해상운송로를 만들려는 거창한 계획을 세웠다. 흑해는 완전히 오스만 제국의 호수나 마찬가지였고 돈 강 하구의 주요 항구인 아조프를 오스만이 지배하고 있었기 때문에 볼가 강과 연결되는 수로를 뚫기만 하면 중앙아시아와 페르시아로의 통상로를 용이하게 확보할 수 있을 것이다. 그러기 위해서는 1556년에 모스크바 공국이 정복한 볼가 강의 하류에 위치한 아스트라한을 빼앗아야만 한다. 1568년 오스만 제국은 대규모 군대를 파견하여 한편으로는 운하 공사를 하고 다른 한편으로는 아스트라한을 공격하였다. 그러나 이 아스트라한 공격은 실패로 끝났다. 대포가 부족했기 때문이라 한다. 운하도 1/3 정도 뚫다가 기술적인 문제로 실패로 돌아갔다. 오스만 군대는 본국으로 돌아가던 중 흑해에서 폭풍우를 만나 많은 병력을 잃었다.*

이 전쟁 이후 백년간 러시아와 오스만 제국은 평화를 유지하였다. 그러다가 오스만 제국이 유럽의 신성동맹과의 전쟁에 돌입하자 러시아도 신성동맹 측에 가담하여 오스만 제국과 싸웠다. 신성동맹은

---

* Lord Kinross, *The Ottoman Centuries, The Rise and Fall of the Turkish Empire,* Morrow Quill, 1977. p.263.

1684년 교황 이노켄티우스 11세의 호소로 신성로마 제국과 폴란드 그리고 베네치아 공화국이 오스만 제국과의 전쟁을 위해 결성한 동맹이었다. 동맹에 참여한 국가들은 오스만 제국과 싸우는 것에는 의견이 일치하였지만 이해관계는 차이가 있었다. 신성로마 제국은 발칸으로 세력을 확대하기를 원했던 반면 폴란드는 흑해연안으로 진출하기를 원했으며 베네치아 공화국은 아드리아 해 연안의 영토와 에게 해의 섬들 및 그리스를 차지하기를 원했다. 신성동맹 측이 1686년에 헝가리의 부다Buda 시와 베오그라드를 연속해서 탈환하자 러시아도 그 틈을 타서 크림한국에 대한 공격에 나섰다. 그러나 1687년 골리친 장군이 이끄는 대군은 크림반도 근처에도 가지 못하고 초원지대에서 군대를 돌려야만 하였다. 초원은 불타 있었고 식수는 구할 수 없어 환자들이 속출하였다. 러시아 군이 전투에서 패한 것이 아니라 병참의 실패였다. 2년 뒤에는 크림반도로 들어가는 길목의 페레코프 요새까지 진출하여 타타르 군대와 여러 차례 접전하였으나 이번에도 병참의 문제를 해결하지 못했다. 식수부족으로 갈증과 병에 시달린 러시아 군은 다시 군대를 돌려야만 하였다.

골리친 장군은 당시 섭정으로서 통치자 노릇을 하던 소피아 공주(표트르 1세의 이복 누이)의 측근이었는데 두 차례의 원정실패로 그 명성이 땅에 떨어졌다. 젊은 표트르 1세는 이 기회를 이용하여 누이 소피아를 제거하고 권력을 쥐었다. 그는 오스만 제국과의 싸움을 위해서는 먼저 해상으로 진출해야 할 필요가 있다고 보았다. 그러나 러시아에는 아직 선박과 대포 전문가가 부족함을 절감하여 유럽 여러 나라들로부터 관련분야의 인재들을 데려와 전함과 대포를 만들도록 하였다.

표트르 대제는 1695년과 1696년 두 차례의 대규모 공격을 감행한 끝에 마침내 아조프 요새를 함락하였다.* 이는 그가 거둔 첫 번째 군사적 위업이었다. 그는 돈 강 입구에 가까운 타간로그에 조선소를 세우고 전함을 계류시킬 수 있는 항구를 만들었다. 그러나 아조프의 점령에도 불구하고 러시아 함대는 아조프 해를 벗어나 흑해로 진출할 수 없었다. 좁은 케르치 해협을 오스만 제국이 장악하고 있었기 때문이다.

흑해로 러시아 함대가 진출할 수 있게 된 것은 예카테리나 2세 때였다. 1768-1774년의 러터전쟁은 예전의 전쟁보다 훨씬 전선의 규모가 확대된 전쟁이었다. 싸움은 다뉴브 지역으로부터 크림반도, 카프카즈 지역 뿐 아니라 에게 해에서도 일어났다. 이 전쟁으로 오스만 제국의 쇠퇴가 시작되었다고 할 수 있다. 중요한 동맹이자 속국이었던 크림한국이 그 지배로부터 떨어져 나가고 러시아는 오스만의 호수나 다름없던 흑해로 진출하였기 때문이다.

전쟁의 직접적 발단은 오스만 제국 영토 내로 도망쳐온 폴란드 반군 문제였다. 당시 폴란드 왕국은 이름만 왕국이었지 귀족들이 왕을 선출하는 선거왕제를 채택하였다. 폴란드의 의회였던 세임Sejm은 특이하게도 만장일치제를 채택하고 있었다. '자유거부권'(liberum veto)이라는 이름의 거부권을 의원 누구라도 행사할 수 있었기 때문에 강력한 왕권은 제도적으로 성립할 수 없었다. 그런데 1764년 포니아토프스키가 '스타니슬라브 아우구스투스'라는 이름으로 새로운 폴란드 왕으로 선출되자 폴란드인들의 분노가 폭발하였다. 포니아토프스키는 러시아 황제인 예카테리나 2세가 대공 부인으로 있던 시절에 사귀

* Lindsey Hughes, *Peter the Great,* Yale University Press, 2002. pp.37-38.

던 애인으로서 러시아의 자금지원을 받아 왕으로 선출되었던 것이다. 이 선거 이전에도 러시아는 폴란드 국정에 간섭하였는데 이제 반러시아파 귀족들이 중심이 되어 동맹을 결성하고 러시아의 꼭두각시나 다름없는 왕에게 저항하였다. 이들은 오늘날에는 우크라이나 영토에 포함되어 있는 포돌리아 지방의 바르 요새에서 동맹을 선언하였다. 이 때문에 이 동맹은 '바르 동맹'Bar Confederation이라고 역사에서 불린다. 이름은 동맹이지만 폴란드 왕과 그 후원자인 러시아 측에서 보면 반란군 무리였다. 반군들은 러시아에 대해 선전포고를 하고 유럽의 여러 나라들에 사절단을 파견하였다. 폴란드 국왕 포니아토프스키가 아니라 자신들에게 폴란드 왕국의 정통성이 있다는 것이다. 러시아 군대가 반군을 공격하자 반군은 국경을 넘어 오스만 투르크로 달아났다. 그런데 당시 이들을 공격한 러시아의 코사크 부대는 국경을 넘어서까지 이들을 추격하여 이들이 피신한 발타 시를 포격하고 그 주민들을 닥치는 대로 살해하였다. 사태를 보고 받은 당시 술탄 무스타파 3세는 러시아 대사를 감옥에 가두고 즉각 러시아에 선전포고를 하였다. 오스만 투르크는 폴란드를 유럽 제국들과의 사이에 있는 완충국으로 생각해 왔는데 이러한 폴란드에 대한 러시아의 노골적인 개입을 용인할 수 없었던 것이다.

예카테리나 여제의 이 러터전쟁에서 주목할 만한 사실은 러시아의 발틱 함대가 대서양을 거쳐 지중해까지 와서 오스만 해군을 격파하였다는 점이다. 러시아 함대가 지중해에 모습을 드러낸 것은 역사상 처음 있는 일이었다. 먼 거리를 돌아서 온 발틱 함대는 에게 해에서 오스만 해군을 격파하고 다르다넬스 해협으로 진입하는 입구를 봉쇄하였다. (1770년 7월 체스메 해전) 당시 오스만 투르크의 지배하에 신음하고 있던 그리스인들도 무장봉기를 일으켜 러시아 군에 호응하였다.

러시아는 전쟁 초기부터 '예디산 노가이'에 주목하였다. 이들은 드네프르 강과 서쪽의 드네스트르 강 사이의 스텝 지역에 살던 노가이 부족으로서 오스만 제국과 크림 칸의 영역 사이를 차지하고 있었다. 예디산 노가이의 우두머리인 칸 맘베트 베이에 대한 외교적 노력을 통해 러시아 정부는 예디산 노가이를 러시아 편으로 만들었다. 러시아 편으로 돌아선 예디산 노가이를 본보기로 제시하면서 러시아는 다른 크림한국의 유력자들도 러시아 측으로 끌어들였다. 러시아의 외교가 성공한 것이다.

오스만의 동맹이었던 크림한국은 이 전쟁에서 큰 역할을 하지 못했다. 키림 기레이 칸이 1769년 초 추운 겨울에 10만의 병력을 이끌고 러시아 군대가 들어와 있는 베사라비아로 진격하여 러시아 군의 보급로를 차단하였다. 그에 더하여 키림 기레이 칸은 러시아 영역을 침탈하여 천 여명의 포로를 잡아서 귀환하였다. 그러나 이 원정은 크림한국의 패배를 막지는 못했다. 키림 기레이가 갑자기 병사하였을 뿐 아니라 크림한국의 병력 태반이 다뉴브 전선으로 파견되어 있었기 때문에 1771년 크림반도는 러시아 군대에게 손쉽게 함락되었다. 러시아 군은 두 방향으로 진격하였는데 하나는 페레코프 지협을 통해 들어왔고 다른 한 부대는 케르치 해협을 건너 들어왔다. 오스만의 총독은 이스탄불로 달아나고 크림한국의 새로운 칸 셀림 기레이는 러시아의 돌고루키 장군에게 항복하였다. 이때 러시아는 크림한국에 독립을 약속하였다. 물론 이는 형식적인 것에 불과하였다.

1768년에 시작된 러터 전쟁이 1774년에 끝나면서 러시아와 오스만 제국 사이에 '쿠축 카이나르자'Kuchuk Kaynarja 조약이 체결되었다.

쿠축 카이나르자는 터키어로 '작은 온천'을 뜻한다고 하는데 지금은 불가리아의 국경 마을로서 그냥 카이나르자라고 불린다. 이 지명은 독자들에게 무척 생소한 이름일 것이다. 그럴 수밖에 없는 것이 무슨 큰 도시도 아니고 작은 시골 마을이기 때문이다. 1774년 7월 21일 이곳에서 러시아와 오스만 제국의 대표가 평화조약에 서명함으로써 6년간의 '러터 전쟁'도 끝났다. 쿠축 카이나르자 조약은 그 낯선 이름에도 불구하고 오스만 제국의 역사 뿐 아니라 동유럽 일대의 역사에서 매우 중요한 의미를 갖는다.

조약문은 28개 조항으로 이루어져 있는데 그 가운데 제3항은 "크리미아와 쿠반 등의 모든 타타르 부족들은 어떠한 외세로부터도 독립을 누리는 민족임을 양 제국은 인정한다"고 선언하였다. 크림한국은 실질적으로는 러시아의 영향권 밑으로 들어가기는 하였지만 적어도 형식적으로는 이제 종주국인 오스만의 지배로부터 벗어나 자주독립국이 되었다.

조약에서는 승전국인 러시아가 돌려주는 영토와 이제 러시아의 지배로 들어간 지역들을 상세히 열거하였다. 러시아는 베사라비아, 몰다비아, 왈라키아 등 다뉴브 공국들을 점령하였지만 모두 돌려주었다. 지도를 찾아보면 알 수 있지만 이 다뉴브 공국들은 드네스트르 강에서 다뉴브 강에 이르는 영토로 오늘날의 루마니아와 우크라이나 서부에 해당한다. 당시 이 나라들은 크림한국과 마찬가지로 오스만의 속국이었다. 그러나 러시아는 흑해로 나가는 관문 역할을 하는 요충지들은 돌려주지 않았다. 돈 강 하구의 아조프는 표트르 대제 때 점령하였다가 다시 투르크인들에게 빼앗겼는데 이번 러터 전쟁에서 탈환하여 이제 영구적으로 러시아의 영토가 되었다. 또 아조프 해에서 흑해를 빠져나가는 좁은 해협을 지키는 케르치와 예니칼레 두 요새도 러시아의 영토가 되었다. 러시아는 드네프르 강과 부크 강으로 들어가는 길목에 위치한 요충지 킨부른 반도의 요새도 양보하지 않았다. 킨부른 요새 맞은편에는 오스만의 오차코프 요새가 자리 잡고 있었는데 이 요새는 함락되지 않아 그대로 오스만의 수중에 남게된다.(1788년 러시아 군이 포템킨 장군의 지휘 하에 이 중요한 요새를 함락하였다) 이로써 러시아는 오랫동안의 숙원이었던 흑해로 진출할 수 있게 되었다. 러시아는 에게 해의 점령지들도 돌려주었다. 그 대신 러시아 상선들은 러시아 국기를 달고 지중해와 콘스탄티노플로 자유롭게 항해할 수 있게 되었다.*

쿠축 카이나르자 조약은 당시에는 몰랐지만 후대의 역사에 큰 영향을 미치게 되는 조항을 포함하였다. 러시아 황제는 오스만 제국의 수도인 콘스탄티노플에 그리스 정교회를 세울 수 있으며 그 관리권은 콘스탄티노플 주재 러시아 대사에게 주어진다고 규정하였다. 이 교회에 속한 기독교도들을 보호할 권리도 러시아 측에 있는 것으로 양해되었는데 이 조항은 향후 계속해서 문제가 된다. 러시아 황제가 이를 근거로 오스만 제국 영토 내에 있는 모든 기독교도들에 대한 보호권을 주장하였기 때문이다. 오스만 술탄 역시 크림한국의 무슬림들에 대한 정치적 지배권은 상실하였지만 그들에 대한 종교적 권한은 인정받았다. 오스만 술탄은 이리하여 크림 타타르인들에게는 가톨릭 교도들의 교황과 같은 존재가 되었다.

* Lord Kinross, *The Ottoman Centuries, The Rise and Fall of the Turkish Empire*, p.405.

59
토트 남작

18세기 후반 크림한국에 대한 기록을 남겨놓은 서양인이 있다. 프랑스 귀족인 프랑수아 드 토트(1733-1793) 남작이다. 프랑수아 토트의 부친은 헝가리 출신이었는데 어떤 연유에서인지 오스만 제국에 망명하였다가 프랑스로 귀화하였다. 16세기 이후 프랑스는 오랫동안 오스만 제국의 동맹국이었다. 이러한 사정이 작용하여 그의 부친이 프랑스로 오게 되었던 것 같다. 토트의 부친은 프랑스 군대의 장교로 복무하여 남작(baron)의 작위를 얻었는데 그 아들 프랑수아도 스물 한 살의 나이에 부친의 부대에 합류하였다. 프랑수아 토트는 그로부터 몇 년 뒤인 1755년 오스만 제국의 대사로 부임하는 베르젠 백작의 수행원으로 콘스탄티노플로 가게 되었다. 주어진 임무는 투르크어를 배우고 투르크의 풍속과 통치에 대해 연구하는 것이었다. 이렇게 콘스탄티노플에서 외교관으로 8년간 지내다 유럽으로 돌아왔다가 1767년 다시 동유럽으로 파견되었다. 이번의 파견국은 오스만 제국이 아니라 오스만의 동맹국이었던 크림한국이었다. 당시 동유럽에서는 러시아와 오스만 제국 사이에 전운이 감돌고 있었다. 프랑스 정부는 러시아를 견제할 하나의 방책으로 크림한국에 사절을 파견한 것인데 토트 남작이 그 임무를 맡게 된 것이다.

남작은 크림한국으로 부임하는 길을 육로로 선택하였다. 비엔나로 가서 다시 그곳에서 폴란드의 수도 바르샤바로 넘어가 6주 동안 머문 후 동쪽의 몰다비아로 향했다. 당시 폴란드와 몰다비아와의 국경은 오늘날과 같이 드네스트르 강이었다. 몰다비아의 수도인 야시를 거쳐 베사라비아로 넘어가 당시 오스만 제국의 주요 요새인 흑해 연안의 오차코프 요새를 둘러보았다. 프랑스 대사가 온다는 소식에 크림한국에서도 사람을 보냈는데 그의 안내 하에 토트 남작은 크림한국의 수도 박치사라이로 들어갔다.

토트 남작은 호기심도 많고 견문도 넓었을 뿐 아니라 따뜻한 인간성을 가진 사람이었던 것 같다. 여행 도중에 영접임무를 맡은 오스만 관리들이 현지 주민들의 식량을 무상징발하곤 하였는데 남작은 그러한 무상징발에 반대하고 가난한 현지주민들에게 받은 식량의 정당한 대가를 지불해주었다. 또 도중에 노가이인들에게 붙들려가는 독일 출신의 노예들을 우연히 만났는데 모두 16명이나 되는 이 독일인 무리를 해방시켜 주기까지 하였다.(돈을 주고 풀려나게 하였는지 아니면 동반한 크림한국 관리의 영향력을 이용하여 그냥 풀려나게 하였는지는 밝혀져 있지 않다) 남작은 그들을 박치사라이까지 데려가 고국으로 무사귀환 하도록 도움을 주었다.

그는 크림한국의 칸과 친해졌는데 곧 러시아와 투르크 사이의 전쟁이 일어났다. 전쟁 발발 당시 칸은 키림 기레이 칸이었다. 키림 칸은 토트 남작을 매우 좋아하여 언제나 가까이 머물게 하였는데 전쟁이 일어나자 그를 데리고 전선으로 나갔다. 크림한국은 오스만의 동맹국이었기 때문에 오스만 제국과 러시아 제국 사이의 전쟁에 참전한 것이다. 더욱이 크림한국은 러시아와 접경하고 있는 러시아의 적국이 아니었던가. 오스만 제국과 크림한국 사이의 협의를 통해 크림한국은 20만의 병력을 세 방향으로 나누어 러시아를 공격하기로 하였다. 누렛딘 술탄은 4만 명의 병력을 이끌고 돈 강을 따라 북상하고, 크림한국의 2인자인 칼가 술탄은 6만의 병력으로 보리스테네스 강(드네프르 강)을 따라 진격하기로 하였으며 칸 자신은 10만의 대병력을 이끌고 표트르 대제 때 국경 근처에 설치되었던 '신新세르비아'를 공격하기로 하였다. 원정 직전에 폴란드 동맹의 특사가 도착하였는데 폴란드 동맹군과 협의를 위해 키림 칸은 토트 남작에게 폴란드 반군과의 협의를 부탁하였다. 그리하여 남작은 키림 칸과 헤어져 폴란드 국경지대로 이동하였다.

토트 남작은 키림 칸의 원정을 따라 나가 목도한 일들을 후일 자신의 회고록에 상세히 기록하였다. 원정은 원정이었지만 러시아 군과의 큰 전투는 없었다. 키림 칸의 군대는 오스만의 기병(시파히) 부대와 함께 러시아 촌락을 약탈하고 마을들에 불을 지른 정도였는데 토트 남작의 말에 의하면 150개의 마을들이 불탔다고 한다. 무엇보다 주민들을 포로로 잡은 것이 칸의 군대와 오스만 군대의 큰 소득이었다. 대부분 러시아 주민들이었다. 일부 통제를 이탈한 병사들이 동맹국인 폴란드 국경을 넘어가 폴란드 촌락을 약탈한 일이 있었는데 키림 칸은 이 소식을 듣고 크게 화를 내면서 약탈에 참여한 병사들을 직접 징계하였다. 동맹국에 대해서는 엄청나게 신경을 썼던 것이다. 약탈을 자행한 타타르 병사 가운데 한 사람은 본보기로 처형되었다. 당시 병사들이 노획한 물건이나 포로에 대해서는 엄격하게 10분의 1세가 적용되었다. 물론 칸이 징수하는 세금이었다. 당시 키림 칸에게 바쳐진 포로가 2천 명이었다고 하니 전체 포로로 잡힌 사람들의 수는 모두 2만 명에 달했을 것이다. 전투다운 전투가 없었으니 러시아 군인은 아니고 대부분 불운한 민간인들이었다. 키림 칸은 자신의 수중에 들어온 이 노예들을 가까운 사람들에게 선물로 나눠 주었다. 토트 남작에게도 여섯 명의 러시아인 노예를 주었는데 토트 남작은 거절하였다. 전쟁에서 노획한 물건이나 포로는 모두 그것을 차지한 승자의 권리인데 칸은 토트 남작이 왜 자신의 호의를 거절하는지 잘 이해하지 못했다. 남작은 자신의 종교를 내세우면서 같은 기독교인을 노예로 삼을 수 없다고 변명하였다.

　그런데 원정 중 갑자기 칸의 건강에 이상이 생겼다. 당시 의사로 왈라키아 출신의 그리스인 기독교도 의사를 고용하였는데 이 사람이 준 약을 의심하지 않고 복용하여 키림 칸은 결국 죽고 말았다. 토트 남작은 기독교도인 그 의사를 믿어서는 안 된다고 충고하였지만 사람 좋고 낙관적인 키림 칸은 충고를 듣지 않았다. 칸이 죽자 원정도 중단되었다. 당시 오스만 제국의 술탄은 키림의 조카인 데블렛이라는 인물을 새로운 칸에 임명하였다. 그는 오스만 제국 내에 있는 칸의 영지에 살고 있었다. '세라이'라고 불린 이 도시는 17세기 초 크림한국의 셀림 1세에게 하사한 영토였다. 당시 셀림 1세가 유럽 국가들과의 전쟁에서 큰 공을 세우고 오스만 제국을 구원하자 오스만의 병사들이 그에게 술탄 자리에 오를 것을 권유하였다고 한다. 그러나 천성이 겸손하였던 이 인물은 그 제안을 거절하고 메카 순례를 할 수 있는 특권만을 받았다. 이 세라이 영지는 오스만 제국 신민들에게는 외국의 영토나 다름없었기 때문에 범죄자들이 죄를 짓고 피신하는 도피성의 역할을 하였다. 이곳으로의 도피 내지 망명은 칸에게는 상당한 수입이 되었다. 피신자는 영지의 주인인 칸에게 일정한 돈을 바쳐야 하였기 때문이다.

　토트 남작은 키림 칸의 사망으로 원정이 중단되자 크림한국으로 돌아가는 대신 콘스탄티노플로 가기로 결정하였다. 그곳에서 프랑스 정부의 훈령을 기다리는 것이 현명하다고 판단한 것이다. 그래서 자신의 비서와 하인을 데리고 다뉴브 강과 발칸 산맥을 넘어 오스만 투르크로 들어갔다. 떠나기 전 크림한국의 관리가 충고한 대로 세라이에 머물고 있던 새로운 칸인 데블렛 칸도 만나볼 작정이었다. 세라이 궁에 간 토트 남작은 데블렛 칸과 면담하고 긴 대화를 나누었다. 그런데 외교관인 토트 남작의 눈에는 이 젊은이는 그의 삼촌과는 도저히 비교가 되지 않을 정도로 능력이 떨어지는 인물이었다. 나이는 밝히고 있지 않지만 어린 나이였을 뿐 아니라 크림한국이 직면한 어려움들을 헤쳐 나가기에는 지나치게 유약한 인물이었다. 토트 남작의 기록에 의하면 그 삼촌인 키림 칸은 통치면에서 유능한 인물이었을 뿐 아니라 서양문화에도 관심이 많아 프랑스의 유명 극작가 몰리에르에 대해서도 많은 질문을 던지고 심지어는 그 작품 가운데 하나를 타타르 말로 번역해 줄 것을 자신에게 부탁할 정도였다고 한다. 또 음악을 좋아하여 궁정에 악단을 두었는데 죽기 직전 악사들에게 음악을 연주해 줄 것을 부탁하고는 그 음악을 들으며 운명하였다.

토트 남작은 오스만 제국에 와서는 오스만 군을 도와 다르다넬스 해협을 방어하는 데 도움을 주었으며 전쟁 후에는 오스만 군대의 근대화에도 중요한 역할을 하였다. 프랑스로 귀국해서는 《투르크와 타타르에 대한 토트 남작의 비망록》이라는 제목의 네 권으로 된 저서를 간행하였다.* 이 가운데 제2권이 크림한국에 관한 기록이다. 같은 책

---

* Baron de Tott, *Mémoires du Baron de Tott sur les Turcs et les Tartares*, Amsterdam, 1784.

이 영어로도 거의 동시에 간행되었는데 번역자의 이름은 밝혀져 있지 않고 그냥 '파리의 한 영국 신사'라고만 되어 있다. 저자인 토트 남작이 직접 영역본을 감수하였다고 한다.*

* Baron de Tott, *Memoirs of Baron de Tott on the Turks and the Tartars,* Dublin, 1785.

60
크림한국의 합병

　러시아의 돌고루키 장군의 군대가 크림한국으로 들어가는 관문인 페레코프 요새를 점령한 것은 1771년 6월 25일이었다. 요새는 900 명 가까운 병력이 지키고 있었는데 러시아 군의 공격에 오래 견디지 못하고 항복하였다. 후방에 있던 3만 5천에 달하는 타타르와 오스만 군대는 혼란 속에서 반도 남쪽으로 도주하였다. 러시아 군은 7월 5 일 남부의 케페(카파)를 점령하였다. 요새를 지키던 오스만 군의 장군 과 1,300명의 병력이 포로로 잡히고 2만 2천 명의 오스만 투르크 병 사들이 160척의 선박으로 달아났다. 타타르 군사들은 대부분 집으로 돌아갔다. 큰 전투 없이 크림반도가 점령된 것이다. 당시 칸의 자리에 있던 셀림 칸은 러시아 군에 항복하고는 칸의 자리에서 물러났다. 러 시아의 압박 속에서 이번에는 오스만 제국이 아니라 크림한국의 부족 지도자들에 의해 새로운 칸이 선출되었다. 사히브 칸이라는 인물인데 그는 샤힌 기레이를 한국의 2인자인 칼가로 지명하였다. 이 샤힌 기 레이라는 인물은 크림한국이 러시아에 합병되기까지 10여 년간 친러 시아파 인사로서 중요한 역할을 하게 된다.

　1771년 11월 샤힌 기레이가 이끄는 크림한국 사절단이 상트페테 르스부르크에 도착하였다. 사절단은 러시아와 크림한국의 독립문제 를 협의하였는데 크림한국은 기레이 가문의 지배하에 오스만 제국으 로부터 독립하고 러시아의 보호를 받는다는 내용이었다. 정식 조약은 1772년 11월 카라수 바자르에서 체결되었다. 앞에서 언급한 1774년 러시아와 오스만 제국 사이의 쿠축 카이나르자 조약은 이 카라수 바자르 조약을 재확인한 것에 불과하다. 카라수 바자르 조약에서는 칸이 오스만 제국과 러시아의 간섭 없이 '전통에 따라' 선출된다고 하였다. 그러나 러시아 군대는 오스만 제국으로부터 빼앗은 케페 주에 대규모 군대를 주둔시켰으니 러시아의 간섭이 없을 수 없었다. 반러시아 사태가 벌어지면 러시아 군은 언제나 출동할 태세가 되어 있었던 것이다.

러시아의 간섭에 반대하는 타타르 인사들은 1771년 여름 오스만 제국이 크림에서 패하자 오스만 제국으로 대거 망명하였다. 그 가운데에는 이슬람 성직자들이 많았다. 이들은 친오스만파로서 오스만 제국이 크림한국에 개입하도록 압력을 행사하였는데 물론 이는 오스만 제국이 전쟁에서 이겨야만 현실성이 있는 주장이었다.

이러한 반러시아 망명객들뿐 아니라 크림한국 내부에서도 러시아에 대한 반대세력이 만만치 않았다. 크림한국의 지도층 내에서도 확실히 의견이 정리되지 않았다. 1773년 말에는 사히브 칸이 러시아 영사를 체포하고 카라수 바자르 조약 이전으로 돌아가려고 한 일도 일어났다. 그는 오스만 제국에 서한을 보내 오스만의 개입을 요구하였다. 물론 전쟁에서 패배하였던 오스만은 이러한 요청을 받아들일 수 없었다. 또 전쟁 막바지에는 오스만 제국으로부터 칸 자리에 임명되었다고 주장하는 데블렛 기레이 — 우리가 앞에서 본 토트 남작이 만났던 젊은이 — 가 쿠반 지역을 무대로 러시아와 싸움을 계속하였다. 그는 쿠축 카르자나이 조약이 체결된 이후에도 조약을 인정하지 않고 아조프 해협을 건너 케페를 점령하였다. 그러자 사히브 칸이 이스탄불로 도주하였다. 오스만 제국에 의해 칸이 되었던 이 데블렛도 러시아의 지원이 중요하다는 것을 알고 있어 사히브 칸에 의해 체포되었던 러시아 영사를 석방하는 등 친러시아적인 제스처를 썼다. 예카테리나 여제도 이 데블렛 칸을 승인하지 않을 수 없었다. 그러나 데블렛 칸이 공공연히 크림한국을 오스만의 보호국으로 되돌리려고 하자 러시아는 데블렛 칸을 제거하고 친러시아파인 샤힌 기레이를 새로운 칸으로 옹립하였다. 1777년 초 샤힌 기레이는 노가이 부족의 군대를 앞세워 케르치 해협을 건너 케페와 박치사라이를 점령하였다.

권력을 쥔 샤힌 기레이 칸은 즉각 크림한국의 개혁작업에 나섰다.* 그는 무엇보다 칸이 유력자들로 이루어진 쿠릴타이 회의에서 선출되는 제도가 칸의 권력을 약화시킨다고 보고 칸이 아들 가운데서 후계자를 지명할 수 있도록 하였다. 칸 세습제를 도입하려 한 것이다. 그는 또 '베일릭' 즉 베이bey(부족장)의 영지를 폐지하려고 하였다. 베일릭은 칸이 징세권과 재판권을 행사할 수 없는 준독립적인 영지였다. 그 보유자들인 베이는 자신들이 본질적으로는 기레이 가문에서 독점하고 있는 칸과 대등한 존재라고 자부하였다. 이러한 베이들이 모여서 칸을 선출해 오지 않았던가. 샤힌 칸은 베일릭을 관직에 대한 대가로 제공하는 '카딜릭'으로 대체하려 한 것이다. 또 칸의 권력강화를 위해 근대적 상비군의 도입도 시도하였다. 이전까지 크림한국에는 상비군이라고 할 만한 것이 없었다. 유목민 국가의 전통에 따라 칸이 비상시에 소집하면 타타르 장정들이 모여 군대를 이루었던 것인데 이러한 전통적 군대를 진영에서 생활하는 상비군으로 대체하려 한 것이다. 그는 이 새로운 군대의 훈련을 위해 러시아에 고문관과 교관을 보내

---

* A. Fisher, *The Crimean Tatars*, pp.64-67.

달라고 요청하였다. 그는 또 러시아처럼 포병과 해병도 보유하고 싶어 하였다. 군복도 서양식 군복으로 바꾸려고 하였다. 이러한 군제개혁을 위해서는 많은 돈이 필요하였는데 예전과 같이 오스만 제국으로부터 돈을 받거나 또 러시아 주민들을 대상으로 노예사냥을 할 수 없었기 때문에 칸에게는 자금이 부족하였다. 그래서 새로운 조세제도를 도입해야 하였는데 이는 새로운 행정관료들이 있어야만 가능한 일이었다.

한마디로 말하자면 샤힌 칸은 중세의 봉건제 국가를 근대 서구의 전제군주제 국가로 만들려고 한 것이다. 상트페테르스부르크에 수개월간 체류한 적이 있었던 샤힌 칸은 강력한 전제군주에 어울리는 새로운 궁정도 갖고 싶었다. 그래서 러시아 왕궁을 모방한 건물을 짓기 위해 예카테리나 여제에게 서구식 건축에 능한 석공을 보내달라고 요청하기도 하였다.

이러한 광범한 개혁이 성공하기 위해서는 귀족계급의 협조가 필수적이다. 그런데 그는 지지세력을 반대세력으로 만드는 결정적인 실책을 범했다. 바로 기독교도들과 유태인 등 이교도들을 무슬림과 법적으로 평등하게 대우하려고 한 것이다. 법적 평등은 근대국가라면 당연한 것이지만 크림한국의 타타르인들은 그것을 받아들일 태세가 아직 되어 있지 않았다. 그들이 보기에는 샤힌 칸의 새로운 정책은 이제까지 당연시되어 온 회교법과 회교도들의 우위를 부정하는 것이었다. 사태를 한층 더 어렵게 만든 것은 러시아가 크림반도의 예전 오스만 영토였던 곳에 식민지를 세우기 시작했다는 사실이다. 새로이 정착한 사람들은 그리스인이나 슬라브인들로서 기독교도들이었다. 이러한 움직임에 대해 타타르인들은 극력 반발하였다.

1777년 타타르인들의 반란이 시작되었다. 크림반도의 남부 산악지대에는 전에 자리에서 쫓겨났던 셀림 칸이 게릴라 활동을 전개하였다. 또 쿠반 지역에서는 '베이 만수르'라는 이름의 카리스마 넘치는 인물이 타타르 민중들의 마음을 사로잡고 반러시아 투쟁을 이끌었다. 칸의 군대 내에서도 이탈자들이 속출하였는데 박치사라이의 궁전까지도 공격을 받았다. 샤힌 기레이 칸은 반란세력을 진압할 수 없었다. 1783년 러시아 군이 투입되어서야 반란은 진압되었다.

반란은 합병을 기다려온 러시아에게는 좋은 구실이 되었다. 예카테리나 여제는 곧 크림한국의 합병을 선언하였다. 1783년 여름에 공포된 합병선언문에서 여제는 오스만 정부가 끊임없이 크림 사태에 개입하여 혼란을 불러일으켰으며 이에 호응한 타타르인들이 독립의 소중함을 모르고 경거망동하여 적법한 통치자에게 반기를 든 것을 꾸짖는 한편 러시아가 입은 많은 인명과 금전상의 손실을 지금이라고 막기 위해서는 합병이 불가피하다고 선언하였다. 샤힌 기레이 칸은 퇴위하고 크림한국에 대한 그의 통치권은 러시아 황제에게로 이전된다고 선언하였다. 선언서를 들고 크림반도로 돌아온 예카테리나 여제의 총신 포템킨은 7월 29일 주요 도시의 성직자들과 귀족들(미르자)을 소집하여 러시아 황제에게 충성선서를 하도록 만들었다. 물론 저항하는 자들이 없지 않았다. 그러나 포템킨은 저항하는 자들에 대해 무자비한 탄압을 가해 남녀노소를 포함하여 3만 명 이상의 타타르인들이 처형되었다. 1783년의 합병선언으로 크림한국은 역사 속으로 사라졌다. 유럽 땅에 남아 있던 칭기즈칸 후손들의 마지막 국가였다.

1787년 예카테리나 여제는 이 새로운 남부 영토의 합병을 대내외에 자랑하기 위한 거창한 행차를 거행하였다.* 궁정의 신하들은 말할 것도 없고 영국, 프랑스, 오스트리아 대사들이 남방 행차에 수행하였다. 1월에 상트페테르스부르크를 출발하여 오늘날 우크라이나 공화국의 수도인 키예프까지 마차로 이동한 후 키예프에서 봄을 기다려 드네프르 강을 선박으로 내려가는 행로였다. 키예프에서는 포템킨 공이 여제를 영접하였다. 5월 초 키예프를 출발한 50여척의 갤리 선단은 그야말로 해상궁전이나 마찬가지였다. 강변 곳곳에는 예쁜 마을들이 모습을 드러냈는데 여제에게 새로운 영토를 자랑하고 싶었던 포템킨이 꾸민 일종의 무대장치였다. 심지어는 마을의 농민과 가축까지도 다른 곳에서 데려왔다. 진짜 마을이 아닌 보여주기 위한 가짜 마을을 일컫는 '포템킨 마을'이라는 말은 이로부터 생긴 것이다. 또 여제가 내리는 부두에는 다른 곳에서 급히 들여온 상품들을 잔뜩 쌓아놓았다.

크림 행차에서 러시아의 힘이 여실히 과시되었다. 여제의 옛 연인 포니아토프스키 즉 폴란드의 스타니슬라브 아우구스투스 왕도 여제를 보기 위해 달려왔다. 오스트리아 황제 요제프 2세도 남쪽으로 내려가던 여왕을 만나 케르손까지 여정에 동참하였다. 요제프 2세는 예카테리나 여제의 업적을 기리기 위해 만들어진 도시 '예카테리노슬라브'로 가서 여제와 함께 도시의 초석을 놓았다. 건설한 지 몇 년 되지 않은 군항이자 상업도시였던 케르손은 당시 여제의 행차를 보기 위해 유럽 각지에서 온 인파로 붐볐다. 포템킨은 여제가 통과하는 케르

---

* Thomas Milner, *The Crimea : It's Ancient and Modern History*, 1855. pp.254-260. 이 저자에 대해서는 뒤에서 간략히 소개한다.

손 시의 관문에다 '비잔티움으로 가는 길'이라고 새겨놓았다. 크림한 국의 정복을 넘어 오스만 제국까지 정복하겠다는 야심을 드러낸 것이 다. 실제로 예카테리나 스스로 천명하였던 세 가지 꿈 가운데 하나가 바로 이스탄불에서 대관식을 갖는 것이었다. 다른 두 가지 꿈은 폴란 드 분할과 크림 정복이었는데 이 둘은 실현되었지만 오스만 제국 정 복의 꿈은 영영 실현되지 못했다.

여제 일행은 크림한국의 수도였던 박치사라이로 가서 예전 칸의 궁 궐에 여장을 풀었다. 그리고 인근의 세바스토폴 만에서 러시아 흑해 함대를 사열하였다. 함대는 25척의 전함으로 이루어져 있었다. 오스 만 제국은 예카테리나의 남행이 갖는 위협을 의식해서였는지 네 척의 전함을 드네프르 강 입구에 파견하였다. 여제도 타타르인들의 불만이 위험한 행동으로 표출될지 모른다는 두려움 때문에 크림반도에서 오 래 머물지 않았다.

여제가 상트페테르스부르크로 돌아간 후 얼마 되지 않아 오스만 제 국이 러시아에 전쟁을 선포하였다. 오스만 제국은 러시아와 오스트 리아 두 제국이 손을 잡고 오스만 제국을 공격하려고 한다고 보고 선 수를 친 것이다. 오스만 제국은 러시아에 대하여 크림반도로부터 철 수할 것을 요구하였다. 물론 러시아가 응할 리 없었다. 당시 러시아의 대외정책을 주도하던 포템킨은 전쟁을 은밀히 바라고 있었다. 개전하 자마자 오스만 제국은 러시아에 연패하였다. 특히 다뉴브 하구에 위 치한 요충지인 이스마일 요새가 함락되어 요새를 수비하던 투르크 병 사들과 타타르인들이 참혹하게 살해되었다. 오스만 제국은 강화조약 에서 러시아와의 국경을 부크 강에서부터 서쪽의 드네스트르 강까지 옮겨야만 하였다. 드네프르 강과 부크 강 두 강의 하구를 지키는 오차코프 요새도 러시아의 차지가 되었다. 오스만 제국이 이렇게 러시아에 패하자 이제까지 러시아에 대해 우호적인 입장을 유지하던 영국은 입장을 돌변하여 러시아의 세력 확대를 염려하기 시작하였다. 영국은 러시아가 차지한 땅을 오스만 제국에게 돌려줄 것을 설득하였으나 러시아의 예카테리나 여제는 화를 내며 단칼에 그 요구를 거부하였다.

1768-1774년의 러터 전쟁 이후 러시아의 크림 정책을 주도한 인물은 앞에서 언급한 그리고리 포템킨(1739-1791) 공이다. 러시아에서는 영웅의 한 사람으로 꼽히는 포템킨은 남성편력으로 유명한 예카테리나 여제의 남편이라고 할 만한 인물이다. 물론 정식 결혼을 한 것은 아니다. 폴란드와의 국경 근처 스몰렌스크의 하급귀족 출신인 포템킨은 16세에 근위기병대에 들어갔다.* 기병대 장교로 러터 전쟁에서 여러 차례 전공을 세운 그는 여제의 눈에 띠었다. 전쟁 말기부터 여제와 애정을 나누는 관계로 발전하였는데 여제는 그를 행정장교로 임명하여 궁정으로 불러들였다. 이후 포템킨은 승진을 거듭하여 러시아 군 참모총장과 코사크 군 총사령관, '흑해, 아조프 해, 카스피 해 함대 대제독' 등에 올랐다. 여제는 포템킨을 무척이나 아꼈다. 여제에게 새로운 애인이 생긴 후에도 둘 사이의 우호적인 관계는 깨지지 않고 유지되었다.(포템킨도 여러 젊은 여자들과 애정행각을 벌였다)

전쟁이 끝난 후 포템킨은 옛 크림한국의 영토를 관할하는 총독이 되었다. 이 새로운 영토를 러시아인들은 옛 그리스 지명을 따서 '타우리스'라고 불렀다. 크림이라는 타타르식 이름을 기억에서 지우고 싶었던 것이다. 포템킨은 이 새로운 영토에 여러 도시들을 세웠다. 신도

---

* T. Milner, *op. cit.* p.230 ff.

시들은 건설인력과 주민을 필요로 하였다. 건설과 동시에 다른 지역으로부터 정착민들을 이주시키는 식민사업이 진행되었다. 포템킨이 세운 도시들은 지금은 모두 러시아의 중요 도시로 발전하였다. 그 도시들은 대부분 흑해로의 진출을 위한 군항이거나 남부의 방어를 위한 군사도시였다. 그가 처음 건설에 착수한 도시는 케르손이다. 케르손은 드네프르 강 하구 가까운 곳에 건설한 흑해 함대의 기지로 세웠다. 연이어 크림반도 서남단의 세바스토폴이 건설되었다. 세바스토폴은 케르손을 이어 흑해 함대의 기지가 된다. 크림한국의 수도 근처에는 심페로폴이라는 신도시가 세워졌고 그 외에 아조프 해의 출입을 감시하기 위한 예니칼레, 케르치 등에도 여러 요새도시들이 만들어졌다. 물론 군사도시만 있는 것은 아니다. 예술에도 일가견이 있던 포템킨은 1784년에는 예카테리나 여제의 영광을 기린다는 의미로 '예카테리노슬라브'라는 도시를 세우기 시작하였다. 이 도시는 대학과 음악학교, 미술학교 등을 갖춘 일종의 문화도시였다.(현재는 '드네프로페트로프스크'라 불린다) 또 케르손의 조선소를 이전한 부크 강 연안의 니콜라예프, 오스만의 예전 요새에 세운 오데사 등도 역시 포템킨의 머리에서 나온 도시들이다.

포템킨은 표트르 대제 이후 러시아 제국의 숙원이었던 흑해로의 진출을 달성한 후 흑해 함대를 조직하였다. 함대를 위한 전함건설에 엄청난 자금이 투입되었다. 당시 전함들은 보통 60여문의 함포를 갖추었으니 크기도 상당하였다. 1783년 진수된 '예카테리나의 영광'(슬라바 예카테리니) 호의 경우 4년간의 공사 끝에 완성되었는데 크기가 길이 50미터, 폭 13미터, 높이 6미터 정도에 달했다. 이 배는 흑해함대 소속 여러 전함의 모델이 되었다. 당시 러시아 선원들의 능력과 전함건조

능력이 떨어져 이 배들은 대부분 오래 사용되지 못하고 퇴위하였다고 한다. 좌우간 흑해 함대의 건설은 러시아가 세계열강의 하나가 되기 위해서는 반드시 거쳐야 할 과정이었다. 포템킨은 이러한 전함을 이용하여 보스포로스 해협으로 쳐들어가 오스만 투르크를 정복하고 기독교 제국을 부활시킨다는 계획을 세웠다. 이른바 '그리스 프로젝트'이다. 이 계획을 위해 예카테리나의 손자 콘스탄틴 왕자에게 그리스어와 그리스 문화를 공부시켜 부활한 그리스 제국의 왕으로 만들려고 하였다. 정확히 말하자면 그리스의 이름을 빌려 러시아가 오스만 제국을 차지하려는 것이었다. 이 프로젝트는 실현되지 못했다. 러시아와 함께 계획을 세웠던 오스트리아의 요제프 2세 황제는 1790년 1월 병사하였다. 그 동생인 레오폴드 2세는 오스만 제국을 해체시키는 것이 오스트리아 제국에 전혀 도움이 되지 않는다고 생각한 인물인데 오스만 제국과의 전쟁에서 빼앗은 영토도 모두 돌려줄 정도였다. 포템킨 역시 오스만 투르크와의 전쟁이 막바지에 이르렀던 1791년 10월 몰다비아의 수도 야시 근처 초원에서 병사함으로써 그리스 프로젝트는 그 주인공을 잃어버렸다. 아마 그가 살아서 계획을 추진할 수 있었다 하더라도 영국과 프랑스 같은 유럽의 강대국들이 오스만 제국이 해체되고 그 자리를 러시아가 차지하는 것을 그냥 지켜보려고 하지는 않았을 것이다. 19세기 중반의 크림 전쟁(1853-1856)이 그것을 입증해 주었다.

61
타타르인

    러시아는 크림한국을 병합한 후 타타르인들을 러시아에 통합시키기 위해 노력하였다. 무엇보다도 타타르 귀족(미르자)의 마음을 사기 위해 노력하였는데 원칙적으로 러시아 귀족(러시아어로 '드보리안스트보'라고 한다)과 대등한 존재로 만들려고 하였다. 러시아에서는 표트르 대제 이후 귀족은 군대나 관직에 복무할 의무가 있었다. 물론 차르는 이러한 복무를 하는 귀족에게 '직전職田'을 하사하였다. 직전이라고 하면 어려운 말로 들리지만 관직에 대한 대가로 지급하는 토지였다고 생각하면 된다. 관직복무가 끝나면 당국에 다시 반환해야 하는 토지였다. 이러한 토지를 러시아에서는 '포메스티', 그 토지를 받아 보유하는 사람을 '포메쉬치크'라고 하였다. 합병 이후 러시아 관직에 종사하는 타타르인들이 나왔는데 이들은 비록 전통적인 미르자 가문 출신은 아니라고 하더라도 러시아 귀족에 속하게 되며 러시아 귀족과 동등한 특권을 누리도록 하였다. 그러므로 그들에게도 포메스티가 주어졌다.

    크림의 농민들은 농노제에 예속되지 않았다. 그들은 자신들이 살고 있던 땅이 포메스티로 어떠한 귀족에게 주어지더라도 그 토지보유자에게 일정한 액수의 지대만 납부하면 그것으로 의무는 끝이었다. 지주에 대해 바쳐야 하는 부담에 제한이 없고 토지와 함께 매매되던 농노와는 달리 자유로운 존재였던 것이다. 예카테리나 여제 때 러시아에 농노제(serfdom)가 완성되었지만 크림한국의 농민들은 이러한 농노로 전락하지 않았다. 즉 포메스티를 국가로부터 받은 지주인 포메쉬치크는 그 땅에 살고 있는 농민을 자의적으로 쫓아내거나 또 자신이 마음대로 공납을 강요할 수 없었다. 물론 포메쉬치크가 농민에게 불법적으로 압력을 행사하여 내륙으로 이주하게 만들고 자신의 땅에 농노를 받아들이는 일도 없지 않았다. 또 러시아 당국의 식민정책으로 크림반도로 이주해온 슬라브족 농민과의 갈등도 없지 않았다. 이러한 어려움 때문에 크림반도를 떠나 아예 오스만 제국으로 이주한 타타르 농민들도 있었다.

19세기 중반 크림반도를 답사한 영국 목사가 남긴 책이 있다. 토마스 밀너Thomas Milner라는 목사인데 이 사람은 작가로서 뛰어난 능력을 발휘한 사람이다. 천문학과 지구과학은 말할 것도 없고 역사와 지리, 신학에도 해박하여 다양한 분야의 저서를 남겼다. 영국과 프랑스, 이탈리아(당시에는 사르데냐 왕국), 러시아, 오스만 투르크 등 유럽의 강국들이 싸운 크림 전쟁 때문에 크림반도는 일반인들의 큰 관심을 끌었는데 밀너 목사도 크림반도의 역사와 지리에 관한 책을 썼다. 그 책에는 그가 목도한 타타르인들에 대한 묘사가 나온다.

밀너는 크림반도의 주민들을 세 부류로 나눈다. 첫째는 스텝 지역에 정착하여 사는 농민들이다. 이들은 가난한데 그 원인은 관헌들의 가렴주구라고 저자는 보았다. 타타르 농민들을 보호하려는 러시아 당국의 의지에도 불구하고 현지의 하급관료들이 농민들을 불법적으로 수탈하였던 것이다. 타타르인들은 종교와 언어상의 차이로 인해 이러한 불법행위를 사법당국에 고발하기도 힘들어 그냥 참고 사는 수밖에 없었다. 이 때문에 스텝 지역의 타타르인들은 가족생계 이상의 농사를 짓지 않는다. 두 번째 부류는 구릉지대 주민들이다. 크림반도 남부에 걸쳐 있는 구릉지대의 주민들은 이탈리아어가 섞인 말을 사용하였는데 이는 이탈리아인들과의 혼혈이 상당히 이루어졌기 때문이다. 크림 타타르인들에 대한 최근의 연구에 따르면 이 지역 타타르인들의 피 속에는 옛 고트족, 알란족, 그리스인, 이탈리아인, 아르메니아인의 피가 섞여 있다고 한다. 실제로 이들의 외양은 서양인들과 상당히 닮아 있다. 필자는 몇 년 전 러시아에 의한 크림반도 합병 사태가 벌어지자 이에 반대하는 타타르인들의 시위모습을 텔레비전에서 본 적이 있는데 그 모습이 대부분 서구적인 모습이라 의외라는 느낌이 들었다. 구릉지대에 촌락을 형성하고 농업에 종사한 이들 타타르인들은 포도, 아마, 담배 등 상업적인 작물을 재배하였는데 이곳에서 생산되던 포도는 그 종류가 매우 다양하고 맛이 좋았다고 한다. 그래서 무슬림인 이들 타타르 농민들은 자신들은 포도주를 마시지는 않지만 그 포도로 만든 포도주를 인근 지역으로 수출하였다. 밀너 목사에 의하면 구릉지대 주민들 가운데에는 귀족인 미르자의 후손들도 있었는데 이들은 일반적으로 대토지 소유자였다. 세 번째 부류는 노가이인들이다. 노가이인들은 외모가 가장 동양적이고 그 수도 적었다. 이들은 수개월을 한 곳에 머무는 적이 없는 그야말로 순수한 유목민이었다. 이들은 "신은 우리에게 수레를 주었고 다른 민족에게는 고정된 주거와 쟁기를 주었다"고 하면서 정착생활보다는 유목생활을 사랑하고 또 유목생활이 정착농업보다 우월한 생활방식이라고 굳게 믿었다. 그런데 이들 노가이족들 가운데에도 유목생활을 포기하고 농업에 종사하는 인물들이 나왔다고 한다. 이들은 주로 크림반도의 동부에 위치한 케르치 반도에 많았다.

밀너 목사는 벽지에 사는 타타르인일수록 더 순수하고 정직하며 또 관대하였다고 덧붙이고 있다. 러시아 하층민들의 나쁜 영향을 덜 받았기 때문이라는 것이다. 타타르인 마을은 매우 깔끔하였다. 집도 거리도 깨끗하며 거리에서 헐벗고 더러운 모습으로 뛰어노는 아이들은 찾아볼 수 없었다. 그런데 이 타타르인의 수가 급속히 줄어들고 있었다. 이는 이들이 근본적으로 피정복민으로서 "땅을 빼앗겼을 뿐 아니라 사회적, 정치적 중요성도 모두 박탈되었기 때문"이라고 밀너 목사는 지적하였다.*

타타르인들은 러시아에 합병된 이후 적지 않은 수가 오스만 제국으로 망명하였다. 그곳에서 망명자들의 공동체(디아스포라)를 형성하였다. 타타르인들이 계속해서 크림반도로부터 빠져나간 반면 러시아 당국은 외부의 사람들을 크림반도로 불러들여 정착시켰다. 땅은 많지만 인구가 부족한 크림반도에 대한 식민정책이었다. 크림반도에 들어온 새로운 정착민 가운데에는 러시아인 뿐 아니라 그리스인, 아르메니아인, 독일인, 불가리아인 심지어는 스위스인들도 있었다고 한다. 크림 전쟁기인 1854년 25만 명의 전체 주민 가운데 타타르인은 15만 명인데 비해 러시아인과 다른 외국계 주민들의 수는 도합 10만에 달하였다.** 이러한 정책을 통해 크림반도는 시간이 갈수록 타타르 민족의 땅이라는 성격이 약화되었다. 2018년 통계로는 220만 크림반도의 주민 가운데 러시아계가 2/3를 차지하고 타타르인은 10퍼센트에 지나지 않는다. 이렇게 완전히 타타르인들이 소수민족으로 전락한 데에는 스탈린 시대 소련당국의 정책이 결정타를 날렸다.

1941년 나치 독일군이 동맹국인 루마니아 군과 함께 크림반도를

---

* Thomas Milner, *The Crimea : It's Ancient and Modern History*, p.376.
** Alan Fisher, *The Crimean Tatars*, p.94.

점령하였다. 나치의 점령은 1944년 5월 소련군에 의해 격퇴될 때까지 지속하였다. 나치 치하에서 일부 타타르인들이 나치에 협력했던 것은 분명하지만 이는 소수에 불과하였다. 오히려 대다수 타타르인들은 소련 측에 가담하여 싸웠다. 타타르계의 한 신문에 따르면 크림반도의 전체 주민 30만 명 가운데 18세 이상의 주민이 9만 5,000명이 었는데 그 가운데 5만 3,000명이 소련군으로 전쟁에 참여하였다. 1만 2,000명은 나치점령군에 저항하는 조직에 가담하여 싸웠고 전사자는 3만 명에 달했다고 한다.* 소련군이 크림반도를 수복하자 나치 협력자로 고발된 타타르인들에 대한 즉결 처분이 이루어졌다. 심페로폴 거리에는 나무와 전선주에 시체들이 주렁주렁 매달렸다. 소련군 병사들이 무고한 타타르인들을 약탈하고 부녀자를 강간하는 일도 빈번하게 일어났다. 타타르인들은 나치에 협력한 배반자라는 생각이 러시아인들 사이에서 널리 퍼져 있었다. 또 90여 년 전에 벌어진 크림 전쟁기에 타타르인들이 러시아의 적국이던 영국과 프랑스에 동조하였다는 사실도 새삼 상기되었다. 종교, 문화적 차이도 타타르인들에 대한 증오심을 부채질하였다.

크림 수복 후 2주간의 끔찍한 테러가 자행된 후 소련 당국은 타타르인들을 중앙아시아나 시베리아로 강제 이주시켰다. 1944년 5월 18일 모든 타타르인들을 느닷없이 소집하여 가축수송용 열차에 태웠다. 그 가운데에는 공산당원도 있었고 빨치산 활동을 한 사람도 있었다. 남녀노소, 성분을 불문하고 크림 타타르인이라면 모두 강제추방의 대상이었다. 중앙아시아의 카자흐스탄을 향해 3, 4 주간이나 소요

* *ibid.* p.163.

되는 여행이었다. 굶주림과 갈증, 더위 속에서 노약자들이 죽어나갔다. 식수와 음식 배급을 위해 열차가 역에 잠시 정차하면 시체는 그곳에 그냥 두고 출발하였다. 시체를 묻는 여유도 허락되지 않았다. 무려 23만 명에 달하는 인원이 추방되었는데 당시 크림 전체 인구의 1/5에 달했다.

추방에 이어 1921년부터 크림반도가 누리던 자치공화국의 지위가 박탈되었다. 크림은 이제 러시아 소비에트 공화국의 한 주로 그 지위가 낮아졌다. 일년 뒤인 1946년 6월 28일에 관영지인 《이스베챠》지에 타타르 주민들의 강제추방과 자치공화국 폐지의 사실이 공개되었다. 쫓겨난 타타르인들은 주로 우즈베키스탄으로 갔는데 그들에게는 자유로운 이주가 허용되지 않았다. 후르시초프 하에서 이러한 제약은 풀렸지만 크림으로 돌아갈 권리는 주어지지 않았다. 추방시에 빼앗긴 재산을 되찾을 수도 없었다. 중앙아시아의 크림 타타르인들이 다시 고향으로 돌아올 수 있게 된 것은 소련이 붕괴하기 직전인 1989년이 되어서였다. 20만 명이 넘는 타타르인들이 고향으로 돌아왔다. 소련 당국은 이들의 재산환수권을 인정하지 않았다. 이미 러시아인들이 그 땅을 차지하고 있어 땅을 찾기란 쉬운 일이 아니었다.

타타르인들은 19세기에 나름대로의 민족운동을 통해 그 독자적인 정체성을 유지해왔다. 그 정체성의 근간에는 크림반도가 조상들이 살아오고 일구어온 자신들의 조국이라는 인식이 놓여 있었다. 그러나 러시아인들은 크림반도는 원래 러시아 땅이었으며 예카테리나 여제에 의한 1783년의 합병은 점령이 아니라 타타르에게 잃어버렸던 땅을 통일한 것에 불과하다고 일축한다. 1954년 후르시초프는 우크라이나가 러시아에 합병된 300주년을 기념하여 선심 쓰듯 이 보석 같은 크림반도를 우크라이나 공화국에 넘겨주었다. 당시 소련이라는 하나의 큰 테두리 안에 러시아와 우크라이나가 형제처럼 함께 산다는 전제 하에서 이루어진 조처였다. 러시아의 흑해함대가 크림반도에 주둔할 수 있도록 양해가 이루어진 것은 물론이다. 그런데 1991년 예기치 않게 여러 공화국들로 이루어진 소비에트 연방 즉 소련이 붕괴하였다. 2004년에는 우크라이나에서 소위 '오렌지혁명'이 일어나 반러시아, 친서방 세력이 정권을 잡았다. 이 친서방 정권은 유럽연합과 나토에도 가입하기를 원했다. 그렇게 되면 러시아의 흑해 함대가 크림반도에 주둔하는 것은 어려워질 것이다. 2014년 드디어 러시아의 푸틴 대통령은 크림반도의 친러시아 지역민병대를 내세워 크림 자치공화국을 무력으로 점거하고 주민투표를 통해 러시아에 합병되는 수순을 밟도록 하였다. 크림반도는 다시 러시아의 수중으로 되돌아갔다. 물론 타타르인들은 대부분 러시아와의 병합에 반대하였다.

현재 우크라이나는 말할 것도 없고 국제사회는 러시아에 의한 크림반도의 강제합병을 인정하지 않고 있다. 유럽연합과 미국 등 서방 진영은 러시아의 크림 합병을 무효라고 선언하고 러시아에 경제제재를 가하고 있다. 크림반도 내에서는 타타르인들이 잃어버린 땅과 집을 되찾기 위한 운동을 벌이고 있다. 중앙아시아에서 힘든 유배생활을 하였던 타타르인들에게 크림반도는 조상들이 묻혀 있고 자랑스러운 크림한국의 역사가 아로새겨진 소중한 땅이 아니던가? 그러나 크림반도가 타타르의 땅으로 돌아가는 것은 쉽지 않아 보인다. 타타르인이 러시아인에 비해 수가 적다는 것도 문제지만 대다수 러시아인들이 갖고 있는 타타르인에 대한 적개심도 큰 장애물이다. 러시아인들은 크림반도가 원래 러시아 땅이라고 생각하는 것은 물론이고 타타르인들이 러시아 영토를 빼앗고 러시아인들을 노예로 만들기 위한 약탈 행각을 자행하였던 야만적 유목민의 후예라고 믿고 있다. 러시아인들의 크림한국에 대한 좋지 않은 기억이 작용하는 것이다.

문화와 종교, 역사적 정체성을 달리하는 양자 간의 공존과 상생의 길을 찾는 일은 참으로 어려워 보인다. 포템킨이 지상낙원이라고 한 이 크림반도가 카프카즈 지역의 체첸과 같이 피로 얼룩진 땅이 되지 않았으면 하는 것이 필자만의 바람일까?

맺음말

이 책에서 다루는 유목민들의 무대인 유라시아 초원길을 따라 1만 킬로미터를 답사한 청년이 있다. 팀 코프Tim Cope라는 1978년생 호주 출신의 남자이다. 그는 2003년 몽골 초원에서 출발하여 카자흐스탄, 러시아, 우크라이나를 거쳐 헝가리까지 유라시아 초원을 답사하였다. 우리가 앞에서 본대로 서양과 몽골을 연결하는 데 중요한 역할을 하였던 크림 반도도 그 여정에 포함되어 있었다. 이 모험심 넘치는 젊은이가 유라시아 초원 대장정을 생각하게 된 것은 1999년 친구와 단 둘이서 러시아의 유럽 쪽 끄트머리에 위치한 카렐리아에서부터 중국의 베이징까지 1만 킬로미터의 자전거여행을 하면서였다. 도중에 고비 사막에서 거친 자연에 맞서 꿋꿋한 모습으로 살아가는 몽골 유목민들을 보고 그는 적잖은 감동을 받았다. 유목민 세계와 그 역사에 대한 호기심이 솟아났다. 집에 돌아와서는 몽골 제국의 역사와 유목민사에 관한 책들을 구해서 읽었는데 유목민에 대한 상반된 서술에 충격을 받았다. 한편의 역사가들은 유목민을 파괴적인 야만인으로 묘사하고 다른 한편의 역사가들은 유목민을 천재적인 솜씨로 대제국을 건설하고 경영한 사람들로 묘사하였던 것이다.

그는 세계지도를 펼쳐놓고 지도를 들여다볼 때마다 몽골에서부터 헝가리까지 펼쳐져 있는 이 광대한 유목민들의 세계에 매혹되기 시작하였다. 그들처럼 말을 타고 몽골군의 진격로를 따라 몽골에서 헝가리까지 초원길을 답사해보고 싶은 마음이 간절해졌다. 물론 그의 관심은 몽골군이 정복하였던 여러 도시나 전투가 일어났던 전적지가 아니라 아직도 초원에서 살고 있는 유목민들의 실제 삶의 모습이었다. 그리고 지금은 세계사의 변방으로 밀려나 있는 유라시아 유목민들이 자신들의 영광스러웠던 과거에 대해서는 어떠한 의식을 갖고 있는지도 궁금하였다. 유목 활동과 유목민의 역사에 대해 부정적이었던 소련의 철권통치와 공산주의 이데올로기가 사라진 이후 초원지대 유목민들의 삶과 의식에는 어떠한 변화가 초래되었을까 하는 의문도 있었다.

답사는 2003년 6월 몽골 고원의 아르콘 강 계곡에서 시작되었다. 아르콘 계곡에서 출발한 것은 그곳이 칭기즈칸의 몽골제국을 비롯하여 여러 유목제국의 발원지와 같은 곳이기 때문이다. 애초에는 18개월로 계획된 여행은 2007년까지 3년 넘게 소요되었다. 도중에 부친이 별세하기도 하였고 뜻밖에 '오스트렐리언 지오그래픽' 사에서 주는 '올해의 모험가'에 선정되어 상을 받으러 귀국하기도 하였다.

그는 일부 구간을 친구들과 함께 간 경우도 있었지만 태반을 혼자서 답사하였다. 그 과정에서 많은 유목민들의 도움을 받았다. 곳곳의 유목민들은 이 낯선 서양 젊은이에게 선뜻 먹을 것을 나눠주고 날씨가 험한 때에는 잠자리도 제공해주었다. 낯선 이방인을 환대하는 유목민 특유의 문화가 여전히 살아 있었던 것이다. 또 길을 찾기 어려운 때에는 일부구간을 동행해주기까지 하였다. 그는 여행 중에 사귄 백여 명에 이르는 많은 유목민 친구들의 도움으로 1만 킬로미터에 달하는 초원길 여행을 2007년 9월 헝가리 땅에서 성공적으로 마칠 수 있었다. 여행 중에 그의 모험이 널리 알려져 헝가리 주재 호주 대사관에서는 말할 것도 없고 카자흐스탄 대사관과 몽골 대사관에서도 사람을 보내와 답사 성공을 축하해주었다.

팀 코프는 그냥 답사만 한 것이 아니라 기록도 충실히 하였다. 날마다 일지를 쓰고 또 중요한 곳마다 비디오 촬영을 하였다. 그의 모험이 매체들을 통해 대중에게 알려지면서 2008년부터 몽골 초원 트레킹 가이드도 맡게 되어 매년 몽골을 방문할 수 있게 되었다. 몇 년 뒤에는 답사과정을 책으로 간행하였는데 《칭기즈칸의 여정을 따라서》라는 제목의 책이다.*

이 책으로 유럽인들 사이에서도 유라시아 초원에 대한 관심이 높아졌다. 그의 모험은 독일의 텔레비전 방송국 ZDF에 의해서 《유목민의 자취를 좇아서Auf den Spüren der Nomaden》라는 제목으로 세 시간 분량의 영상 시리즈물로 제작되었다. 이 시리즈는 여러 나라 말로 번역되어 해외에서도 방영되었다. 사라져가는 유목민 세계에 대한 한 청년의 순수한 호기심이 유라시아 초원지대에 관한 훌륭한 문화상품을 낳은 것이다.

팀 코프가 유목민 사회에서 발견한 것 가운데 하나는 소련의 지배체제가 붕괴하자 카자흐스탄, 우크라이나, 헝가리 등 옛 소련의 지배 하에 있던 지역의 주민들 가운데서 유목민의 후예로서의 자신들의 뿌리역사를 찾으려는 움직임이 일어나고 있다는 사실이었다. 공산주의는 유목민이 야만적이고 문명과는 거리가 먼 존재라는 것을 강조했지만 뿌리역사를 찾는 사람들은 자신들의 조상들이 약탈과 파괴를 일삼는 야만인이 아니라 자유와 독립을 사랑한 초원의 당당한 전사였다는 자부심을 갖게 되었다. 이러한 사람들은 유목민 조상들이 사용

---

* Tim Cope, *On the Trail of Genghis Khan : An Epic Journey through the Land of the Nomads*, Bloombury, 2013.

하던 말과 마구, 활 그리고 그들의 옛 음악과 풍속, 종교 등을 연구하고 그 전통문화를 되살리려는 노력을 하고 있다. 자신들의 뿌리역사에 대한 새로운 인식이 일어나기 시작한 것이다. 이러한 역사에 대한 각성이 유라시아 스텝 지역의 정치와 사회에 그리고 더 나아가 국민적 정체성에 어떠한 영향을 미칠 것인지는 앞으로 지켜보아야 할 흥미로운 문제가 아닐 수 없다.

참고문헌

가오훙레이 (김선자 역), 《절반의 중국사》, 메디치, 2017.

르네 그루쎄 (김호동 외 역), 《유라시아 유목제국사》, 사계절, 1998.

김호동, 《황하에서 천산까지》, 사계절, 1999.

_____, 《동방기독교와 동서문명》, 까치, 2002.

_____, 《몽골제국과 고려》, 서울대학교 출판문화원, 2007.

_____, 《아틀라스 중앙유라시아사》, 사계절, 2016.

이븐 바투타 (정수일 역), 《이븐 바투타 여행기 1》, 창작과비평사, 2001.

게오르기 베르낫스키 (김세웅 역), 《몽골제국과 러시아》, 선인, 2016.

페르낭 브로델 (주경철 역), 《물질문명과 자본주의 I-1》, 까치, 1995.

마르크 블로크 (한정숙 역), 《봉건사회》, 한길사, 1986.

라시드 앗 딘 (김호동 역), 《부족지》, 사계절, 2002.

페리 앤더슨 (유재건·한정숙 역), 《고대에서 봉건제로의 이행》, 현실문화, 2014.

웨난, 진위첸 (심규호, 유소영 역), 《열하의 피서산장》, 일빛, 2005.

장진퀘이 (남은숙 역), 《흉노제국 이야기》, 아이필드, 2010.

플라노 카르피니, 윌리엄 루브룩 (김호동 역주), 《몽골제국기행 : 마르코 폴로의 선구자들》,
　　까치, 2015.

아나톨리 하자노프 (김호동 역), 《유목사회의 구조 : 역사인류학적인 접근》, 지식산업사,
　　1990.

헤로도토스 (천병희 역), 《역사》, 도서출판 숲, 2009.

피터 히더 (이순호 역), 《로마 제국 최후의 100년》, 뿌리와이파리, 2008.

_____, 《로마 제국과 유럽의 탄생》, 다른세상, 2011.

고마츠 히사오 외 (이평래 역), 《중앙아시아의 역사》, 소나무, 2005.

Anonymus Belae Regis Notarius, tr. by Martyn Rady, *Gesta Hungarorum : The Deeds of the Hungarians*, Central European University Press, 2010.

Barhebraei, Gregorii. *Chronicon Ecclesiasticum*, 1889.

Baron de Tott, *Mémoires du Baron de Tott sur les Turcs et les Tartares*, Amsterdam, 1784.

Baron de Tott, *Memoirs of Baron de Tott on the Turks and the Tartars*, Dublin, 1785.

Beazley C. Raymond. ed. *The Texts and Versions of John de Plano Carpini and William de Rubriquis*, The Hakluyt Society, 1903.

Blockley, R. C. *The Fragmentary Classicising Historians of the Later Roman Empire, Eunapius, Olympiodorus, Priscus and Malchus. II : Text, Translation and Historiographical Notes*, Francis Cairns, 1983.

Blockley, R. C. *The History of Menander the Guardsman*, Francis Cairns, 1985.

Bóna, István. tr. Kataline Escher, *Les Huns : Le grand empire barbare d'Europe IVe-Ve siècles*, Errance, 2002.

Budge, Wallis. tr. *The Monks of Kublai Khan, Emperor of China*, The Religious Tract Society, 1928.

Bury, J. A *History of the Roman Empire : From its Foundation to the Death of Marcus Aurelius*, 1893.

Cope, Tim. *On the Trail of Genghis Khan : An Epic Journey through the Land of the Nomads*, Bloombury, 2013.

Cross, S. et Sherbowitz-Wetzor, O. tr. *The Russian Primary Chronicle : Laurentian Text*, Harvard University Press, 1953.

Curta, Florin. Southeastern *Europe in the Middle Ages 500-1250*, Cambridge University Press, 2006.

Drew, Robert. *Early Riders : The Beginnings of mounted warfare in Asia and Europe*, Routledge, 2004.

Eugippius, tr. by G. Robinson, *The Life of St. Severinus*, Harvard University Press, 1914.

Finkel, Caroline. *The Story of the Ottoman Empire 1300-1923*, Basic Books, 2005.

Fisher, Alan. *The Crimean Tatars*, Hoover Institution Press, 1978.

Fisher, Alan. *The Russian Annexation of Crimea 1772-1783*, Cambridge University Press, 1970.

Gibbon, E. *The History of the Decline and Fall of the Roman Empire* Vol.6, 1898.

Golden, P. 'The Karakhanids and early Islam' in D. Sinor ed, *The Cambridge History of Early Inner Asia*, Cambridge University Press, 1997.

Golden, P. 'The Peoples of the south Russian steppe', in Denis Sinor ed. *The Cambridge History of Early Inner Asia*, Cambridge University Press, 1997.

Golden, Peter. *Central Asia in World History*, Oxford University Press, 2011.

Grant A. ed. *Early lives of Charlemagne by Eginhard et Notker the Stammer*, 1907.

Gregory of Tours, tr. by Lewis Thorpes, *The History of the Franks*, Penguin, 1974.

Halperin, C. *Russia and the Golden Horde*, Indiana University Press, 1985.

Heather, P. *Empire and Barbarians : The Fall of Rome and the Birth of Europe*, Oxford University Press, 2010.

Heather, P. *The Fall of the Roman Empire : A New History of Rome and the Barbarians*, Oxford University Press, 2006.

Heather, P. *The Goths*, Blackwell, 1998.

Howarth, Henry. *History of Mongols from the 9th Century to the 19th Century. Part I : The Mongols Proper and the Kalmuks*, 1876.

Howarth, Henry. *History of Mongols from the 9th Century to the 19th Century. Part II : The so-called Tartars of Russia and Central Asia*, 1880.

Hughes, Ian. *Aetius, Attila's Nemesis*, Pen & Sword, 2012.

Hughes, Lindsey. *Peter the Great*, Yale University Press, 2002.

Hupchick, Denis. *The Balkans : From Constantinople To Communism*, Palgrave, 2002.

Iordanes, *Romana et Getica*, Weidmannos, 1882.

Jackson, P. *The Mongols and The West 1221-1410*, Pearson Education, 2005.

Jenkins, R. *Constantine Porphyrogenitus : De Administrando Imperio*, Dumbarton Oaks Center for Byzantine Studies, 1967.

Jordanes, tr. by C. Mierow, *The Gothic History of Jordanes*, Princeton University Press, 1915.

Justinus, Marcus Junianus, tr. by John Selby Watson, *Epitome of the Philippic History of Pompeius Trogus*, 1853.

Khazanov, Anatoly, "The Scythians and their Neighbors" in R. Amitai and M. Biran ed, *Nomads as Agents of Cultural Change*, University of Hawaii Press, 2015.

Khodarkovsky, Michael. *Russia's Steppe Frontier : The Making of a Colonial Empire 1500-1800*, Indiana University Press, 2002.

Kim, Hyun Jin. *The Huns, Rome and the Birth of Europe*, Cambridge University Press, 2013.

Kinross, Lord. *The Ottoman Centuries : The Rise and Fall of the Turkish Empire*, Morrow Quill, 1977.

Krzewinska, M. et al. 'Ancient genomes suggest the eastern Pontic-Caspian steppe as the source of western Iron Age nomads', *Science Advances*, Vol.4, no.10, Oct. 2018.

Maenchen-Helfen, Otto J. *The World of the Huns : Studies in Their History and Culture*, University of California Press, 1973.

Malalas, John. tr. by E. Jeffreys et al. *Chronicle of John Malalas*, Australian Association for Byzantine Studies, 1986.

Mango C. ed. *The Oxford History of Byzantium*, Oxford University Press, 2002.

Mango C. et Scott, R. *The Chronicle of Theophanes Confessor : Byzantine and Near Eastern History AD 284-813*, Clarendon Press, 1997.

Marcellinus, Ammianus. tr. by C. D. Yonge, *The Roman History*, 1894.

Matzuki, Eizo. "The Crimean Tatars and their Russian-Captive Slaves", *Mediterranean World* (地中海論集) 18, 2006.

Mayor, Adrienne, *The First Fossil Hunters: Dinosaurs, Mammoths and Myth in Greek and Roman Times*, Princeton University Press, 2000.

Melyukova, A. I. "The Scythians and Sarmatians" in D. Sinor ed, *The Cambridge*

History of Early Inner Asia, Cambridge University Press, 1990.

Milner, Thomas. *The Crimea : It's Ancient and Modern History*, 1855.

Müller, Gerhard F. et Pallas, Peter, *Conquest of Siberia*, 1842.

North, W. L. tr. *The Responses of Pope Nicholas I to the Questions of the Bulgars A.D. 866.* (http://sourcebooks.fordham.edu/Halsall)

Obolensky, Dimitri. *Byzantium and the Slavs*, St. Vladimir's Seminary Press, 1994.

Olcott, Martha Brill. *The Kazakhs*, Hoover Institution Press, 1987.

Philostorgius, tr. by E. Walford, *The Ecclesiastical History of Philostorgius*, 1855.

Prokopios, tr. by H. B. Dewing, *The War of Justinian*, Hackett Publishing Company, 2014.

Pushkin, Alexander. tr. by Earl Sampson, *The History of Pugachev*, Phoenix, 2001.

Róna-Tas, András. *Hungarians and Europe in the Early Middle Ages*, Central European University Press, 1999.

Saunders, J. *The History of Mongol Conquests*, University of Pennsylvania Press, 2001.

Sinor, D. 'The Hun Period', in D. Sinor ed. *The Cambridge History of Early Inner Asia*, Cambridge University Press, 1990.

Sinor, Denis. *History of Hungary*, Greenwood Press, 1976.

Socrates Scholasticus, *Church History in From Nicene and Post-Nicene Fathers*, Second Series, Vol.2. tr. by A. C. Zenos. ed. by Philip Schaff and Henry Wace, 1890.

Sozomen, tr. by E. Walford, *The Ecclesiastical History of Sozomen*, 1855.

St. Jerome, *Letters of St. Jerome* (www.newadvent.org).

Stickler, T. *Die Hunnen*, C. H. Beck, 2007.

Strabo, tr. by H. Hamilton et W. Falconer, *Geography*, 1854.

Szadeczky-Kardoss, S. 'The Avars' in D. Sinor ed. *The Cambridge History of Early Inner Asia*, Cambridge University Press, 1990.

Thompson, E. A. *The Huns*, Blackwell, 1996.

Turnerelli, E. Tracy. *Russia on the Borders of Asia : Kazan, the ancient capital of*

Tartar Khans, Vol.1, 1854.

Wallace-Hadrill, J. M. *The Fourth Book of the Chronicle of Fredegar*, Greenwood Press, 1981.

Yule, Henry. 'Pegolotti's Notices of the Land Route to Cathay' in *Cathay and the Way Thither* Vol.II, 1913.

Yule, Henry. tr. 'Letters and Reports of Missionary Friars from Cathay and India' in *Cathay and the Way Thither* Vol.III, The Hakluyt Society, 1914.

Yule, Henry. tr. 'Marignolli's Recollections of Eastern Travel' in *Cathay and the Way Thither* Vol.III, The Hakluyt Society, 1914.

Yule, Henry. tr. *The Book of Ser Marco Polo the Venetian Concerning the Kingdoms and Marvels of the East*, The Hakluyt Society, 1914.